My rising curve with
김앤북
KIM & BOOK

김앤북과 함께
나만의 합격 곡선을 그리다!

완벽한 기초, 전략적 학습, 확실한 실전
김앤북은 합격까지 책임집니다.

#편입   #자격증   #IT

www.kimnbook.co.kr

김앤북의 체계적인
합격 알고리즘

기초 학습 → 문제 풀이 → 실전 적용 → 합격

김영편입 영어

MVP Vocabulary 시리즈

MVP Vol.1   MVP Vol.1 워크북   MVP Vol.2   MVP Vol.2 워크북   MVP Starter

기초 이론 단계

문법 이론   구문독해

기초 실력 완성 단계

어휘 기출 1단계   문법 기출 1단계   독해 기출 1단계   논리 기출 1단계   문법 워크북 1단계   독해 워크북 1단계   논리 워크북 1단계

심화 학습 단계

어휘 기출 2단계   문법 기출 2단계   독해 기출 2단계   논리 기출 2단계   문법 워크북 2단계   독해 워크북 2단계   논리 워크북 2단계

교육서비스 브랜드
3년 연속 대상

2021 대한민국 우수브랜드 대상
2024, 2023, 2022 대한민국 브랜드 어워즈 대학편입교육 대상 (한경비즈니스)

실전 단계

연도별 기출문제 해설집   TOP7 대학 기출문제 해설집

김영편입 수학

편입 수학 이론 & 문제 적용 단계

미분법   적분법   선형대수   다변수미적분   공학수학

편입 수학 필수 공식 한 권 정리

공식집

편입 수학 핵심 유형 정리 & 실전 연습 단계

미분법 워크북   적분법 워크북   선형대수 워크북   다변수미적분 워크북   공학수학 워크북

실전 단계

연도별 기출문제 해설집   TOP6 대학 기출문제 해설집

김앤북의 완벽한
단기 합격 로드맵

핵심이론 → 최신기출 → 실전적용 → 단기합격

자격증 수험서

| 전기기능사 필기 | 지게차운전기능사 필기 | 위험물산업기사 필기 | 산업안전기사 필기 | 전기기사 필기 필수기출 / 전기기사 실기 봉투모의고사 | 소방설비기사 필기 필수기출 시리즈 |

컴퓨터 IT 실용서

SQL / 코딩테스트 / 파이썬 / C언어 / 플러터 / 자바 / 코틀린 / 유니티

컴퓨터 IT 수험서

컴퓨터활용능력 1급실기 / 컴퓨터활용능력 2급실기 / 데이터분석준전문가 (ADsP) / GTQ 포토샵 / GTQi 일러스트 / 리눅스마스터 2급 / SQL 개발자 (SQLD)

2026학년도 대비

영어

서강대학교

기출문제 해설집

김영편입 컨텐츠평가연구소 지음

2021~2025학년도 5개년 서강대 기출문제 총정리

김앤북
KIM&BOOK

PREFACE

김영편입 영어 2026학년도 대비 서강대학교 기출문제 해설집

서강대 합격을 위한 완벽 가이드

편입영어 시험은 단순히 영어 실력을 평가하는 데 그치지 않고, 대학에서의 학업 수행에 필요한 실제적인 영어 활용 능력을 종합적으로 평가하는 고난도 시험입니다. 특히 상위권 대학일수록 지문이 길고 어휘 수준이 높으며, 출제 방식과 난이도면에서 뚜렷한 특징을 보이기 때문에, 단순한 영어 실력 외에도 전략적인 문제 해결 능력과 실전 감각을 함께 갖추는 것이 중요합니다.

『김영편입 영어 2026학년도 대비 서강대학교 기출문제 해설집』은 이러한 수험 환경을 고려하여, 2021학년도부터 2025학년도까지 최근 5개년의 서강대 기출문제를 중심으로 출제 경향과 문제 유형의 변화를 체계적으로 분석한 교재입니다. 수험생이 변화하는 시험 흐름에 능동적으로 대응하고, 효율적인 학습 전략을 세울 수 있도록 기획하였습니다.

해설은 단순한 정답 제시에 그치지 않고, 지문 해석, 문장 구조와 맥락 분석, 선택지 분석을 통해 정답과 오답의 논리를 명확히 비교하고, 기출 어휘와 핵심 표현 정리를 통해 어휘력 강화도 함께 도모하였습니다.

『김영편입 영어 2026학년도 대비 서강대학교 기출문제 해설집』은 수험생이 자신의 약점을 점검하고, 유형별 공략법을 세우며, 실전 시험에 대한 자신감을 높일 수 있도록 설계된 실전 맞춤형 해설서입니다. 서강대학교 편입을 준비하는 수험생이라면 반드시 숙독해야 할 필독서로, 실질적인 성과로 이어지는 학습 효과를 경험하실 수 있을 것입니다.

김영편입 컨텐츠평가연구소

HOW TO STUDY

추천 학습법

1. 기출문제집에 수록된 모든 유형의 문제를 풀어보자!

55개년 기출문제는 실제 시험의 출제경향과 난이도를 파악할 수 있는 중요한 참고 자료입니다. 기출문제는 연도별 난이도의 편차와 유형의 차이가 존재하므로, 연도별 유형과 난이도의 변화를 분석하여 학습 방향과 목표를 설정하는 것이 중요합니다.

2. 실제 시험과 동일한 환경에서 풀어보자!

편입시험은 제한된 시간 내 많은 문항을 해결해야 하므로 시간 관리가 중요합니다. 특히 배점이 다른 대학의 경우, 고배점 문항을 우선적으로 공략하는 전략이 필요합니다. 아울러 실제 시험 환경에 익숙해지는 것도 고득점의 핵심이므로, 기출문제를 통해 실전 감각을 길러두셔야 합니다.

3. 해설과 함께 철저히 복습하자!

본 해설집은 지문 해석뿐만 아니라 문제 해석, 분석, 핵심 어휘, 오답 설명까지 상세히 수록하여 학습자가 스스로 이해하고 학습할 수 있도록 구성하였습니다.

`어휘` 표제어는 물론 선택지 어휘까지 정리하여 사전 없이도 효과적인 학습이 가능하도록 하였습니다.

`문법` 문항별 출제 포인트와 관련 문법 사항을 정리해 문제 이해도를 높였습니다.

`논리완성` 글의 흐름 속에서 빈칸에 해당 어휘가 적절한 이유를 분석하고, 선택지에 제시된 어휘들도 함께 정리하여 학습 효과를 높였습니다.

`독해` 지문과 선택지에 대한 상세한 해석은 물론 오답에 대한 설명까지 함께 제시하여, 독해력 향상과 문제 해결 능력을 동시에 높일 수 있도록 구성하였습니다.

CONTENTS

문제편

2025학년도 1차	8
2025학년도 2차	24
2024학년도 1차	44
2024학년도 2차	58
2023학년도 일반편입	74
2023학년도 학사편입	86
2022학년도 인문계 일반편입	100
2022학년도 자연계 · 학사편입	114
2021학년도 일반 · 학사편입 1차	130

해설편

2025학년도 1차	146
2025학년도 2차	156
2024학년도 1차	166
2024학년도 2차	176
2023학년도 일반편입	186
2023학년도 학사편입	194
2022학년도 인문계 일반편입	202
2022학년도 자연계 · 학사편입	212
2021학년도 일반 · 학사편입 1차	221

영어
2026 서강대학교
기출문제 해설집

문제편

ANALYSIS | 심층분석

2025학년도 | ○ 1차 / ○ 30문항 · 60분

출제경향 및 난이도 분석

서강대학교는 '1차(일반편입(인문))'와 '2차(학사편입(인문), 일반[학사]편입(자연))'로 구분해 두 차례 편입영어 시험이 시행됐다. 지난해와 마찬가지로 30문항 · 60분으로 진행됐으며, 각 문제 당 난이도에 따라 차등배점을 부여했다. 서강대의 경우 매년 유형이 조금씩 바뀐다. 지난해와 마찬가지로 어휘는 출제되지 않았고, 문법과 논리완성의 비중이 감소했으며 독해의 비중이 증가했다.

2021~2025학년도 서강대 영역별 문항 수 비교

구분	어휘	문법	논리완성	독해	합계
2021학년도	4	4	8	24	40
2022학년도	2	4	11	23	40
2023학년도	2	6	4	18	30
2024학년도	–	4	6	20	30
2025학년도	–	2	3	25	30

2025 서강대 영역별 분석

문법

구분	2021	2022	2023	2024	2025
W/E	4	–	4	2	2
G/S	–	4	2	2	–
합계	4/40(10%)	4/40(10%)	6/30(20%)	4/30(13%)	2/30(7%)

밑줄 친 부분 중 어법상 옳지 않은 것을 고르는 Written Expression 유형 2문제가 출제됐다. 문법 문제의 비중이 4문제에서 2문제로 감소했고, 지난해에 새롭게 출제된 유형인 대화문에서 어법상 옳지 않은 것을 고르는 문제는 올해 출제되지 않았다. 출제된 문법사항으로는 동사를 수식하는 부사, 동명사를 수식하는 부사를 묻는 것으로 2문제 모두 형용사를 부사로 고치는 문제였다. 기본적인 문법 사항을 숙지하고 있고 문장구조를 파악할 수 있다면 정답을 고르는 데 어려움은 없었을 것이다.

논리완성

구분	2021	2022	2023	2024	2025
문항 수	8/40(20%)	11/40(27.5%)	4/30(13.3%)	6/30(20%)	3/30(10%)

단문의 어휘형 논리완성 3문제가 출제됐다. 'quick to believe'와 유사한 뜻인 'credulity(쉽게 믿음)'를 묻는 문제, 관용표현인 'beyond one's ken(지식의 범위 밖에 있는)'을 묻는 문제, 두 상반된 개념이 함께 사용되어 모순을 이루는 것을 나타내는 'oxymoronic(모순(어법)의)'을 묻는 문제가 출제됐다. 빈칸을 전후로 빈칸을 추론할 수 있는 단서가 비교적 명확히 제시되었지만 난이도 높은 어휘들이 보기로 제시되어, 상당한 어휘실력이 요구됐다.

독해

구분	2021	2022	2023	2024	2025
지문 수	13	9	8	9	10
문항 수	24/40(60%)	23/40(57.5%)	18/30(60%)	20/30(67%)	25/30(83%)

문제의 난이도와 출제 유형은 지난해와 큰 차이가 없었지만, 독해 문제의 비중이 증가했다. 출제된 유형을 살펴보면 글의 요지, 글의 제목, 내용일치, 내용파악, 내용추론, 동의어, 지시대상, 저자의 어조, 빈칸완성, 문장배열 등 편입시험에 자주 출제되는 유형이 골고루 출제됐다. 특히 지문의 전체 내용을 파악해야 풀 수 있는 문제의 비중이 높았다. 지문의 내용을 살펴보면 그라이스(Grice)의 추론적 의사소통 모델, 플라톤(Plato)의 시 비평, 한강의 감각을 활용한 창작 과정에 대한 강연, 시어도어 루스벨트 섬(Theodore Roosevelt Island), 행복에 대한 대중의 관심 증가, 델포이 신탁(The Delphic Oracle)에 대한 현대의 지질학적 탐구, 18세기의 대중 콘서트, 문학 작품의 새로운 번역의 필요성, 핵실험 금지 조약이 환경 의식 형성에 미친 영향, 정신·육체 이원론이 인지 과학에 제기하는 도전 등이 있었다. 철학, 예술, 정치 등 학문적인내용의 지문뿐만 아니라 최근 시사적인 내용의 지문이 다양하게 출제됐다.

2026 서강대 대비 학습전략

서강대의 최신 출제경향을 살펴보면 문법과 논리완성의 비중이 감소하고 독해의 비중이 증가하는 추세에 있다. 문법의 경우 문제의 길이가 긴 것이 특징이므로 문장 분석 능력이 요구된다. 논리완성의 경우 빈칸을 추론하기는 어렵지 않지만 보기의 어휘가 어렵게 출제되므로 중·상 수준의 기출어휘를 학습해야 한다. 독해의 경우 출제 비중과 배점이 높으므로 고득점을 얻기 위해서는 다양한 주제의 고급 독해지문을 학습하여 독해력 향상에 힘써야 한다. 또한 매년 문장배열 문제가 출제되고 있으므로 이 유형에 대한 연습을 해야 한다. 그리고 문제 유형이 자주 바뀌는 대학임을 감안할 때 올해 출제되지 않은 문제가 다시 출제될 수 있으므로 최소 3~5년의 서강대 기출문제를 풀고 출제된 모든 유형에 대한 대비가 필요하다.

SOGANG UNIVERSITY

2025학년도 1차

30문항·60분

01~03 Choose the answer that best completes the sentence.

01 Her _____ made her an easy target for scams, as she was quick to believe even the most outlandish of stories. [3점]

① frivolity ② solemnity ③ mendacity
④ credulity ⑤ humility

02 When the family doctor encountered symptoms he could not diagnose, he consulted a specialist, recognizing that the matter was beyond his _____. [3점]

① ken ② zone ③ mew
④ grip ⑤ span

03 Oratorio implies the sincere religious treatment of sacred subjects, such that non-sacred oratorio is generally qualified as secular oratorio: a piece of terminology that would, in some historical contexts, have been regarded as _____. [3점]

① plagiaristic ② oxymoronic ③ statutory
④ inopportune ⑤ syllogistic

04~05 Identify the grammatical error.

04 The rebel group that ① <u>toppled</u> former Syrian dictator Bashar al-Assad's regime now faces the challenge of ② <u>replacing</u> it. They've set up an interim government. Many people ③ <u>are waiting</u> to see what the rebel group will do ④ <u>different</u> than Assad. The challenge is to govern a ⑤ <u>devastated</u> country with many ethnic and religious groups.

[2점]

05 Civic engagement plays a vital role in shaping a strong and inclusive society. It is impossible for people to achieve dignity in the contemporary world ① <u>without active participating as citizens</u>. Voting, volunteering, and community organizing ② <u>are just a few ways</u> individuals can make a difference. By taking part in these activities, people ③ <u>not only improve their communities but also gain</u> a sense of purpose. Those who remain disengaged often miss out on opportunities to influence decisions ④ <u>that affect their lives</u>. Ultimately, a healthy democracy ⑤ <u>depends on</u> the involvement of its citizens.

[2점]

06 Reorder the following sentences to form a coherent passage. [4점]

> Ⓐ Relevance theory may be seen as an attempt to work out in detail one of Grice's central claims: that an essential feature of most human communication, both verbal and non-verbal, is the expression and recognition of intentions.
>
> Ⓑ According to the code model, a communicator encodes her intended message into a signal, which is decoded by the audience using an identical copy of the code.
>
> Ⓒ However, the linguistic meaning recovered by decoding is just one of the inputs to a non-demonstrative inference process which yields an interpretation of the speaker's meaning.
>
> Ⓓ In developing this claim. Grice laid the foundations for an alternative to the classical code model: an inferential model of communication.
>
> Ⓔ An utterance is, of course, a linguistically coded piece of evidence, so that verbal comprehension involves an element of decoding.

① Ⓑ-Ⓓ-Ⓐ-Ⓔ-Ⓒ   ② Ⓐ-Ⓑ-Ⓓ-Ⓒ-Ⓔ   ③ Ⓑ-Ⓐ-Ⓔ-Ⓓ-Ⓒ
④ Ⓐ-Ⓓ-Ⓑ-Ⓔ-Ⓒ   ⑤ Ⓐ-Ⓒ-Ⓑ-Ⓓ-Ⓔ

07~08 Read the passage and answer the questions.

A monumental figure in the history of Western philosophy, Plato looms nearly as large in the history of European literary theory. Indeed, for many literary scholars he marks the beginning of the tradition of literary theory, although his choice of the dialogue format, in which historical personages convey particular arguments, suggests that the issue he raises had already been debated before he took them up — as do the extant fragments of the writings of the pre-Socratic philosophers. The several dozen dialogues attributed to Plato engage almost every issue that interests philosophers: the nature of being; the question of how we come to know things; the proper ordering of human society; and the nature of justice, truth, the good, beauty, and love. Although Plato did not set out to write systematic literary theory — unlike his student Aristotle, who produced a treatise on poetics — his consideration of philosophical issues in several of the dialogues leads him to reflect on poetry, and those reflections have often set the terms of literary debate in the West.

What binds together Plato's various discussions of poetry is a distrust of mimesis. According to Plato, all art — including poetry — is a mimesis of nature, a copy of objects in the physical world. But those objects in the material world, according to the idealist philosophy that Plato propounds, are themselves only mutable copies of timeless universals, called Forms or Ideas. Poetry is merely a copy of a copy, leading away from the truth rather than toward it. Philosophers and literary critics ever since, from Plotinus in the third century C.E. to Jacques Derrida in the late twentieth century, have wrestled with the terms of Plato's critique of poetry, revising it or attempting to point out inconsistencies in his argument.

07 What is being said about Plato's use of the dialogue form? [4점]

① It shows a link between the pre-Socratics and 20th-century criticism.
② It was a landmark in the history of Western literary criticism.
③ It reveals that Plato was uninterested in the function of literature.
④ It makes the issues he addresses in them appear longstanding.
⑤ It was the motivation for Aristotle to write his treatise on poetics.

08 According to the passage, which statement is correct? [4점]

① Plato's role in European literary theory has been minor.
② Plato believed poetry lacks truth because it is a copy of a copy.
③ Plato first raised issues now perennial in Western philosophy.
④ Plato set out to write a systematic theory of literature.
⑤ Plato values mimesis over objects in the material world.

09~10 Read the passage and answer the questions.

Nobel laureate Han Kang spoke Saturday about how she employed all of her senses in the creation of some of her best known works. "When I write, I use my body," she said. "I use all the sensory details of seeing, of listening, of smelling, of tasting, of experiencing tenderness and warmth and cold and pain, of noticing my heart racing and my body needing food and water, of walking and running, of feeling the wind and rain and snow on my skin, of holding hands." In her lecture she expressed gratitude for those moments when she sensed that she was able to transmit those "vivid sensations" to her readers. "In these moments I experience … the thread of language that connects us, how my questions are relating with readers through that electric, living thing," Han said as she finished her lecture. "I would like to express my deepest gratitude to all those who have connected with me through that thread, as well as to all those who may come to do so."

09 Which pairing is incorrect? [2점]

① of seeing — visual
② of listening — auditory
③ of smelling — olfactory
④ of tasting — gustatory
⑤ of feeling — kinetic

10 What is the author referring to in mentioning "that electric, living thing"? [2점]

① expressing gratitude
② noticing sensory details
③ vivid sensations
④ forming connections
⑤ the thread of language

11~13 Read the passage and answer the questions.

> Theodore Roosevelt Island, a living memorial to the 26th President of the United States, stands apart from the grand marble monuments of Washington DC's National Mall. Accessible only by footbridge from Virginia, this lesser-known retreat on the Potomac River offers serene woodsy trails leading to a statue of Roosevelt. Unlike the vast open spaces honoring presidents like Lincoln, Jefferson, and Washington, Roosevelt Island humbly celebrates nature and quietly commemorates Roosevelt's environmental legacy.
>
> Roosevelt, renowned for his conservation efforts and the Antiquities Act of 1906, expanded public lands and national forests, securing his place in environmental history. Yet, his legacy is intricate, entwined with imperialism and views on racial domination, reflecting broader American history and environmentalism's roots in Indigenous displacement and natural resource exploitation.
>
> Before its transformation into an urban wilderness honoring Roosevelt in 1940, the island had had a rich history — first, stewardship by the Nacotchtank tribe and then development by the Mason family who cultivated it into a prominent estate with the use of slave labor. This layered narrative of conservation, memorialization, and America's checkered past underscores the nuance of Theodore Roosevelt Island's monument to its complex namesake, inviting visitors to reflect on the interconnectedness of nature, history, and memory.

11 Which is correct according to the passage? [3점]

① Theodore Roosevelt Island was first located on the National Mall.
② The statue of Theodore Roosevelt is enmeshed in controversy.
③ Theodore Roosevelt is known for the 1906 Humanities Act.
④ The Masons superseded the Nacotchtank on Roosevelt Island.
⑤ Theodore Roosevelt's monument receives only few visitors.

12 What is implied about Theodore Roosevelt Island's design compared to other presidential monuments? [3점]

① It is grander than other memorials in Washington, DC.
② It emphasizes nature and environmentalism over politics.
③ It was designed primarily to be widely accessible.
④ It stresses military accomplishments over social issues.
⑤ It highlights the legacy of slavery in the United States.

13 In the context of the passage, which is the best synonym for "stewardship"? [3점]

① supervision   ② guidance   ③ cultivation
④ auspices   ⑤ improvement

14~16 Read the passage and answer the questions.

What do I mean by "the happiness turn"? It is certainly the case that numerous books have been published on the science and economics of happiness, especially from 2005 onward. The popularity of therapeutic cultures and discourses of self-help have also meant a turn to happiness: many books and courses now exist that provide instructions on how to be happy, drawing on a variety of knowledges, including the field of positive psychology, as well as on readings of Eastern traditions, especially Buddhism. It is now common to refer to "the happiness industry": happiness is both produced and consumed through these books, accumulating value as a form of capital. Barbara Gunnell (2004) describes how "the search for happiness is certainly enriching a lot of people. The feel-good industry is flourishing. Sales of self-help books and CDs that promise a more fulfilling life have never been higher."

The media are saturated with images and stories of happiness. In the UK, many broadsheet newspapers have included "specials" on happiness and a BBC program, *The Happiness Formula*, was aired in 2006. This happiness turn can be described as international; you can visit the "happy planet index" on the World Wide Web and a number of global happiness surveys and reports that measure happiness within and between nation states have been published. These reports are often cited in the media when research findings do not correspond to social expectations, that is, when developing countries are shown to be happier than overdeveloped ones. Take the opening sentence of one article: "Would you believe it, Bangladesh is the happiest nation in the world! The United States, on the other hand, is a sad story: it ranks only 46th in the World Happiness Survey." Happiness and unhappiness become newsworthy when they challenge ideas about the social status of specific individuals, groups, and nations, often confirming status through the language of disbelief.

14 What is the passage mainly about? [3점]

① The UK's flourishing happiness industry
② The variety of knowledges in positive psychology
③ The media coverage of "the happiness turn"
④ Bangladesh as the happiest country in the world
⑤ Public interest in happiness being on the rise

15 Which best describes the author's overall tone in the text? [4점]

① critical and objective
② appreciative and supportive
③ condescending yet pleased
④ accusatory and indignant
⑤ pretentious yet sympathetic

16 According to the passage, which statement is incorrect? [4점]

① The rise of self-help discourses signals a shift toward prioritizing happiness.
② The happiness industry is currently making many people wealthy.
③ Global happiness surveys and reports are generally trustworthy.
④ Since "the happiness turn," happiness has become a quantifiable good.
⑤ Happiness is considered newsworthy when it contradicts social expectations.

17~19 Read the passage and answer the questions.

The Delphic Oracle was one of the most revered consultation sites of ancient Greece, renowned for its role in providing divine guidance. Located at Delphi, a sacred site dedicated to the god Apollo, the Oracle attracted people from all walks of life — kings, warriors, and common citizens — seeking answers to their most pressing questions. Central to this mystical tradition was the Pythia, the priestess of Apollo, who was believed to channel the god's voice while in a trance-like state. Her cryptic yet profound prophecies were seen as messages from the divine. Ancient writers such as Virgil and Plutarch spoke of the Oracle with reverence, portraying it as a direct link to the gods.

Modern science, however, offers a compelling explanation for the Oracle's seemingly supernatural abilities. Geologists have determined that Delphi is situated atop intersecting fault lines, areas prone to geological activity. These fault lines may have allowed gases, such as ethylene, to seep through the earth's surface. Ethylene is known to induce euphoria and altered states of consciousness, which could explain the Pythia's trance-like state during her prophetic rituals. This scientific perspective provides a rational basis for understanding how natural phenomena might have contributed to the Oracle's mystique.

The Delphic Oracle remains an enduring symbol of ancient spirituality, but its story also highlights the interplay between human beliefs and the natural world. By examining both historical accounts and modern geological insights, we gain a deeper appreciation for the ways in which mythology and science can intersect.

17. Which is the best title for the passage? [3점]

① The Pythia's Prophecies: A History of Ancient Greek Divination
② Ethylene and the Human Mind: A Study in Altered States
③ The Oracle's Whisper: Myth, Geology, and the Search for Truth
④ Exploring the Supernatural: Ancient Greek Beliefs and Practices
⑤ The Psychology of Prophecy: Understanding Ancient Beliefs

18. Based on the passage, which best describes the relationship between modern science and ancient belief in the Delphic Oracle? [4점]

① Modern science has debunked the ancient beliefs surrounding the Oracle.
② Modern science has provided a possible natural explanation for the Oracle.
③ Modern science has proved that the Oracle's prophecies were often accurate.
④ Modern science has dismissed the role of geology in the Oracle's previsioning.
⑤ Modern science has confirmed that the Pythia's trances were caused by ethylene.

19. Based on the passage, what can we infer about the ancient Greeks' understanding of the natural world and the divine? [4점]

① They believed that the natural world was totally separate from the divine.
② They understood the divine as intervening very directly in human affairs.
③ They were skeptical of supernatural claims and wanted rational explanations.
④ They felt that human sacrifice was the way to communicate with the gods.
⑤ They were aware of the geological factors involved in the Delphic Oracle.

20~21 Read the passage and answer the questions.

Ⓐ_____ One of the first rooms to be devoted to formal concerts was that opened in London by Thomas Hickford in 1711. From then on other custom-built concert halls and opera houses gradually started to appear all over Europe. German Ⓑ_____ of music built concert halls on a grand scale. At Schwetzingen, the Elector of Palatine built a new opera house capable of holding an audience of 5000, while Duke Karl Theodor of Württemberg bankrupted his entire principality to provide sensational opera productions at Mannheim. The Berlin Opera House was built by Frederick the Great of Prussia (1740-1786). A notable flautist and patron of music, Frederick was deeply immersed in French culture and maintained a French-speaking court. In London, purpose-built concert halls included Carlisle House, Soho Square (1764); the Pantheon, Oxford Street (1772); and the Hanover Square Rooms (1775). Throughout the 19th century the orchestras involved in London concerts contained so many of the same players that it would be difficult to describe each orchestra as different.

20 Choose the best sentence to complete Ⓐ. [3점]

① In the 17th century, concert halls were ubiquitous in Europe.
② Concert halls and opera houses in Europe have a century-long history.
③ Public concert halls were first founded by musicians in the eighteenth-century.
④ Public concerts as they are known today did not exist until the 18th century.
⑤ London was the center of music performances in the eighteenth-century.

21 Choose the best word for Ⓑ. [3점]

① composers
② patrons
③ princes
④ vanguards
⑤ architects

22~24. Read the passage and answer the questions.

The release of new translations of well-known literary works is more than just a matter of rewording old texts; it's an opportunity to reintroduce these works in ways that resonate with contemporary readers. Even the most iconic and frequently translated works can benefit from a fresh approach, as language, cultural context, and scholarly understanding continue to evolve. New translations of classic literary works are essential for _____.

First, earlier translations are sometimes based on original editions that contain inaccuracies, which later research and textual scholarship have since corrected. As new discoveries about the source text emerge, these insights can lead to a more accurate and faithful representation of the original work. This ensures that the translation reflects the true intent of the author, rather than perpetuating lingering misconceptions or misinterpretations.

Additionally, past translators were shaped by the cultural and social norms of their time, which could influence their interpretation of the text. Language that was once considered appropriate may now feel outdated, and expressions that were acceptable in one era may not resonate with modern sensibilities. Older translations might also have been altered to align with the values or expectations of their time, which can make them feel disconnected from the contemporary world.

Furthermore, there is always room for improvement in translation. Even the best previous versions may not have fully captured the nuance of the work in its original language. A new translation allows for a fresh perspective, providing an opportunity to refine the text in ways that speak more directly to today's readers. By incorporating current translation techniques and cultural awareness, these versions can present a richer and more authentic experience.

Ultimately, new translations breathe renewed life into familiar works, allowing them to be rediscovered and appreciated by modern readers. They offer updated perspectives and can highlight subtleties or meanings that were previously overlooked, ensuring that timeless works remain relevant and engaging for future generations.

22 Which best completes the missing thesis statement in paragraph one? [4점]

① clarifying intent, changing cultural context, and increasing appeal
② removing ambiguity, modernizing style, and making texts digestible
③ ensuring accuracy, maintaining relevance, and allowing richer nuance
④ reinterpreting themes, adjusting tone, and replacing expressions
⑤ preserving meaning, simplifying language, and updating references

23 According to the text, which might do harm to an author's "true intent?" [4점]

① inaccuracies from the source text
② poorly rendered new translations
③ social norms of the author's times
④ the sensibilities of modern readers
⑤ lack of appreciation and obscurity

24 In the context of the essay, which is the best synonym for "nuance"? [3점]

① subtlety
② accuracy
③ expediency
④ respectability
⑤ equivalency

25~27 Read the passage and answer the questions.

The 1963 Nuclear Test Ban Treaty marked a pivotal moment not only in nuclear diplomacy but also in the growing global awareness of environmental consequences. By halting atmospheric nuclear testing, the treaty shed light on the far-reaching impacts of radioactive fallout and underscored the interconnectedness of human activity and the natural world. Signed by the three major nuclear powers of the time — the United States, the Soviet Union, and the United Kingdom — the treaty prohibited nuclear tests in the atmosphere, outer space, and underwater. However, underground testing was still permitted, reflecting the geopolitical realities of the Cold War and the continued desire for nuclear advancement.

The agreement emerged as a response to mounting public and scientific concerns over the widespread release of radioactive fallout, which had become a serious environmental pollutant during the surge of atmospheric nuclear testing in the 1950s and early 1960s. Fallout consisted of radioactive isotopes such as strontium-90 and cesium-137, which were carried by wind currents across vast distances, settling into soil, water, and vegetation. These isotopes posed severe risks to ecosystems and human health, infiltrating the food chain through contaminated crops, livestock, and water supplies. For instance, strontium-90, a particularly persistent isotope, was found to accumulate in bones and teeth, raising fears about long-term health consequences, including cancer and genetic mutations.

The scientific scrutiny surrounding radioactive fallout played a crucial role in elevating environmental consciousness. Research into the dispersion and effects of these radioactive particles revealed the delicate balance of ecosystems and the dangers posed by persistent pollutants. Scientists, environmentalists, and concerned citizens began to recognize the global nature of environmental threats and the need for international cooperation to address them.

Ultimately, the Nuclear Test Ban Treaty represented a turning point in the public's understanding of environmental stewardship. By directly addressing the environmental consequences of human activity, it laid the groundwork for future environmental movements. The treaty's success in limiting atmospheric pollution offered a powerful example of how scientific research, public awareness, and international collaboration could converge to mitigate a global crisis — an approach that would inspire later efforts to combat other environmental challenges, such as industrial pollution, deforestation, and climate change.

25 Which is the best title for the passage? [3점]

① Banning Atmospheric Tests: A Victory for Nuclear Disarmament
② Scientific Research and Public Concern: The Drive for a Nuclear Test Ban
③ The Legacy of the Nuclear Period: From Atomic Bombs to Environmentalism
④ From Fallout to Awareness: The Nuclear Test Ban Treaty's Environmental Legacy
⑤ The Dangers of Radioactive Fallout: Strontium-90 and its Impact on Human Longevity

26 Why was the 1963 Nuclear Test Ban Treaty considered a turning point? [4점]

① It represented a moment of international awareness of the impact of human activity on the environment.
② It brought to the fore the issue of nuclear disarmament and the need for international cooperation.
③ It gave rise to environmentalism as we know it today, most specifically in the climate change movement.
④ It was the first step toward preserving the integrity of space as a neutral international zone.
⑤ It launched effort to clean up the environment and eliminate the use of persistent pollutants.

27 What can be inferred from the passage? [4점]

① The nuclear test ban was the first major rift between science and environmentalism.
② The fallout from nuclear testing brought together environmentalism and science.
③ The power of vested interests over the autonomy of science is still an issue.
④ The nuclear test ban foreshadowed problems climate activists would face.
⑤ The issue of nuclear testing is likely to arise again as a major problem.

28~30 Read the passage and answer the questions.

The issue of mind-body dualism — the debate over how the "mind" interfaces with the physical brain — poses a fundamental challenge to modern cognitive science, which seeks to understand thought and mental organization as arising solely from physical phenomenon. From the musings of ancient philosophers like Plato to the pronouncements of modern thinkers such as René Descartes, the concept of mind-body dualism asserts that the "mind," being non-material and indivisible, cannot be fully explained by physical phenomena alone.

This philosophical position presents a significant obstacle to cognitive science's goal of explaining consciousness as the result of physical brain processes. If the mind operates on a plane separate from the physical, how can a science grounded in materialism reconcile the two? Philosopher David Chalmers further complicates this inquiry by distinguishing between the "easy" problems of cognitive functions — such as perception, memory, and decision-making — and the "hard" problem of consciousness. For example, Chalmers questions why subjective experience accompanies certain brain processes but not others, adding a layer of complexity to the debate.

Chalmers' analysis highlights a crucial issue: cognitive science can address the functional aspects of consciousness — how the brain processes information and enables behaviors — but it struggles to explain the experiential qualities of consciousness, the "what it's like" of being aware. This gap in understanding, often referred to as the "explanatory gap," remains a profound metaphysical quandary. Mind-body dualism, therefore, does not simply challenge the scope of cognitive science; by asserting the metaphysical uniqueness of the "mind," it _____.

28 Which is the best title for the passage? [4점]

① Cognitive Functions and Brain Processes: Understanding Perception, Memory, and Thought
② The Philosophy of Mind: Exploring Ancient and Modern Perspectives on Consciousness
③ The Hard Problem of Consciousness: Mind-Body Dualism's Challenge to Cognitive Science
④ Materialism and the Study of Mind: Physical Processes Can Account for Consciousness
⑤ The Science of Consciousness: Advances and Challenges in Today's Post-Cognitive Research

29 According to Chalmers, the greatest difficulty cognitive science faces is _____.

[4점]

① explaining how the brain processes information and enables behavior
② answering the challenges laid down by Plato and René Descartes
③ admitting that their inquiry falls outside the purview of science
④ convincing mind-body monists to reconsider their views
⑤ explaining the experiential aspect of consciousness

30 Choose the phrase that best completes the blank.

[4점]

① casts doubt on the work of Plato and Descartes
② calls into question its own relevance
③ opens a pathway for dialogue between the disciplines
④ solves the problem of the "explanatory gap"
⑤ strikes at the very foundation of the discipline

SOGANG UNIVERSITY

2025학년도 2차

30문항·60분

01~02 Choose the answer that best completes the sentence.

01 The labor union says workers are walking off the job at some 300 out of over 10,000 stores across the U.S. as contract negotiations _____. [3점]

① dispel   ② falter   ③ bask
④ gall   ⑤ lull

02 The Duke fell in love with Elizabeth, but his early attempts to woo her were unsuccessful. Part of the problem was that he could not propose to a commoner, since, as the King's son, he could not place himself in a position in which he might be refused. For that reason, he sent a(n) _____ to her to ask on his behalf for her hand in marriage. [3점]

① interloper   ② peddler   ③ outrider
④ emissary   ⑤ despot

03~05 Identify the grammatical error.

03 GPT-3 was a watershed moment in AI due to ① its unprecedented size, featuring 175 billion parameters, which enabled ② it to execute a wide range of natural language tasks without extensive fine-tuning. This model was trained ③ using big data, allowing it to generate human-like text and ④ engage in conversation. It also had the ability ⑤ of performing few-shot learning, which demonstrated its usefulness in commercial AI applications such as chatbots and virtual assistants. [2점]

04 The airplane was ① scheduled to depart on time, but an unexpected issue caused a delay. Neither the pilots nor the mechanics ② was able to figure out what made the airplane display a warning message. Passengers waiting in the terminal ③ grew increasingly frustrated as the hours passed without updates. Finally, a senior engineer was ④ called in to assess the situation and discovered that a sensor had malfunctioned. After the repairs were completed, the airplane ⑤ was cleared for takeoff, and the passengers boarded with a mix of relief and lingering irritation. [2점]

05 During World War One, artwork was employed by the US government for propaganda purposes, to encourage the American people ① to get behind the war effort. For example, impressionistic paintings by Childe Hassam, ② who featured city streets overflowing with American flags, were popularized to evoke patriotism in a nation teetering ③ on the edge of war. Later, to bolster a war-weary populace exhausted by combat, works by George Bellows depicting powerful scenes of the enemy's barbarity were ④ used to justify the sacrifices of war ⑤ as noble and necessary. [4점]

06 Reorder the following sentences to form a coherent passage. [4점]

Ⓐ Likewise, ocean currents redistribute heat between land and water, but on a more regional scale.

Ⓑ However, such variables alter, with changes attributable to the gradual shifting of tectonic plates.

Ⓒ Over extended time spans, a number of nearly constant variables determine climate, including latitude, altitude, proportion of land to water, and proximity to oceans and mountains.

Ⓓ Other climate determinants are more dynamic: the thermohaline circulation of the ocean, for example, leads to a 5°C (9°F) warming of the northern Atlantic Ocean compared to other ocean basins.

Ⓔ Ultimately, the state of the climate is the result both of global long-term and regional dynamic factors.

① Ⓒ-Ⓐ-Ⓑ-Ⓓ-Ⓔ
② Ⓐ-Ⓑ-Ⓓ-Ⓒ-Ⓔ
③ Ⓒ-Ⓓ-Ⓐ-Ⓑ-Ⓔ
④ Ⓒ-Ⓑ-Ⓐ-Ⓓ-Ⓔ
⑤ Ⓒ-Ⓑ-Ⓓ-Ⓐ-Ⓔ

07~09 Read the passage and answer the questions.

Ancient Mesopotamian cultures, often overlooked in the broader narrative of medical history, demonstrated a surprisingly advanced understanding of psychological trauma, including symptoms that closely resemble modern post-traumatic stress disorder (PTSD). Recent research has uncovered evidence suggesting that Mesopotamians were aware of and addressed this condition long before the ancient Greeks, who are traditionally credited with the earliest descriptions of PTSD. This discovery challenges the conventional view of the Greeks as the pioneers in the field of mental health and highlights the complexity of early medical knowledge.

In Mesopotamia, trauma was viewed through a holistic lens, blending spiritual beliefs with treatments for both the mind and body. The Assyrians, one of the prominent civilizations of the region, documented symptoms in their medical texts that mirror those seen in PTSD today, such as recurring visions, nightmares, emotional distress, and agitation. These afflictions were often attributed to the restless spirits of slain enemies, a belief deeply rooted in the Mesopotamian understanding of the afterlife and spiritual forces.

To address these symptoms, Mesopotamian priests and healers employed a range of therapeutic practices. These included rituals and incantations aimed at appeasing the angry spirits, as well as medicinal remedies intended to calm the mind and restore balance to the body. The healing process was not limited to physical treatments; it also encompassed spiritual and emotional healing, underscoring the Mesopotamians' recognition of the interconnectedness of mind, body, and spirit.

While the methods used by the Mesopotamians are markedly different from modern approaches to mental healthcare, their efforts to alleviate trauma reflect an enduring human concern for the well-being of individuals affected by psychological distress. The ancient texts reveal a thoughtful and empathetic approach to healing, one that resonates with contemporary efforts to address mental health. These early contributions to the understanding and treatment of psychological trauma offer valuable insights into the history of mental healthcare, illustrating the long-standing human desire to understand and mitigate the impact of trauma on the mind.

07 Which is the best title for the passage? [3점]

① Ancient Mesopotamian Medicine: Treatments for Physical and Spiritual Ailments
② Spirits in Mesopotamia: Beliefs about the Afterlife and Their Influence
③ Before the Greeks: Mesopotamian Insights into PTSD-like Symptoms
④ Early Civilizations and Mental Health: A Comparative Study of Ancient Cultures
⑤ Mesopotamian Beliefs about the Mind and Body: A Holistic Approach

08 Based on the passage, it can be inferred that the Mesopotamian understanding of trauma differed from later, more traditionally recognized historical understandings (like the Greek perspective) primarily in its _____. [4점]

① emphasis on the interconnectedness of spiritual and physical health
② reliance on purely spiritual explanations for psychological distress
③ focus on the social and cultural context of traumatic experiences
④ development of complex diagnostic categories for forms of trauma
⑤ belief that trauma was temporary and treatable with simple remedies

09 What is meant by the phrase "the broader narrative of medical history" in paragraph one? [4점]

① the persistent belief that ancient medicine is inferior to modern medicine
② the stories and tales that give us insight into prehistoric medical techniques
③ the contradictions that riddle our understanding of ancient healthcare
④ the widely accepted body of facts that form the history of healthcare
⑤ the understanding that medical knowledge is being made into a story

10~12 Read the passage and answer the questions.

In the mid-nineteenth century, milk producers marketed their product to Americans by linking it to the idyllic purity of the countryside. The rural image of cows grazing on lush, green pastures and fresh milk flowing straight from the farm was carefully cultivated to appeal to urban consumers who associated the countryside with wholesomeness and health. However, the milk being sold at the time was often far from pure. Rapid urbanization and industrialization brought about a host of problems, including unsanitary milking practices, improper storage, spoilage, and widespread adulteration, such as watering down milk or adding substances like chalk to mask its poor quality.

Faced with growing public concerns over safety and quality, milk producers sought solutions in emerging scientific advancements. Scientists introduced methods such as pasteurization, which reduced bacteria and extended milk's shelf life, and improved techniques for storing and transporting milk under more sanitary conditions. These innovations not only made milk safer to drink but also allowed producers to rebrand their product. To distinguish it from unregulated competitors and justify a higher price, "improved" milk was "officially certified" as scientifically pure.

Over time, this shift had a significant impact on milk's image. While it had once been associated with the natural purity of the countryside, milk now became increasingly tied to the sterility and precision of the laboratory. The scientific processes that guaranteed milk's safety also reshaped its symbolism, turning it from a rustic staple into a product of modern industry and scientific progress.

10 Which is the best title for the passage? [3점]

① Milk's Rural Roots: A Look at 19th-Century Dairy Science
② Marketing Purity: How Science Transformed the Milk Industry
③ From Pasture to Product: The Journey of Milk to Consumers
④ The Power of Pasteurization: Ensuring Milk Safety and Longevity
⑤ Marketing the Modern Meal: How Advertising Shaped Food Choices

11 Which of the following is NOT a consequence of scientific methods being applied to milk? [3점]

① Milk was made safer to drink.
② Milk was able to be rebranded.
③ Milk was made more affordable.
④ Milk was associated with sterility.
⑤ Milk was linked with advancement.

12 What does the shift in milk's image from "natural purity" to "scientific progress" suggest? [3점]

① That milk was no longer associated with health.
② That scientific advancements made milk less nutritious.
③ That consumers preferred milk processed in labs.
④ That milk producers had improved traditional methods.
⑤ That pasteurization had no effect on food safety.

13~15 Read the passage and answer the questions.

In rural Texas in the years leading up to the Civil War, settlers faced harsh living conditions where survival was a daily struggle. Life expectancy was short, typically ranging between thirty-five and fifty years, due to a variety of factors. Contaminated water, infectious disease, and the constant dangers of childbirth or even simple injuries made life _____. With professional medical help scarce and often unreliable, families were forced to adopt a do-it-yourself approach to healthcare, relying on their own resourcefulness and what little knowledge they could cobble together.

Even when settlers sought professional help, the outcomes were often grim. Physicians, many of whom were minimally trained and sometimes battled personal demons like alcoholism, were ill-equipped to handle the realities of frontier medicine. Their medical arsenal was limited, ranging from rudimentary surgical knowledge to questionable treatments like "mercury purges." More often than not, these methods proved ineffective or, in some cases, harmful, leaving patients with little hope for recovery.

Compelled by necessity, settlers turned to home remedies and folk practices, though these too carried significant risks. Among the most unusual was the use of "mad stones" — peculiar objects believed to have curative powers, particularly for treating rabies and other similar ailments. Despite their popularity, these folk remedies often walked a fine line between traditional wisdom and dangerous quackery. They reflected the settlers' desperate search for health in a world where medical resources were scarce, and their hope for healing often led them down a path fraught with uncertainty.

13 Which is correct according to the passage? [4점]

① Life expectancy in post-Civil War Texas was from thirty-five to fifty years.
② Physicians in rural Texas were well trained but sometimes troubled.
③ Treatments such as mercury purges often left patients in perilous condition.
④ The use of "mad stones" sometimes caused patients to develop rabies.
⑤ Patients' best hope for healing from illness was usually to do nothing at all.

14 What does the use of "mad stones" suggest about settlers' approach to healthcare?

[3점]

① They had easy access to reliable medical treatments.
② They were skeptical of traditional medicine.
③ They were desperate for effective health solutions.
④ They preferred to seek professional medical help.
⑤ They had advanced medical knowledge and practices.

15 Which word best fills the blank?

[4점]

① contagious
② uproarious
③ pernicious
④ lugubrious
⑤ precarious

16~18 Read the passage and answer the questions.

Urbanization has significantly influenced bird behavior, particularly altering birdsong as birds adapt to increasing noise levels. Over the past thirty years, researchers have documented changes in the songs of white-crowned sparrows in urban San Francisco. These changes reflect adaptations to persistent ambient noise from traffic, construction, and other human activities, highlighting broader implications for wildlife in human-altered landscapes.

In urban environments, birds that shift their vocalizations to higher frequencies can communicate more effectively amidst noise pollution, thereby improving their chances of survival and reproductive success. For white-crowned sparrows, the minimum frequency of their songs has risen over time, suggesting an evolutionary adjustment that allows their calls to stand out against the urban din. By contrast, in quieter rural areas, such adaptations are unnecessary, as evidenced by the stable song frequencies observed there. This phenomenon underscores the pressure for wildlife to adapt rapidly to human-driven environmental changes.

The study of the white-crowned sparrow exemplifies how even subtle shifts in human environments can profoundly influence animal behavior. This adaptation extends beyond individual survival; it also involves cultural transmission, as modified songs are passed down through generations, potentially giving rise to new dialects better suited to noisy urban life. The ongoing impact of urbanization on natural behaviors reveals the dynamic interplay between human activity and wildlife, emphasizing both the resilience of species and the challenges they face in an increasingly urbanized world.

16 Which is the best title for the passage? [4점]

① Singing in the City: How Urban Noise Affects Birdsong
② Bird Behavior: A Study of Adaptation and Survival in the City
③ The Effects of Pollution on Wildlife: The Impact of Human Activity on Nature
④ Evolutionary Adaptations in Birds: How Species Change Over Time
⑤ The White-crowned Sparrow: A Common Urban Species

17 According to the passage, what change has been observed in the songs of white-crowned sparrows in urban San Francisco? [4점]

① The complexity of their songs has decreased.
② The length of their songs has markedly shortened.
③ They have stopped using vocalizations altogether.
④ The minimum frequency of their songs has risen.
⑤ They have started mimicking traffic sounds.

18 Based on the information in the passage, it can be inferred that if urban noise levels were significantly reduced, the songs of white-crowned sparrows in San Francisco would likely _____. [4점]

① become much more complicated and various
② gradually shift back towards lower frequencies
③ become measurably higher in frequency over time
④ remain unchanged due to the nature of evolution
⑤ disappear entirely as they would serve no purpose

19~21 Read the passage and answer the questions.

Dirt is something in the wrong place at the wrong time. Dirt disgusts us because it appears where it shouldn't be — on the kitchen floor or under the bed. The very same objects (dust and grime) do not constitute dirt if they are in a different place. The meaning of dirt is dependent on its _____.

Mary Douglas, in her book *Purity and Danger*, examines the concept of dirt and pollution. She connects the dread of dirt to a fear of disorder. Removing dirt, on the other hand, is part of the establishment of an ordered environment. We make the environment conform to an idea, a sense of order. Dirt, she says, is "matter out of place," a definition that suggests simultaneously some form of order and a contravention of that order. Dirt, by its very definition, depends on the preexistence of a system, a mode of classification. Douglas makes this point well:

Shoes are not dirty in themselves, but it is dirty to place them on the dining table; food is not dirty in itself, but it is dirty to leave cooking utensils in the bedroom, or food bespattered on clothing; similarly, bathroom equipment in the drawing room; clothing lying on chairs; out-door things in-doors; upstairs things downstairs; underclothing appearing where over-clothing should be, and so on.

Dirt, then, is a mismatch of meanings — meanings that are erroneously positioned in relation to other things. Things that transgress become dirt — they are in the wrong place. Douglas's discussion of "matter out of place" provides a useful analytical tool for decoding the reactions to transgressions. Beliefs about dirt and pollution relate to power relations in society as they delineate, in an ideological fashion, what is out of place. Those who can define what is out of place are those with the most power in society.

19 What is the right word for the blank? [2점]

① location
② territory
③ landscape
④ status
⑤ none of these

20 According to the passage, which statement is incorrect about dirt? [3점]

① Dirt reveals the underlying disorder in preexisting systems.
② Dirt is a substance that is in the wrong place.
③ Dirt disgusts us because it is connected to a fear of disorder.
④ Things that violate boundaries become dirt.
⑤ Ideas about dirt are closely tied to societal power dynamics.

21 Which statement is the author least likely to agree with? [3점]

① Gypsies are labeled deviant because their living spaces are identified as "disorderly."
② Graffiti is considered deviant because it is art placed where it should not be.
③ Place plays a significant role in the creation of norms of behavior.
④ The homeless are seen as abnormal because they lack conventional accommodations.
⑤ Hippies are disorderly and need help finding their place in society.

22~23 Read the passage and answer the questions.

I always think about climate justice as multitasking. We live in a time of multiple overlapping crises: we have a health emergency; we have a housing emergency; we have an inequality emergency; we have a racial injustice emergency; and we have a climate emergency, so we're not going to get anywhere if we try to address them one at a time. We need responses that are truly _____. So how about, as we decarbonize and create a less polluted world, we also build a much fairer society on multiple fronts?

Many environmentalists hear this and think: "Well, that sounds a lot harder than just implementing a carbon tax or switching to green energy." And the argument we make in the climate justice movement is that what we're trying to do is to build a power base that is invested in climate action. Because if you're only talking about carbon, then anybody who has a more immediate emergency — whether it's police violence, gender violence or housing precariousness — is going to think: "That's a rich person problem. I'm focused on the daily emergency of staying alive." But if you can connect the issues and show how climate action can create better jobs and redress gaping inequalities, and lower stress levels, then you start getting people's attention and you build a broader _____ that is invested in getting climate policies passed.

22 Choose the correct pair of words for the blanks in order. [3점]

① convivial — conclave
② intersectional — constituency
③ refractory — constitution
④ influential — convention
⑤ indispensable — confluence

23 Which is the best title for the passage? [4점]

① Combating Climate Change: Together with Social Justice
② Multiple Crises in Our Time: Climate Change Comes First
③ Achieving Climate Justice: It is More than Just a Carbon Tax
④ Emergencies in Our Time: More Pressing than Ever
⑤ Climate Policies: Sustainable Jobs, Sustainable Future

24~25 Read the passage and answer the questions.

Several years before the Holocaust, which eventually branded Western modernity as the distinctive bearer of collective trauma in the twentieth century, the most developed society outside the West had itself already engaged in systematic atrocities. In early December 1937, invading Japanese soldiers slaughtered as many as 300,000 Chinese residents of Nanking, China. Under orders from the highest levels of the imperial government, they turned out this massacre in six of the bloodiest weeks of modern history, without the technological aids later developed by the Nazis in their mass extermination of the Jews.

In contrast to the Nazi massacre, this Japanese atrocity was not hidden from the rest of the world. Indeed, it was carried out under the eyes of critical and highly articulate Western observers and reported upon massively by respected members of the world's press. Yet, in the sixty years that have elapsed since that time, the memorialization of the "Rape of Nanking" has never extended beyond the regional confines itself. The trauma contributed scarcely at all to the collective identity of the People's Republic of China, let alone to the self-conception of the postwar democratic government of Japan.

As the most recent narrator of the massacre puts it, "Even by the standards of history's most destructive war, the Rape of Nanking represents one of the worst instances of mass extermination." Yet, though it became "the forgotten Holocaust of World War II," and it remains an "obscure incident" today, the very existence of which is routinely and successfully denied by some of Japan's most powerful and esteemed public officials.

24 Which underlined word is incorrect? [2점]

① branded   ② engaged   ③ turned
④ elapsed   ⑤ denied

25 What is the passage mainly about? [4점]

① the Rape of Nanking as an instance of genocide
② Japanese atrocities in Nanking during World War II
③ the forgotten cause of history's most destructive war
④ contrasting responses to World War II collective traumas
⑤ the banality of evil found both in Nazi and Japanese atrocities

26~27 Read the passage and answer the questions.

Invertebrates are animals that do not have a backbone. Although many of them are small and therefore easily overlooked, they are immensely varied and wide-spread, accounting for about 97 percent of all known animal species. While vertebrates form a single phylum, invertebrates are an informal collection of more than 30, and the members of just one phylum — the arthropods — probably outnumber all other animals on earth. Invertebrates are found in every conceivable type of habitat, but they are most plentiful in the oceans, which is where animal life first arose. Invertebrates were the first animals to evolve, although exactly how this happened is not yet known. There is little doubt that their ancestors were single-celled, food-eating microorganisms, similar to extant protozoans, and many biologists think that at some point, groups of these began to form permanent symbiotic partnerships. When this occurred, animal life began.

26 Which statement is incorrect? [4점]

① The arthropods are possibly the most numerous creature on Earth.
② The number of invertebrates greatly exceeds that of vertebrates.
③ The progenitors of invertebrates were likely single-celled.
④ The invertebrates can be found all over the planet.
⑤ The protozoans were the first living creatures.

27 Which can be inferred from the passage? [3점]

① Vertebrates once greatly outnumbered invertebrates.
② Symbiosis among microorganisms produced invertebrates.
③ Invertebrates only survive in specialized habitats.
④ Many invertebrates are on the road to becoming extinct.
⑤ The vertebrates gave rise to the first invertebrates.

[28~30] Read the passage and answer the questions.

> In the late 1960s, when computers were used almost exclusively in scientific or industrial applications, Honeywell offered an audacious new vision to the world. The Honeywell Kitchen Computer, priced at a staggering $10,600, was advertised as a "recipe selector" and held up as being every futuristic homemaker's dream.
>
> The reality, however, was less "space age" and more "marketing stunt." This computer was never meant for mass production, but rather to gauge consumer interest in something entirely new: home computing. Despite minimal sales and it being very impractical, the Kitchen Computer sparked something bigger.
>
> Tech visionaries like Gordon Bell saw it as a beacon, their imaginations ignited by the potential of computers in everyday life. They envisioned homes transformed by learning, organization, entertainment, and even automation. Though Honeywell's Kitchen Computer flopped commercially, it represented a crucial turning point.

28 Which is the best title for the passage? [3점]

① The Honeywell Kitchen Computer: A Marketing Stunt That Inspired a Revolution
② The Kitchen Computer: A Pioneer of Culinary Automation
③ A Technological Breakthrough: The Kitchen Computer's Impact on Food Preparation
④ The Kitchen Computer: A Potent Symbol of 1960s Optimism
⑤ Honeywell's Bold Gamble: Bringing Mainframe Power to the Home at a Fair Price

29 What can be inferred from the passage? [4점]

① The Kitchen Computer inspired Gordon Bell to invent the first true home computer.
② The Kitchen Computer "marketing stunt" severely damaged Honeywell's reputation.
③ Honeywell lost a lot of money manufacturing and promoting the Kitchen Computer.
④ Honeywell never expected that the "space aged" Kitchen Computer would sell well.
⑤ Gordon Bell believed that Honeywell compromised his vision of home computing.

30 From the direction of the last paragraph, what is likely to follow? [4점]

① An example of the Kitchen Computer sparking innovation
② A description of how Honeywell recovered its reputation
③ An argument in support of the importance of Gordon Bell
④ A comparison of the Kitchen Computers to similar devices
⑤ An opinion against "marketing stunts" and sales gimmicks.

대학편입 반전 스토리

> ❝ 왼쪽으로 가면 김영편입학원, 오른쪽으로는 서강대 정문, 걸음의 방향을 바꾸다. ❞

박O준
서강대학교 경제학과
편입구분: 일반편입

어휘 학습법

어휘는 투자한 시간만큼 실력이 향상되고, 잠시만 소홀해도 급격히 떨어지는 편입 영어의 가장 정직한 영역이라고 생각합니다. 길거리나 대중교통에서 보내는 자투리 시간을 잘 활용하시면, 처음에는 어색하게 느껴지더라도 그 짧은 시간들이 쌓여 시험장에서 큰 도움이 될 것입니다. 단어장이 불편하게 느껴지신다면 모바일 단어 앱을 적극 활용해 보시는 것도 좋습니다. 반복 기능이나 퀴즈 기능 등 다양한 도구를 통해 자신만의 암기 루틴을 만들다 보면, 처음에는 어려웠던 단어 암기도 점차 수월해질 것입니다.

문법 학습법

편입 시험에서 문법의 출제 비중은 감소하는 추세이며, 과거처럼 지엽적인 문법 사항을 세세하게 묻는 문제도 크게 줄어들고 있습니다. 실제로 문제를 풀다 보면 자주 반복되는 문법 유형이 있다는 것을 느끼실 수 있을 텐데, 이를 수학 공식처럼 공식화하여 간결하게 이론을 정리하고 반복적으로 문제를 풀어보시는 것을 추천드립니다. 문법이 충분히 체화되면, 단어 문제처럼 빠르게 풀 수 있는 영역이 되어 시험 시간 단축에도 큰 도움이 됩니다.

논리 학습법

논리만 놓고 보면 구조 자체가 복잡한 문제는 많지 않으며, 결국 어휘 실력에 따라 해석과 정답 도출이 좌우되는 영역입니다. 어휘력이 부족했던 초반에는 선택지와 지문에 등장하는 단어들을 직접 찾아 의미를 정리한 뒤 문제를 풀었고, 이 과정에서 자연스럽게 어휘 암기 효과도 얻을 수 있었습니다. 어휘 난이도와 관계없이 논리 구조를 꾸준히 연습할 수 있었던 것도 장점이었습니다.

독해 학습법

해외 영어 뉴스를 꾸준히 읽으며 영어 독해 능력을 키웠습니다. 동시에 최근 이슈들을 통해, 해당 연도의 시사 내용을 지문으로 출제하는 대학들에 대비했습니다. 영어 실력도 중요하지만, 독해에서는 글을 빠르게 읽고 문제 풀이에 필요한 정보를 정확히 추출하는 능력이 더욱 중요하다고 생각합니다. 많은 독해 문제들이 지문의 핵심 주제와 가장 밀접한 선택지를 정답으로 삼는 경향이 있으므로, 직접 문제를 풀어보며 그 흐름을 체감해 보시길 권합니다.

2024 영역별 분석

서강대학교

- 2024학년도 1차
- 30문항 · 60분

문법

대화문에서 어법상 옳지 않은 것을 고르는 유형 2문제와 밑줄 친 부분 중 어법상 옳지 않은 것을 고르는 Written Expression 유형 2문제가 출제됐다. 대화에서 문법상 틀리거나 어색한 부분을 고르는 문제의 경우 올해 새롭게 출제된 문법 유형이기는 했지만, 기본적인 문법사항이 출제되어 정답을 고르는 데 어려움은 없었을 것이다. 출제된 문법사항으로는 명확한 과거를 나타내는 표현과 함께 쓰지 못하는 현재완료시제, 분사를 정동사의 역할을 할 수 있는 과거시제 동사로 고치는 문의 구성, 명사를 수식하는 형용사 등이 있었다.

논리완성

총 6문제가 출제됐는데 기존에 출제되었던 multi-blank 유형의 문제는 출제되지 않았고, one-blank 유형의 문제만 출제됐다. 토머스 모어가 불멸의 고전을 출판하여 잠시 '중단(abeyance)'된 문학의 유토피아가 되살아난 배경에 관한 문제, 절망이 자신을 압도하도록 내버려두지 않는 상태를 나타낼 수 있는 'composure(평정)'를 고르는 문제, 불변성과 반대되는 의미를 내포하고 있는 'malleable(유연한)'을 고르는 문제, 담배의 포장에 불쾌한 색상을 사용하고 병든 장기의 이미지를 동반하는 의도가 무엇인지 고르는 문제, 'comprehensive overview(포괄적인 개요)'와 유사한 의미를 나타낼 수 있는 'aggregate(종합하다)'를 고르는 문제 등이 출제됐다. 지난해에 비해 장문의 논리완성 문제의 비중이 증가했지만, 빈칸을 추론할 수 있는 단서가 비교적 명확히 제시되었고, 선택지의 단어도 기출어휘로 구성되어 문제의 내용을 제대로 이해했다면 정답을 고르기 어렵지 않았다.

독해

문제의 난이도와 출제 유형은 지난해와 큰 차이가 없었다. 출제된 유형을 살펴보면 글의 제목, 글의 요지, 내용일치, 내용추론, 동의어, 문맥상 적절하지 않은 단어 고르기, 문장배열 등 편입시험에 자주 출제되는 유형이 골고루 출제됐다. 출제된 지문의 내용을 살펴보면 건축에서 장식의 중요성, 브루투스의 혈통이 카이사르 암살 음모 가담에 미친 영향, 인간이 포스트휴먼이 되고 있는 상황, 셰익스피어의 저작자 논란, '디지털'이라는 용어의 기원과 현재까지의 사용, 언어와 추상적 사고의 관계에 대한 철학적 개념, 범죄자에 대한 처벌에 초점을 맞추는 대신 치료와 갱생을 지향할 것을 주장하는 칼 메닝거 박사의 견해, 영국 식민지 호텔 바의 인종차별 등 다양한 주제의 지문이 문제로 출제됐다.

SOGANG UNIVERSITY

2024학년도 1차

30문항·60분

01~06 Choose the answer that best completes the sentence.

01 The literary utopias had fallen into _____ since St. Augustine's era some thousand years earlier, but the publication of Sir Thomas More's enduring classic revived the fortunes of the genre, becoming the fountain for the outpouring of what we now call utopias. [2점]

① distinction   ② location   ③ affluence
④ abeyance   ⑤ aberration

02 The enraged mob _____ the government building, leaving a trail of broken glass and scattered files in their wake. [2점]

① ransacked   ② goldbricked   ③ barracked
④ bushwhacked   ⑤ leapfrogged

03 Even in the face of tragedy, she exuded an air of quiet _____, refusing to let despair overwhelm her. [2점]

① foreclosure   ② conjecture   ③ composure
④ imposture   ⑤ discomfiture

04. Psychologists and anthropologists assure us that the human psyche is _____, contrary to the popular conception that states "a leopard can't change its spots."

[2점]

① alchemical
② omniscient
③ monolithic
④ ostentatious
⑤ malleable

05. Years of government research prove conclusively that young people are drawn to cigarette smoking by the image the product portrays through its packaging. Over the years, tobacco companies have spent billions of dollars on aggressive advertising associating their brand image with positive and successful lifestyles. Activists, realizing this, lobbied the government to require that cigarette packaging be made as unattractive as possible. Ultimately, to _____ smoking in the eyes of the young, laws were enacted forcing tobacco companies to package cigarettes as unattractively as possible, using off-putting colors and accompanied by images of diseased organs.

[3점]

① disenthrall
② disparage
③ disinterest
④ disincline
⑤ disinherit

06. The economist analyzed the data from various sources to assess the overall economic performance of the region. Despite fluctuations in individual sectors, the figures revealed a stable growth trend. Understanding the importance of studying diverse data sets side by side, the researcher aimed to present potential investors with a comprehensive overview of the region's economic landscape. By _____ information from different sources, a clearer picture emerged, which facilitated more informed decisions regarding his client's future investment strategies.

[3점]

① propagating
② abnegating
③ variegating
④ aggregating
⑤ denigrating

07~08 Choose the line in each dialog that is incorrect or awkward.

07 A: How are things going with your thesis? [3점]

① B: Great. I've finished it up just last week.
② A: That's wonderful! You're really ahead of schedule.
③ B: Not really. I've fallen behind in my other classes.
④ A: No worries. I'm sure you'll catch up before long.
⑤ B: I know I will, but right now it feels impossible.

08 A: Have you heard? Bus fare is going up again. [3점]

① B: No way! Wasn't it raised just six months ago?
② A: Yes. Every public transportation was increased.
③ B: But this time it's just the bus fare. Oh, this is terrible!
④ A: Oh, well. It's the times. Things are getting tougher.
⑤ B: I know, but I don't know how I'll keep up with it.

09~10 Read the following passage and answer the questions.

Adolf Loos, an Austrian architect, made ornamentation sound like something practiced only by primitive peoples or criminal deviants. But even a <u>cursory</u> glance at history demonstrates that ornament has always played a role in architecture, whether on ancient Greek temples, Gothic cathedrals, Renaissance palazzos, or the Capitol in Washington DC. Indeed, it is often the nature of the ornament that distinguishes different historical periods.

The reason for the persistence of ornamentation in architecture is that, far from being superfluous, it performs several useful functions. With ornament, an architect could give meaning to a building not only by incorporating specific references to what goes on inside but also by simply dialing the intensity of its ornamentation up or down. For instance, the main entrance of the Philadelphia Board of Education Building is not merely larger than the service entrance, it is more elaborately decorated, topped by two winged female figures and a medallion containing what looks like a coat of arms. Without distinctive ornamentation, a building risks being less nuanced, but without meaningful ornament, it risks becoming meaningless.

09 Which word is the best synonym for the underlined cursory? [3점]

① intangible　　② superficial　　③ genuine
④ wonted　　　⑤ contriving

10 Which of the following is correct according to the passage? [3점]

① Adolf Loos was enthusiastic about the use of ornamentation in architecture.
② Ornamentation in architecture is always indicative of primitive culture.
③ The US Capitol is known for its ornamental entrances and exits.
④ Architectural ornamentation is becoming less and less fashionable.
⑤ The abandonment of ornamentation in architecture causes needless confusion.

11~12 Which of the underlined is grammatically NOT correct?

11 The arrival of the Spanish in Mexico in 1521 marked the beginning of the transformation of the region's cuisine, as the introduction of livestock — specifically cattle and pigs — Ⓐ precipitating the decline of the region's traditional plant-centered diet. Ⓑ To reconnect with their roots, a growing number of Mexicans and Mexican Americans are Ⓒ readopting traditional "plant-forward" eating habits. For example, one-time staples like maize, beans, and squash — known as the Three Sisters — Ⓓ now feature more prominently in everyday family meals. With such cooking making a resurgence, revivalists feel they are reclaiming a culinary tradition and Ⓔ pushing back against colonialism by bringing back a narrative of heritage and sustainability. [3점]

① Ⓐ　　② Ⓑ　　③ Ⓒ
④ Ⓓ　　⑤ Ⓔ

12 The capitalist ideology of abundance Ⓐ was helping to create a new cultural space, although several strong voices Ⓑ had emerged to contest it. It was an arena Ⓒ being filled with commercial iconography and catchy slogans, with visions of goods and Ⓓ endlessly consumption, with fashion shows and gaudy shop windows, with huge electrical billboards and mechanized displays Ⓔ towering over city streets. [3점]

① Ⓐ　　② Ⓑ　　③ Ⓒ
④ Ⓓ　　⑤ Ⓔ

13~14 Read the following passage and answer the questions.

> Marcus Junius Brutus's decision to join the plot to assassinate Julius Caesar cannot be divorced from the legacy etched in his very bloodline. From his illustrious ancestor, Lucius Junius Brutus, flowed a fierce current of republican ideals and unflinching opposition to tyranny. This founding father of the Roman Republic played a pivotal role in expelling the last king and establishing a system built on freedom and shared power. The oath he instituted among senators, swearing to uphold these values and forbid the rise of another monarch, echoed through generations, resonating deeply within the soul of his descendant.
>
> Therefore, the act of joining the conspiracy against Caesar, far from being a betrayal of Rome, was, for Brutus, a desperate but necessary defense of the Roman Republic and the freedom it had long upheld. He did not strike down a friend, but a potential tyrant, his hand guided by the ghosts of liberty-fighters and the whispers of his proud lineage. In that fateful moment, Brutus wasn't just acting for himself, but for the very spirit of Rome at its best, echoing the oath coined by his forefather centuries ago, to never allow a dictator to regain control over the Republic to enslave its free and independent people.

13 What is the passage mainly about? [4점]

① Key differences between the Roman Kingdom and the Roman Republic
② The effect of Brutus's lineage on his response to the assassination plot
③ The threat Julius Caesar's rule posed to the ideals of the Roman Republic
④ Reasons Brutus was considered just as much a tyrant as Caesar
⑤ The long-term effects of Caesar's assassination on the Roman Empire

14 Which is correct according to the passage? [4점]

① Brutus saw the plot to assassinate Caesar as a betrayal of the Empire.
② Brutus and Caesar were founding fathers of the Roman Republic.
③ Brutus was a descendant of a founding father of the Roman Republic.
④ Brutus was motivated to assassinate Caesar for personal reasons.
⑤ Brutus hoped to become the emperor of Rome by assassinating Caesar.

15~16 Read the following passage and answer the questions.

> Though science fiction prizes reason, it fears rationality that has lost its grounding in the human; in other words, rationality that no longer arises from within human cognition. In science fiction films that feature supercomputers — such as Skynet in the *Terminator* films (1984-2009) or Arnim Zola in *Captain America: The Winter Soldier* (2014) — the human is in danger of being replaced with the technological, and the computer represents the super-storehouse or ultimate embodiment of knowledge. Yet this, albeit writ large, reflects life in the "real" world as it is lived today. As information grows more and more disembodied, humans must, by necessity, interface with machines in order to function. Consequently, traditional notions of "the human" fall into obsolescence as people become "posthuman." This means that being human is defined in terms of a new context — our interaction with artificially intelligent machines. In the posthuman world, humans have become less distinguishable from cyborgs or computers. In the contemporary landscape of computers, the Internet, and cyberspace, science fiction has become less and less fictional.

15 Which word is the best synonym for the underlined obsolescence? [3점]

① deficiency ② evolution ③ redundancy
④ resurgence ⑤ perpetuity

16 Which is the best title for the passage? [4점]

① Sources of Cultural Anxieties: Cyborgs and Computers
② The Fear of Rationality: Science Fiction as Cultural Doomsayer
③ Human versus Animal: Humanity versus Artificial Intelligence
④ Reality and Fantasy in Science Fiction: The Newest Frontiers
⑤ Science Fiction Fulfilled: How We Have Become Posthuman

17~18 Read the following passage and answer the questions.

> Conspiracy theorists dismiss "the Man from Stratford" as an imposter. They suppose that he was an Ⓐ illiterate actor mouthing some nobler man's words, somehow able to memorize lines despite his ignorance. The truth of the Authorship Controversy is that it is an Ⓑ offshoot of the cult of Shakespeare that emerged with the Romantic movement of the late eighteenth and early nineteenth centuries. Before that time, no one had any doubts about Shakespeare's identity as the author of the plays of William Shakespeare. However, once he had been turned into a god, sects and heretics naturally emerged, eager to pull him down.
>
> In point of fact, however, William Shakespeare was neither a fabulous aristocrat nor a Ⓒ flamboyant double agent. Indeed, he came from a Ⓓ providential town in middle England where he attended grammar school. As he grew, his primary concern became keeping out of trouble and bettering himself and his family. Perhaps that he came from a perfectly unremarkable background is the most remarkable thing of all. Maybe it was because Shakespeare was a nobody that he could become everybody. He speaks to every nation in every age because he understood what it is to be human. He didn't lead the life of a Ⓔ pampered aristocrat. He was a working craftsman who had to make his daily living and face the problems working people face every day. His life was ordinary; it was his mind that was extraordinary. His imagination leaped to distant lands and ages past, through fantasy and dream, yet it was always rooted in the real.

17 Which of the underlined words is NOT consistent with the passage? [3점]

① Ⓐ　　　② Ⓑ　　　③ Ⓒ
④ Ⓓ　　　⑤ Ⓔ

18 Which is the best title for the passage? [4점]

① The Relationship Between Shakespeare and the Romantic Movement
② The Cult of Shakespeare: A Myth of Authorship
③ The Importance of Being a Good Actor: Tips from the Bard
④ The Reason Why We Should or Should Not Respect Shakespeare
⑤ Shakespeare Authorship Controversy: Extraordinary Everyman

19~21 Read the following passage and answer the questions.

In the twenty-first century, we tend to associate the word "digital" with computation, but its origins Ⓐ hark back to ancient times. The term derives from *digitus* in classical Latin, meaning "finger," and later from *digit*, which refers to whole numbers less than ten as well as to fingers or toes. Digital procedures long Ⓑ postdate the development of electronic computers, as we might understand a number of earlier devices or systems as operating using digital principles. For instance, the abacus is a simple digital calculator dating from 300 BCE; furthermore, Morse code and Braille represent more recent digital practices. What each of these examples has in common is their use of the word "digital" to refer to discrete elements or separate numbers. This focus on the discrete and the separate is central to the functioning of today's digital electronics, which, at a basic level, operate by distinguishing between two values: zero and one.

While the digital anticipated computation, today the two terms are closely linked, and the adjective "digital" is typically a Ⓒ shorthand for the binary systems that Ⓓ underpin computation. Thus we are living through a "digital revolution," are at risk of an increasing "digital divide," and are plugged into "digital devices" that play "digital audio" and store our "digital photographs." Some of us even practice "digital humanities." The Ⓔ slippage between the digital and computation seems so complete that it is easy to assume that the two terms are and always have been synonymous.

19 Which of the underlined words is NOT correct? [3점]

① Ⓐ hark back to
② Ⓑ postdate
③ Ⓒ shorthand for
④ Ⓓ underpin
⑤ Ⓔ slippage between

20 What is the main idea of the passage? [4점]

① The term digital is quickly becoming obsolete.
② Electronic computers will soon surpass digital systems.
③ The origin of computing dates back to the abacus.
④ The sense of the term digital has changed over time.
⑤ Digital binary systems arose alongside electronic computers.

21 Based on the passage, what can be inferred about the future of "digital" as a term?

[4점]

① It will continue to be associated with computing.
② It will once again be used to refer to fingers and toes.
③ It will take on a new significance as technology advances.
④ It will fall into disuse and fade from people's vocabularies.
⑤ It will develop a fixed meaning and cease evolving.

22~24 Read the following passage and answer the questions.

John Searle, the eminent American philosopher of language, introduced the concept of "the principle of expressibility," which posits the fundamental nature of human thought in its relationship to language. This principle asserts that any thought capable of being articulated in one language can be expressed just as succinctly in any other. At its core, this concept proposes that thought transcends the limitations of specific languages and operates within an abstract, universal realm.

Searle's notion challenges the boundaries imposed by linguistic determinism, suggesting that beneath the multitude of spoken languages lies a common substrate of thought — a universal language of the mind that operates independently of words. This language of thought is purely conceptual, residing in the abstract realm of ideas and concepts, devoid of the constraints imposed by linguistic structures.

From Searle's perspective, the languages we speak serve as vehicles that embody and carry our thoughts. They act as tools to convey the rich tapestry of abstract ideas formulated within the language of thought. Thus, while the language of thought itself remains inaccessible and ineffable, our spoken languages serve as conduits through which we attempt to convey and articulate the vast complexities of our internal mental landscapes.

22 Which is the best synonym for the underlined succinctly?

[3점]

① profoundly
② abstractly
③ indifferently
④ perfunctorily
⑤ efficiently

23 What is the passage mainly about? [4점]

① The quest for the universal language from which all languages arose
② Why certain ideas and concepts are better expressed in one language than another
③ The philosophical concept that abstract thought underlies all languages
④ How language is able to bridge the gap between abstraction and concrete ideas
⑤ Translating the language of thought into a clearer expression of truth

24 Which phrase best conveys the meaning of the underlined ineffable? [4점]

① able to be thought in words
② communicable without words
③ unable to be expressed in words
④ fundamental to all words
⑤ clearly expressible in words

25~26 Read the following passage and answer the questions.

Dr. Karl Menninger, a pioneering psychiatrist and authority on criminal psychology, proposes upending the traditional "punishment for crime" model underlying criminal justice in America. Unlike the retributive justice system which emphasizes punishment, Menninger proposed focusing on the offender, advocating for treatment and rehabilitation instead of simply fitting the punishment to the offense.

Driven by a holistic view of well-being that posits total health as the way to true rehabilitation, Menninger championed humane therapy and rejected labeling individuals as "insane." In his book *The Crime of Punishment*, he condemned all forms of punishment, including imprisonment and capital punishment, as cruel and ineffective. He believed punishment fails both individuals and society, specifically by neglecting the mental health needs of prisoners.

Menninger's approach resonates with inmates and continues to inform calls for criminal justice reform. Instead of rigid punishment based solely on the crime, his philosophy pushes for individualized treatment and rehabilitation plans, promoting empathy and understanding over vengeance. This shift in perspective challenges us to rethink how we handle crime, prioritizing rehabilitation and the unique needs of each individual involved.

25 Which is the best title for the passage?

① Rethinking Retribution: How the Punishment Already Fits the Crime
② Beyond Punishment: Why Criminals Need Treatment, Not Vengeance
③ Retributive Justice: Menninger's Return to the Fundamentals
④ Unlocking Human Potential: Empowering Criminal Insanity
⑤ An Eye for an Eye: What Needs to Be Done Indeed Must Be Done

26 What can be inferred from the passage?

① Menninger's approach to criminal justice is unpopular with inmates.
② Menninger's philosophy is currently considered mainstream.
③ Menninger's program doesn't help offenders overcome mental illness.
④ Menninger's proposal has challenged the current justice system.
⑤ Menninger's reputation has suffered due to his theories.

27~29 Read the following passage and answer the questions.

In the late eighteenth and early nineteenth centuries, European-style grand hotel bars, such as those at Colombo's Galle Face and Singapore's Raffles hotels, played an important role in British colonial life. In their heyday these establishments strove to offer their guests a taste of home. Today, however, we can look back and see in them a microcosm of the broader imperial narrative, one that reflected the changing times in which such hotel bars thrived.

At that time, traditional gender norms were giving way to the shifting social dynamics then underway in Britain and the western world. For example, the debut of the "Singapore Sling" cocktail at Raffles Hotel — a seemingly small change — disrupted the tradition of the colonial bar as a male-only space. For, as cocktails were then considered drinks appropriate for women yet unsuitable for men, this change was likely instituted in anticipation of welcoming female patrons into bars in defiance of longstanding social taboos.

Furthermore, the bars in colonial grand hotels revealed the state of racial tensions in the colonial period. Despite a veneer of inclusion — and, in fact, being owned and operated by Arab, Jewish, and Arminian entrepreneurs — the maintenance of race-based distinctions, while complicated, was upheld in colonial hotel bars. For, while superficially welcoming a diverse clientele and claiming no restrictions, the grand hotel barrooms nevertheless discreetly adhered to longstanding racial hierarchies. In other words, racial restrictions were not overtly imposed, but covertly. For instance, Eurasian patrons were typically subjected to subtle forms of segregation, such as in seating or in quality of service.

In conclusion, colonial hotels, being progressive yet exclusionary, integrated yet discriminatory, encapsulated the paradoxes and hypocrisies of their times. They endure as historical witnesses, revealing the then ongoing struggles over gender norms and racial divisions in existence at a time when the world was in the process of slowly changing.

27 Which is the best title for the passage? [4점]

① Mixing Cultures, Mixing Drinks: Celebrating Colonial Diversity
② Rituals and Refinement: A Taste of Colonial Hotel Barrooms
③ Progress Amid Exclusion: British Colonial Hotel Bars
④ Cheers to Social Change: Gender Roles and Cocktail Culture
⑤ Grand Hotels: The Way of the Past or a Dream for the Future?

28. Which is NOT correct according to the passage? [4점]

① British colonial hotel barroom culture spearheaded social progress in Britain.
② Colombo's Galle Face and Singapore's Raffles hotels were styled as "grand hotels."
③ Colonial grand hotel bars attempted to disguise their discriminatory practices.
④ The "Singapore Sling" was likely not intended initially for male bar-goers at Raffles.
⑤ Colonial grand hotels participated in the pattern of social change in their times.

29. What can be inferred from the passage? [4점]

① The "Singapore Sling" cocktail was created solely to increase profits.
② Eurasians in Colombo and Singapore protested the racism of hotel bars.
③ Cocktails were not as unpopular with men in Britain as they were in the colonies.
④ The change embraced by British colonial bars produced mixed results.
⑤ A return to the grand hotel system would likely help society progress.

30. Reorder the following sentences in the best way to form a coherent passage. [4점]

Ⓐ But there's no actual written record of a city named Berlin until the 1240s.
Ⓑ Furthermore, it didn't become a capital until 1701, when Prussian King Frederick the First declared it so and built the Charlottenburg Palace.
Ⓒ Whatever the case, the city has seen its fair share of history and been a center point of German culture for the greater part of a millennium.
Ⓓ Berlin is currently the capital of Germany, but no one quite knows when it was first settled.
Ⓔ There is evidence of a few buildings having existed there as far back as the late 1100s.

① Ⓓ-Ⓔ-Ⓐ-Ⓑ-Ⓒ
② Ⓓ-Ⓐ-Ⓒ-Ⓑ-Ⓔ
③ Ⓔ-Ⓐ-Ⓑ-Ⓒ-Ⓓ
④ Ⓔ-Ⓑ-Ⓒ-Ⓐ-Ⓓ
⑤ Ⓔ-Ⓓ-Ⓐ-Ⓒ-Ⓑ

SOGANG UNIVERSITY

2024학년도 2차

30문항·60분

01~04 Choose the answer that makes the best sense grammatically.

01 A: What did the teacher discuss at the beginning of today's class?
B: She explained _____, so we'd understand exactly what's required. [2점]

① us the presentation project
② presentation the project to us
③ the presentation project to us
④ us the presentation to project
⑤ the project to presentation to us

02 Historian Caroline Ware argued in her book *Greenwich Village* that American culture _____ a major transformation by 1915. [2점]

① is undergone
② undergo
③ is undergoing
④ had undergone
⑤ be undergoing

03 While it was clear that an explosion had taken place in the library's basement, no one was sure _____ it happened, there being no clues anywhere to be found. [2점]

① that
② which
③ why
④ whenever
⑤ what

04 It is required that all employees _____ in their uniforms by 6:30 a.m., prepared to begin work. [2점]

① are dressing
② will be dressed
③ be dressed
④ dressing
⑤ having dressed

05~10 Choose the answer that best completes the sentence.

05 If the Earth were to suddenly spin much faster than at its current rate, there would be some _____ changes in store. For starters, speeding up the planet's rotation by even one mile per hour would cause water to migrate from the poles, raising sea levels around the equator by a few inches. [3점]

① replicable ② adhesive ③ squelchy
④ drastic ⑤ exonerating

06 Popular culture depicts medieval warhorses as _____ creatures — tall, muscular, and powerful, with shining knights atop. But new research shows that the steeds of the Middle Ages were likely much smaller than we might expect. [3점]

① minuscule ② majestic ③ infinitesimal
④ imbalanced ⑤ slight

07 While the police were initially certain that the suspect was guilty, _____ information, which came in the form of an eyewitness, caused them to lose confidence and look further. [3점]

① recumbent ② subordinate ③ inordinate
④ consequent ⑤ subsequent

08 The research team _____ the existence of a new particle based solely on observed anomalies, still lacking tangible evidence of the particle itself. [3점]

① presumes ② resumes ③ subsumes
④ plumes ⑤ consumes

09 Among experts in conservation, the consensus opinion concerning wildlife-friendly grape farming is that _____. This flies in the face of the conventional wisdom of farmers which teaches that any over-growth of weeds and brambles on the borders of fields encourages pests and thereby poses a threat to vulnerable grapes and, ultimately, to yields. The practice of certain grape-growers in New Zealand, however, reveals that untended rows in vineyards are beneficial, encouraging the activity of a helpful butterfly that thrives in disorderly spaces. A similar type of "untidiness," employed by a growing number of Swiss grape growers, supports birds that provide natural pest control to otherwise vulnerable grapes. [3점]

① sacrificing yields for the environment is now a necessity
② controlled untidiness in vineyards can prove beneficial
③ organic pest control is a distressing issue for farmers
④ sustainability is only practical in particular regions
⑤ many grape varieties will soon be going extinct

10 The mountaineers reached a point where the path became increasingly dangerous, with loose rocks and narrow ledges becoming more and more frequent. Despite their experience, they felt uneasy as they navigated the treacherous terrain, knowing that one wrong step could result in a fatal fall. Assessing the situation, they decided to proceed cautiously, taking every possible safety measure in the face of the difficult conditions. Eventually, they successfully navigated the _____ route, and they were relieved to have reached safer ground. [3점]

① presumptuous ② precocious ③ pretentious
④ propitious   ⑤ precipitous

11 Reorder the following sentences in the best way to form a coherent passage. [4점]

Ⓐ This innovation of creating such multidimensional stages allowed audiences to vicariously inhabit these theatrical spaces.
Ⓑ Once he learned about light and color, the dramatization of spaces and objects, and the forging of atmospheres, he then brought these to the interior décor of other consumer institutions.
Ⓒ Along with other prominent American stage designers, Joseph Urban reconceived the stage as an integrated three-dimensional space.
Ⓓ To achieve these modern effects, he dispensed with painted scenery and instead emphasized colored light, spot-lighting, and indirect lighting.
Ⓔ Rejecting the crowded stage "realism" of the late nineteenth century, he introduced a streamlined "modernity" which had theatrical depth, dramatic sweep, and more expressive stage atmospheres.

① Ⓐ, Ⓑ, Ⓓ, Ⓒ, Ⓔ
② Ⓒ, Ⓑ, Ⓐ, Ⓓ, Ⓔ
③ Ⓔ, Ⓐ, Ⓓ, Ⓑ, Ⓒ
④ Ⓒ, Ⓔ, Ⓑ, Ⓓ, Ⓐ
⑤ Ⓒ, Ⓐ, Ⓔ, Ⓓ, Ⓑ

12~13 Read the following passage and answer the questions.

1660 marks a pivotal year in English theater. Not for a groundbreaking play or a renowned playwright, but for a woman named Margaret Hughes. Her revolutionary act? Stepping onto the professional stage as Desdemona in Shakespeare's *Othello*. This wasn't simply casting against type; it was a tectonic shift in a world where for ages, female roles had been the domain of men and boys.

This, however, wasn't entirely uncharted territory. Women had long graced stages, captivating crowds in private household productions and intimate gatherings. They embodied queens, whispered sonnets, and breathed life into characters forbidden to them in the public sphere. These "amateur" performances, far from frivolous, were the fertile ground where female artistry grew, waiting to bloom on the grander stage.

Hughes's bold move wasn't just a performance; it was a challenge. It defied the rigid conventions that confined women to the sidelines of artistic expression. Her Desdemona wasn't just a character; she was a symbol of progress, pushing open the doors of professionalism and paving the way for generations of women to follow. The echo of her footsteps would resound across English theater, shattering barriers and claiming a rightful place in the spotlight.

12 Which best describes the author's overall tone in the text? [4점]

① indifferent and disinterested
② exuberant and enthusiastic
③ accusatory yet forgiving
④ critical yet charmed
⑤ cynical and satirical

13 Which is the best title for the passage? [4점]

① From Drawing Rooms to Footlights: Women Claim the English Stage
② The Case for Cross-Dressing: Why Men Sometimes Make Better Women
③ Shakespeare for All: Democratizing the Bard for the Masses to Enjoy
④ All the Stage is a World: Shakespeare's Inclusive Vision for the Theater
⑤ The Rise and Fall of Margaret Hughes: A Cautionary Tale

14~16. Read the following passage and answer the questions.

The frequency and skill with which modern Americans dissect their own and others' psychologies is a fascinating historical development. They draw on a relatively young science of the mind — psychology — which offers novel ways of imagining the self. For example, at the turn of the twentieth century, Sigmund Freud defined the psychological concept of "sublimation" as "the diverting of a sordid impulse into an acceptable channel." It is a concept that educated Americans still apply to each other's behavior and that historians apply to people who lived long before Freud. One might wonder, however, whether sublimation existed before 1900; in other words, was it discovered or invented?

Some psychological conditions, or at least discussion of them, have come and gone over time. In the nineteenth century, doctors commonly diagnosed troubled middle-class women with "neurasthenia"; in the twentieth century, women in a similar state were said to have suffered a "nervous breakdown." Both syndromes, at least in the United States, had periods of being in vogue and then, seemingly just as suddenly as they arrived, disappearing. The same is true with the "melancholic" personality diagnosis, which appeared in antebellum America, swept the nation, and then, just as quickly, vanished.

Americans have learned psychology in school — millions took college psychology courses in the 1990s alone — and from the mass media, on such programs as *Dr. Joyce Brothers* and *Dr. Phil*. It should come as no surprise, then, that Americans are alert to clinical pathologies in themselves and others. Regardless of the accuracy or inaccuracy of such "diagnoses," the profusion of psychological ideas and discussions taking place among both professionals and lay people means that there exists a history of talk about mentality.

14. According to the passage, how has the media influenced the public's understanding of psychology? [3점]

① By creating a platform for professional debate
② By popularizing psychological ideas and discussions
③ By tracing the history of psychological concepts
④ By providing accurate scientific information
⑤ By focusing only on severe mental illnesses

15 What does the shift from "neurasthenia" to "nervous breakdowns" imply? [3점]

① A decline in mental health awareness
② A societal shift in understanding mental health issues
③ A growing antipathy towards methods of medical diagnosis
④ A lack of interest in psychological conditions
⑤ A mistrust of psychological practices

16 What can be inferred about "sublimation" from the passage? [4점]

① It has misled people into undervaluing self-diagnosis.
② It has always existed as a concept yet remained unnamed until Freud.
③ Its role in the future of psychology remains unknown.
④ It was discovered accidentally by Freud in his study of Americans.
⑤ Its existence still has implications in mental health discourse.

(17~18) Read the following passage and answer the questions.

Heart disease is a leading killer around the world and the top cause of death in the United States. It killed an estimated 17.9 million people in 2019, representing 32% of all deaths globally, according to the World Health Organization. But not all heart disease is the same. It can affect the blood vessels to the heart or brain, heart muscles and valves, and other areas of the body. Cardiovascular diseases can require long-term treatment, or they can come on suddenly and seriously. For example, Lisa Marie Presley, daughter of Elvis Presley, died at the age of 54 after going into cardiac arrest and being rushed to a hospital. Likewise, Buffalo Bills safety Damar Hamlin, 24, went into cardiac arrest and collapsed on the field during a game between the Bills and the Cincinnati Bengals. It is not clear what <u>triggered</u> either Presley's or Hamlin's cardiac arrest. However, there is a way to know if you are at risk of heart problems — by contacting your doctor and scheduling a complete physical examination.

17 Which word is the best synonym for the underlined <u>triggered</u>? [3점]

① precipitated   ② transpired   ③ recuperated
④ invigorated   ⑤ summoned

18 Which of the following is NOT correct according to the passage? [4점]

① Heart disease was the top cause of death in the US in 2019.
② Lisa Marie Presley died at the age of 54 due to a heart attack.
③ Damar Hamlin experienced cardiac arrest during a football game.
④ Cardiovascular diseases always come on suddenly and seriously.
⑤ It is unknown what caused Presley's and Hamlin's heart attacks.

19 Read the following passage and answer the question.

> In any language, a "sign" — meaning the group of sounds used by speakers of that language to refer to objects or concepts in the world — is, by necessity, arbitrary. In other words, there is no natural connection between a word and what it is used to refer to. For example, the large plant growing on your lawn, which English speakers refer to by using the word "tree," could just as easily be "*arbol*," which, in Spanish, it is.

19 Which word is the best synonym for the underlined arbitrary? [3점]

① methodical   ② immutable   ③ conciliatory
④ sagacious   ⑤ accidental

20~21 Read the following passage and answer the questions.

> Within the context of postwar America's pervasive optimism and celebratory atmosphere, the plays of Tennessee Williams stand out as a distinct counterpoint. While the nation reveled in its hard-won victory in World War 2, entertaining visions of endless prosperity, Williams's dramatic works turned their focus to the often-overlooked experiences of the marginalized, ostracized, and emotionally adrift.
>
> The distance between the prevailing social exuberance and Williams's chosen thematic terrain raises questions about the relationship between art and its historical context. Despite the apparent distance between the era's dominant optimism and the pessimism of Williams's plays, the dramas clearly resonated with audiences, who turned the shows into smash Broadway hits. Figures like Blanche DuBois in *A Streetcar Named Desire* and Laura Wingfield in *The Glass Menagerie*, wrestling with being outsiders on the verge of being utterly displaced, connected with audiences because their experiences resonated with universal human concerns, even amidst the outward hopefulness of the postwar boom.
>
> This seemingly unexpected identification speaks to the enduring power of art to transcend the narratives of a specific historical moment to connect with the fundamental human desire for empathy, understanding, and a sense of shared humanity. Williams's characters, grappling with internal demons and navigating a hostile-to-indifferent world, offered a mirror to audiences who, beneath the surface of their being "winners," recognized their own insecurities and yearnings for belonging, acceptance, and wholeness.

20 What does the passage mainly say about Tennessee Williams? [4점]

① His plays helped to give rise to the optimism of postwar America.
② His characters appeal mainly to ostracized defeatists and outcasts.
③ His plays resonate with audiences due to their universal themes.
④ His theories on art and its historical context were groundbreaking.
⑤ His exuberance helped theatergoers find solace in hard times.

21 What can be inferred from the passage? [4점]

① Underlying America's 1940s exuberance was a current of worry and despair.
② Tennessee Williams was critical of the way the Allies won World War 2.
③ A play needed to be downbeat and depressing to succeed in the 1940s.
④ Tennessee Williams's plays became much less influential in the 1950s.
⑤ American postwar playwrights avoided war themes unless optimistic.

22~23 Read the following passage and answer the questions.

Following the atomic bombings of Hiroshima and Nagasaki that brought World War 2 to a close, a chilling silence descended over the media, muffling public awareness of the full scope of atomic weaponry's power to devastate. Initially, details of the aftereffects of the bombings were scarce, choked by deliberate obfuscation ginned up by various actors, not least of which being the American media. Even the esteemed *New York Times*, always prolific and hard-hitting in its war coverage, remained silent on the unfolding horror of radiation sickness among civilians. Emerging information, though irrefutable, was carefully filtered or suppressed, and this with the aim of crafting a narrative intended to shield the public from the gruesome reality of the bomb's aftermath.

News coverage of Nagasaki saw a grudging shift in this policy, however. The *New York Times*, for example, finally acknowledged the fact that radiation was an issue, but obliquely and while downplaying its significance. Yet, the truth, undeniable and irrefutable, began to seep through the cracks. The haunting reality of survivors' suffering, the specter of radiation sickness, and the grim fate of the radiation-exposed pierced through the censorship, forcing public awareness to confront the catastrophic consequences of atomic warfare.

22 What is the passage mainly about? [4점]

① The abrupt end of World War 2 following the atomic bombing of Japan
② The grim discovery of the devastating power of radioactive fallout
③ The cover-up of the aftereffects of radiation exposure by the US media
④ The *New York Times'* hard-hitting coverage of the atomic bomb detonations
⑤ The role of the media in exposing high-level government corruption

23 What can be inferred from the text? [4점]

① The *New York Times* embraced bias and narrative-crafting as part of their ethos.
② The mainstream media is generally unbiased and objective during times of war.
③ The *New York Times* was shamed for its suppression of facts about the bombings.
④ The relativity of "truth" means that all depictions of an event are equally valid.
⑤ The *New York Times* attempted to portray the U.S. in a negative light with its coverage.

24~25 Read the following passage and answer the questions.

> Universities should tolerate no disruption or intimidation; but as far as speech alone goes, they must cease to see its supervision as within their remit. They should protect the rights of students to have nonpolitical spaces on campus (like libraries and dorms) and should remember that the opportunity to study and work in the absence of political intrusions is a great part of what the university exists to provide. They should promote faculty and evaluate students without respect to demography or ideology, seeking to abide not just by the letter, but the spirit of our nondiscrimination laws, including the recent Supreme Court ruling on affirmative action; and if the fact that in a liberal-democratic society it is deeply corrosive for powerful institutions to find ways around aspects of the law they happen to disagree with is not compelling enough reason to do so, then they should remember that these discriminatory policies are deeply unpopular across all racial groups.

24 What is the best synonym for the underlined remit? [4점]

① purview　　② expanse　　③ surfeit
④ apogee　　⑤ nadir

25 Which is the main purpose of the article? [3점]

① To promote increased supervision of on-campus activities
② To suggest the enforcement of on-campus disciplinary regulations
③ To emphasize the importance of social pressure on university policies
④ To advocate for the idea that university campuses are political spaces
⑤ To affirm the university's stance on free speech and diversity on campus

26~28. Read the following passage and answer the questions.

Greenwashing, a concerning practice in the corporate world, involves companies misleadingly showcasing commitments to issues like decarbonization and biodiversity loss. It's a facade that conceals unethical practices while claiming sustainability efforts, undermining trust, and stalling real progress toward environmental goals. Companies often resort to greenwashing when facing pressure to display ethical responsibility without compromising profits. This practice allows them to _____ genuine sustainability efforts by presenting misleading claims about their environmental impact.

Examples of greenwashing abound, with some companies opting for superficial changes, like replacing plastic straws with seemingly eco-friendly alternatives that actually generate more waste. Others create their own watered-down standards or seek out weak certifications to appear compliant while neglecting true sustainability practices. Even within the investment sector, accusations of greenwashing arise, casting doubt on the authenticity of sustainable investment initiatives.

However, it's crucial to distinguish cases accurately. Sometimes, accusations of greenwashing might not align with the reality of a company's efforts. In one instance Baillie Gifford, an investment company, faced criticism for its ties to the fossil fuel industry, yet its actual investment in such sectors was notably lower than the industry average. This highlights the need for balanced judgment when labeling actions as greenwashing.

Tackling greenwashing requires vigilant scrutiny and exposing clear instances of misleading claims. Consumers play a pivotal role by questioning and supporting genuinely committed companies that prioritize environmental responsibility over mere marketing strategies. A collective effort to unveil greenwashing practices is essential in fostering trust and propelling genuine strides toward a sustainable future.

26. Which word best completes the sentence? [3점]

① lockstep
② backtrack
③ sidetrack
④ sidestep
⑤ claptrap

27 What does the passage mainly say about "greenwashing"? [4점]

① It is a serious issue that must be discerned carefully.
② It is a pervasive issue tainting nearly every industry.
③ It is working to protect the earth from further damage.
④ It is dependent upon the government for funding.
⑤ It is an unavoidable reality in our modern economy.

28 What can be inferred from the passage? [4점]

① The media fail to promote good corporate behavior.
② Companies hire public relations experts to stop greenwashing.
③ The corrupt media attack compliant companies.
④ Companies use environmental commitment as advertising.
⑤ The public prefers greenwashing to paying higher prices.

29~30 Read the following passage and answer the questions.

There was widespread scientific belief during the mid-twentieth century that the subjective experience of psychosis and the state of mind induced by psychedelic drugs were similar enough to warrant further study. However, in the 1960s a moral panic related to psychedelic drugs took hold. Simultaneously, requirements for evidence in medicine were becoming more rigorous, further erecting barriers against psychedelic research. Funding, access, and permissions for research related to psychedelic drugs slowly _____, and research into these substances was largely forgotten by psychiatry. In the proceeding decades, however, research related to psychosis and psychedelics has returned and proceeds unfettered, albeit having somewhat changed direction. Gone is much of the mainstream interest in detailed descriptions of the experience of psychosis that psychoanalytically trained psychiatrists sought through the application of psychedelic drugs. Instead, research on psychosis and psychedelics shares with the rest of psychiatry an often singular focus on neurobiological and genetic research.

29 Which expression best completes the sentence? [4점]

① surged up   ② dug up   ③ dried up
④ plunged into   ⑤ buzzed up

30 What is the passage mainly about? [4점]

① The similarities between psychosis and the psychedelic experience
② The results of research on psychosis and psychedelic drugs
③ The increased demands for evidence and its impact on research
④ The changed role of psychedelic drugs in psychiatric research
⑤ The moral dilemma still plaguing research into psychedelics

대학편입 반전 스토리

" 스스로에게 칭찬해 주고 싶었던 1년의 여정 "

백○용
서강대학교 수학과
편입구분: 일반편입

어휘 학습법

어휘는 반복이 생명입니다. 어휘를 하루 3시간 공부하기로 마음먹었다면, 3시간 연달아 하기보다는 1시간씩 3번 나누어 반복 학습하는 방법을 추천합니다. (예: 아침 1시간, 점심 1시간, 저녁 1시간씩) 또한, 훑어보기 방식을 추천합니다. 책을 읽듯이 특정 구간을 반복해서 보다 보면, 자연스럽게 눈에 익어 쉽게 외워집니다.

문법 학습법

문법은 이론으로 시작해서 이론으로 끝난다고 생각합니다. 3월 시작 학생들을 기준으로 설명하자면, 3-5월이 가장 중요한 시기로, 기본 이론을 익히는 시기입니다. 이 시기에 이론을 탄탄하게 익혀두면, 지엽적인 문제를 제외하고는 이론서를 바탕으로 단서를 잡아 문제를 푸는 데 큰 지장이 없을 것입니다. 중요한 점은 지엽적인 문제에 너무 집중하지 말라는 것입니다. 지엽적인 문제는 대다수 학생이 틀리기 마련이며, 이러한 문제에 너무 많은 시간과 집중을 기울이면 전체적인 큰 틀이 흔들릴 수 있습니다.

논리 학습법

논리는 어휘가 기본 바탕이 되었을 때 힘을 발휘하기 때문에, 초반에는 어휘 공부에 치중하여 기반을 다지는 것이 중요합니다. 후반부에는 문제풀이 스킬을 체화하는 것이 중요하며, 많은 문제 풀면서 실전 감각을 익히는 것이 중요합니다.

독해 학습법

초기 독해 학습은 문법과 기본 구문에 기반을 두고 진행하세요. 시간이 조금 더 투자되더라도 어느 정도 문법 체계가 갖춰지고 구문 능력이 향상되면, 나중에는 어려운 구문도 쉽게 해석할 수 있을 것입니다.

2023 영역별 분석

서강대학교
- 2023학년도 일반편입
- 30문항 · 60분

어휘

문장의 밑줄 친 부분과 가장 가까운 의미의 보기를 고르는 동의어 유형 2문제가 출제됐다. 출제된 어휘는 corroborate(=confirm), aggressive(=truculent)였다. 전체 문항 수 대비 어휘가 차지하는 비중이 크지 않았고 문장의 밑줄 친 어휘와 선택지로 제시된 어휘가 전반적으로 평이했다.

문법

빈칸에 알맞은 문법사항을 고르는 General Structure 유형 2문제와 밑줄 친 보기 중 틀린 것을 고르는 Written Expression 유형 4문제가 출제됐다. 4형식 동사 offer의 용법, 타동사 compose의 수동 표현, 관계대명사를 적절한 접속사로 고치는 연결사, 부대상황의 분사구문, 현재분사를 과거분사로 고치는 분사의 용법이 출제됐다. 그리고 밑줄 친 보기로 제시된 형용사 exhaustive를 문맥에 맞게 exhausted로 고치는 문제가 출제됐는데, 서강대는 이와 같이 철자가 비슷해 혼동하기 쉬운 형용사 문제를 종종 출제하므로 문장의 의미도 꼼꼼히 파악해야 한다.

논리완성

총 4문제가 출제됐는데 multi-blank 유형의 문제는 출제되지 않았고, 단문의 one-blank 문제만 출제됐다. 우파와 좌파의 토론자를 모두 똑같은 수로 배정했다는 내용을 통해 토론이 정치적으로 편향됐다는 비판을 어떻게 하기 위한 시도였는지를 고르는 문제, 독자들이 『돈키호테』에서 얻는 즐거움과 관련하여 작품의 소재를 익살스럽게 표현하는 수법인 parody를 고르는 문제, 진화론과 관련하여 inherited를 고르는 문제, 모든 사람이 자신만의 관점을 가지고 있다고 했는데 이것이 어떤 것을 불가능하게 만드는지를 고르는 문제가 출제됐다. 빈칸을 해결할 수 있는 단서가 비교적 명확히 제시되었으며 선택지의 단어도 기출어휘로 구성되어 문제를 제대로 이해했다면 문제를 풀기 어렵지 않았다.

독해

독해는 지문의 길이가 지난해에 비해 짧아졌고, 역사, 환경, 인물 등 편입 독해에서 자주 다뤄지는 일반적인 상식 수준의 내용이 출제됐다. 지문의 내용을 살펴보면 셰익스피어의 연극에 나오는 등장인물이 보편적인 매력을 가지고 있는 이유, 독일어가 미국의 공용어로 채택되는 것을 막은 뮬렌버그의 역할에 대한 논란, 환경과 관련하여 앙코르가 붕괴하게 된 이유, 카리브해 섬들에 도입된 사탕수수와 기니아그라스의 생물 문화적 갈등, 유럽에 기원을 두고 있는 미국의 카우보이 등의 내용이 소개됐다. 출제 유형에 큰 변화가 없었고, 전체적인 지문의 난이도가 쉬워져 체감난이도는 작년보다 쉽게 느껴졌을 것이다.

SOGANG UNIVERSITY

2023학년도 일반편입

30문항·60분

문항별 배점 01~04 2점 / 05~16 3점 / 17~30 4점

01~02 Choose the answer that best completes the sentence.

01 To raise awareness of their upcoming sales drive, the car dealership is _____ to win a brand-new Lincoln Continental for the price of a single raffle ticket.

① the chance of offering to prospective customers
② offering the chance prospective customers
③ the prospective of customers the chance offering
④ offering prospective customers the chance
⑤ for customers the chance of the prospective

02 According to chili purists, a "true" chili _____ of meat (of any kind), red chili peppers, spices, and nothing else. And, most importantly, it should never, ever include beans!

① composes   ② is composed   ③ composed
④ has composed   ⑤ is composing

03~04 Choose the answer that has the closest meaning to the underlined word.

03 When the two murder suspects were brought into the police station, they were immediately separated and questioned so it could be seen how well their stories <u>corroborated</u>.

① overestimated   ② exonerated   ③ prevaricated
④ confirmed   ⑤ reflected

04 Due to the experience of the disaster, people became hostile and took <u>aggressive</u> actions toward others.

① erroneous ② arduous ③ fo rtuitous
④ dissenting ⑤ truculent

05~08 Which of the underlined parts is grammatically NOT correct?

05 The early seventh century in Arabia Ⓐ <u>began with</u> the longest and most destructive period of the Byzantine-Sassanid Wars, Ⓑ <u>which left</u> both the Byzantine and Sassanid empires Ⓒ <u>exhaustive</u> and Ⓓ<u>susceptible to</u> third-party attacks, particularly from nomadic Arabs Ⓔ <u>united under</u> a newly formed religion.

① Ⓐ ② Ⓑ ③ Ⓒ
④ Ⓓ ⑤ Ⓔ

06 The surface area of a dry sandy soil will warm up quickly, Ⓐ <u>whereas</u> a close-textured clay soil with less air and a fair amount of water in its pores will warm up slowly. Ⓑ <u>Thus arises</u> the distinction, Ⓒ <u>so important</u> in climatological discussions, between oceanic and continental climates, Ⓓ <u>which</u> the difference between winter and summer temperatures Ⓔ <u>is much less</u> on the margins of the continents than in the mountainous areas.

① Ⓐ ② Ⓑ ③ Ⓒ
④ Ⓓ ⑤ Ⓔ

07 With 2022 Ⓐ <u>came to a close</u>, it's time to Ⓑ <u>get excited about</u> Ⓒ <u>what's ahead</u>. Here are ten events I am already Ⓓ <u>looking forward to</u> betting on in 2023. Will you join me in Ⓔ <u>speculating on</u> what to expect?

① Ⓐ ② Ⓑ ③ Ⓒ
④ Ⓓ ⑤ Ⓔ

08 When a drastic drop in the prices Ⓐ paying for agricultural crops occurred after World War I, Ⓑ coupled with a steady increase in the cost of other nonagricultural goods, American farmers found their income failing to Ⓒ keep pace with their expenses. Many moved west in search of quick income. Yet as farmers moved to new lands, they were Ⓓ challenged by new conditions Ⓔ in terms of transportation, irrigation, pest control, predator control, farming supply costs, and the availability of appropriate crop strains.

① Ⓐ
② Ⓑ
③ Ⓒ
④ Ⓓ
⑤ Ⓔ

09~10 Read the following passage and answer the questions.

A noteworthy feature of the characters that people the plays of William Shakespeare is that they are radically particular in their individuality yet universal in their appeal. Certainly, Shakespeare's characters are unique and distinct individuals, being fully rounded and complex. They are never exaggerated caricatures, being neither completely virtuous nor entirely wicked. In fact, it can be safely said that Shakespeare showcases fully rounded human beings and nuanced personalities drawn from the common store of humanity. It is due to the fact that they are so well drawn in this regard that Shakespeare's characters transcend the merely particular and are able to represent, timelessly, humanity in all its flawed grandeur.

09 What is the main purpose of the passage?

① To convince readers that Shakespeare is irrelevant
② To explain Shakespeare's characters' timeless appeal
③ To fault Shakespeare's manner of characterization
④ To introduce readers to Shakespeare's life and times
⑤ To prove the simplicity of Shakespeare's characters

10 Which statement would the writer of the passage most likely agree with?

① Audiences today find Shakespeare's characters too complex.
② Shakespeare's characters come close to being amoral.
③ Shakespeare's depiction of the human condition is realistic.
④ Audiences expect Shakespeare's villains to be one-dimensional.
⑤ Shakespeare is widely misunderstood by literary critics.

11~14 Choose the best word to fill the blank.

11 To _____ criticisms that the debate was politically biased, representatives from both the left and the right will have equal representation on stage.

① allay   ② renounce   ③ forgo
④ deprecate   ⑤ implicate

12 Much of the pleasure readers take from *Don Quixote* comes from the _____ of traditional knighthood found in the ridiculous antics of the novel's two main characters — Don Quixote and Sancho Panza.

① knack   ② rupture   ③ parody
④ impulse   ⑤ elan

13 The first complete theory of evolution was that of Jean de Lamarck, who thought that alterations due to the environment, if constant and lasting, would be _____ by future generations and eventually result in a new type.

① cloned   ② inherited   ③ produced
④ confirmed   ⑤ halted

14 I'd like to talk about an issue troubling academic history writing today — so-called "present-ism." This is when academic historians, when writing about the past, allow their political views in the present to shape their conclusions. Certainly, everyone has their own point of view, which makes perfect _____ impossible. However, "present-ism" seems to reject the value of impartiality altogether.

① objectivity ② susceptivity ③ accountability
④ incompatibility ⑤ commensurability

15~16 Read the following passage and answer the questions.

We know, or we think we know, that chimpanzees, to whom we are so closely Ⓐ_____, do not speculate on the origin of chimpanzee disobedience, that orangutans, Ⓑ_____ they are highly intelligent, do not brood about why orangutans are fated to die, and that pleasure-loving bonobos do not tell themselves, while grooming one another, a story about how the first bonobos male and female mated. We have Ⓒ_____ reason to be Ⓓ_____ the social complexity of ants and bees and paper wasps; we marveled at the Ⓔ_____ language comprehension skills of bottlenose dolphins; we have built a virtual cult around the songs of the whales. But none of these creatures, we believe, has invented an origin story.

15 Which of the following does NOT fit to each blank?

① Ⓐ related ② Ⓑ whereto ③ Ⓒ ample
④ Ⓓ in awe of ⑤ Ⓔ advanced

16 Which of the following is NOT correct according to the passage?

① Whales are adored for their ability to make enigmatic sounds.
② Chimpanzees are known for their storytelling and gossiping.
③ Orangutans do not brood over death and the nature of mortality.
④ Male and female bonobos love to groom each other for pleasure.
⑤ Ants and bees are often esteemed for their communal complexity.

17~18 Read the following passage and answer the questions.

On April 1, 1789, Frederick Muhlenberg was chosen as the first speaker of the House of Representatives. During two terms as Speaker, Muhlenberg was the first person to sign the Bill of Rights, but his tie-breaking vote on the controversial Jay Treaty proved to be his undoing. Muhlenberg lost a re-election bid after that, and his national political career was terminated. But his "legendary" role in preventing the adoption of German as the United States' official language Ⓐ_____ over the years.

German academic Willi Adams explains why so many people believed Muhlenberg acted to hinder a congressional resolution that would have made German the national language. "Fascinating for Germans, this imagined decision has been popularized by German authors of travel literature since the 1840s and propagated by some American teachers of German and German teachers of English who are not entirely secure in their American history," Adams says. "In reality, this presumed proposition was never brought to the congressional floor and a vote was never taken. Colonial speakers of English fought only for their political independence. They had no chord for an anti-English language and cultural revolution," Adams adds.

Dennis Baron, professor of English and linguistics at the University of Illinois, also tells a similar tale. "On January 13, 1795, Congress considered a proposal, not to give German any official status, but merely to print the federal laws in German as well as English. During the debate, a motion to adjourn failed by one vote. The final vote rejecting the translation of federal laws was not recorded," Baron said. Muhlenberg's role in passing the Jay Treaty with Great Britain was much more controversial than his Ⓑ_____ involvement in rejecting the German language.

17 Which pair best completes blanks Ⓐ and Ⓑ?

① Ⓐ was enshrined — Ⓑ paltry
② Ⓐ spread out — Ⓑ weighty
③ Ⓐ won popularity — Ⓑ tawdry
④ Ⓐ gained steam — Ⓑ alleged
⑤ Ⓐ lost focus — Ⓑ implicit

18 What is the passage mainly about?

① How German failed to become the official language of America
② The Congressional rejection of German as the official language of America
③ Muhlenberg's controversial tie-breaking vote in the Jay Treaty
④ Why Pro-German language propaganda flourished in 19th-century America
⑤ Muhlenberg's misrepresented role in America's language controversy

19~21 Read the following passage and answer the questions.

> For six-hundred years the ancient Cambodian city of Angkor — capital of the Khmer Empire — developed, bit by bit as the city grew, a vast network of canals, moats, embankments, and reservoirs to handle its water distribution needs. Intricate and perilously interconnected, the system was used to carry out the irrigation of crops and to deal with the problem of periodic flooding. Such was the delicate balance of this system, however, that even the smallest of difficulties — for example, an outage in one section of the network — could initiate a failure that would ripple throughout the entire system, causing major disruptions.
>
> In fact, in the fifteenth century, following an <u>unprecedented</u> period of decades-long drought proceeded by heavier-than-normal monsoons, Angkor's water distribution system, due to its inherently flawed design, was no longer able to handle the stress from the environment and became critically damaged. Historians speculate that it was primarily for this reason that Angkor — which in its heyday was the largest metropolis in the world — was suddenly abandoned by its residents, who moved to the area near the region that is currently Phnom Penh, the nation's present-day capital.

19 Which word is the best synonym for the underlined <u>unprecedented</u>?

① unfettered   ② extravagant   ③ erratic
④ unique   ⑤ inadequate

20 What is the passage mainly about?

① Why Angkor became the world's largest metropolis
② Angkor's solution to its water distribution problems
③ Extreme climate conditions in fifteenth-century Cambodia
④ Angkor's plan to anticipate extraordinary weather
⑤ How the environment precipitated the collapse of Angkor

21

What can be inferred from the passage?

① The original designers of Angkor planned for the city to grow rapidly.
② Angkor was unable to correct its flawed infrastructure.
③ Angkor's leaders in the fifteenth century are guilty of destroying the city.
④ Angkor was well prepared for extreme monsoon conditions.
⑤ Cambodians have long hoped to restore the capital to Angkor.

22~23 Read the following passage and answer the questions.

Despite being awarded a Nobel in economics in 1974, Friedrich Hayek was a great thinker rather than a great economist. He called himself a "muddler." His own attempt to build an economic theory floundered. His major contribution was to emphasize the limitations of economic knowledge, and thus the inevitable frustration of efforts to build economic utopias. His theorizing was abstract, but his purpose was practical: to make the case for a liberal economic order which would be proof against the political and economic wickedness and madness through which he lived — the two world wars, the Great Depression, and the rise and fall of fascism and communism.

22

Which word is the best synonym for the underlined floundered?

① persevered   ② fumigated   ③ excoriated
④ obviated   ⑤ struggled

23

Choose the statement which is NOT consistent with the passage.

① Hayek was, more than anything else, a great intellectual.
② Hayek considered himself to be a kind of blunderer.
③ Hayek was a perfectionist with unswerving zeal.
④ Hayek argued in favor of economic liberalism.
⑤ Hayek was pragmatic though academic.

24~26 Read the following passage and answer the questions.

While sugarcane has defined Caribbean islands since the onset of European settler colonization, guinea grass, a little-known African species, has invaded sugar plantations from within. Cultivated to intensify sugar production, guinea grass ironically became a weed of the plantations while providing material and spiritual resources to enslaved and marooned Africans and their descendants. Today, as Caribbean sugar cultivation is shrinking, guinea grass, along with other imported African pasture grasses, is taking over the spaces this industry has left behind.

In some respects, sugar and guinea grass are opposites. While sugarcane was imported from Austronesia, guinea grass hails from the western coast of Africa. Sugar was the principal crop of many Caribbean plantations; guinea grass was imported as fodder for the oxen that labored in the fields and for the cattle that fed the planters. The grass was originally introduced to the West Indies in the seventeenth century, probably first to Barbados via a slave ship and then onto Jamaica and the other islands of the archipelago. Some reports claim that it was used as a crude substitute for bedding on ships that brought kidnapped Africans to the Americas.

Yet something strange happened in the history of this ostensibly symbiotic relationship. Although guinea grass was meant to support the sugar economy by feeding its beasts of burden, ironically, it became a virulent weed to the sugarcane plants. By 1977, guinea grass was rated the number one weed to sugarcane in Cuba. In 2012, the journal of the National Botanical Garden of Cuba listed it as one of the top 100 most noxious weeds on the island and an invasive species of greatest concern.

In this way, the two imported grasses became stalky antagonists in the daily competition for light, water, and soil nutrients. Their cultural meanings, however, had long since diverged. If sugarcane supported the economic interests of European planters, guinea grass was _____ by enslaved and marooned Africans across the Caribbean for practical and religious purposes. Diasporic Africans in the Virgin Islands used the dried grass to make masquerade costumes for Carnival and other festivals. In Cuba, priests used it to make *omiero*, the holy water of the Afro-Cuban Reglá de Ochá religion. Moreover, some of the enslaved cane-cutters used an ancestral West African technique to thatch their mud huts with guinea grass. Working in forced intimacy with the cane, they found an ally in the invasive grass.

24 Which word best completes the sentence?

① despised
② encroached
③ eradicated
④ accustomed
⑤ appropriated

25 Why is the relationship between sugarcane and guinea grass described as "ostensibly symbiotic"?

① Guinea grass and sugarcane exist side by side and work to each other's benefit.
② Sugarcane, while preferred as the more valuable crop, is less useful than guinea grass.
③ Guinea grass, while intended to support sugarcane farming, actually harms it.
④ Sugarcane and guinea grass, once natural enemies, can now live together side-by-side.
⑤ Both sugarcane and guinea grass can be used as a natural sweetener.

26 What is the main purpose of the article?

① To explain the bio-cultural conflict between sugarcane and guinea grass
② To warn sugarcane planters of the dangers of guinea grass
③ To illustrate why the sugar industry in the Caribbean is slowly dying
④ To prove that sugarcane, despite its value, is an invasive species
⑤ To suggest that guinea grass be used more in sugarcane farming

27~29 Read the following passage and answer the questions.

The cowboy holds a sacred place in the pantheon of American heroes. However, the cowboy that we know today didn't spring fully formed from the American Wild West, as is widely believed, but has somewhat older roots in Europe. For example, horse riding had been highly esteemed in Spain for centuries; so much so, in fact, that the ability to ride well was synonymous with high social status. The reason for this was that horses played a key role in the livestock economy, which was burgeoning in Spain in the fifteenth century. When the Spanish made their voyages to the New World at that time, they brought their culture of cattle ranching and horse riding with them. Thus, the first "cowboys" in North America were Spaniards active in Hispaniola — modern-day Haiti and Dominican Republic — and they moved to Florida, followed by Mexico. From there, the cowboy then arrived in Texas, the place where many people are likely to believe the prototypical image of the American "cowboy" originated.

27 What is the best synonym for the underlined pantheon?

① memorial ② legend ③ antiquity
④ oracle ⑤ shrine

28 Which of the following is NOT correct according to the passage?

① The first real cowboys in the New World were found in Hispaniola.
② Horse riding was highly esteemed in Spain in the fifteenth century.
③ Spain's livestock economy elevated the status of horseback riding.
④ The image of the cowboy is first and foremost an American creation.
⑤ The culture of raising cattle was brought to America from Spain.

29 Which would be the best title for the passage?

① The American Cowboy: An Icon's Little-Known Origins
② Cattle Ranching in Hispaniola: A Tradition Worth Defending
③ Cowboys and the Cattle Industry: Growing Side-by-Side
④ Spanish Cowboys and Texas Cows: A Perfect Combination
⑤ Livestock and Horses: The Lifeblood of the New World

30 Reorder the following sentences in the best way to form a coherent passage.

Ⓐ The Prohibition Era began in 1920 when the 18th Amendment to the U.S. Constitution, which banned the manufacture, transportation and sale of intoxicating liquors, went into effect with the passage of the Volstead Act.
Ⓑ The 21st Amendment was ratified on December 5, 1933, ending Prohibition.
Ⓒ The increase of bootlegging, the proliferation of speakeasies and the accompanying rise in gang violence and organized crime led to waning support for Prohibition by the end of the 1920s.
Ⓓ Despite the new legislation, Prohibition was difficult to enforce.
Ⓔ In early 1933, Congress adopted a resolution proposing a 21st Amendment to the Constitution that would repeal the 18th.

① Ⓐ, Ⓒ, Ⓔ, Ⓑ, Ⓓ   ② Ⓒ, Ⓐ, Ⓓ, Ⓔ, Ⓑ   ③ Ⓐ, Ⓓ, Ⓒ, Ⓔ, Ⓑ
④ Ⓔ, Ⓒ, Ⓐ, Ⓓ, Ⓑ   ⑤ Ⓐ, Ⓑ, Ⓔ, Ⓒ, Ⓓ

SOGANG UNIVERSITY

2023학년도 학사편입

30문항·60분

문항별 배점 01~04 2점 / 05~16 3점 / 17~30 4점

01~02 Choose the answer that best completes the sentence.

01 Timothy might not have needed surgery on his knee, _____ his doctor's advice to stop playing tackle football.

① had he followed
② was he following
③ he had followed
④ should he follow
⑤ he was following

02 The insurance company is offering special packages that are _____.

① affordable as they are as comprehensive
② affordable they are as comprehensive
③ as affordable are they comprehensive
④ as affordable as they are comprehensive
⑤ affordable as comprehensive they are

03~04 Choose the answer that has the closest meaning to the underlined word.

03 It naturally <u>behooves</u> the major stakeholders to become more creative in developing services that encourage travel.

① dispenses ② stipulates ③ replenishes
④ relegates ⑤ befits

04 Not so rarely, there is such a thing as too much education working a <u>detriment</u>.

① mediocrity ② eminence ③ boon
④ damage ⑤ turpitude

05~08 Which of the underlined parts is grammatically NOT correct?

05 The spread of invasive species — meaning species that, Ⓐ <u>due to</u> human activity, Ⓑ <u>have come</u> to negatively dominate a non-native habitat — Ⓒ <u>are posing</u> a significant threat to biodiversity, Ⓓ <u>second only to</u> that of habitat destruction. Though such spread Ⓔ <u>has been</u> a feature of human migration since the beginning of history, the amount of movement occurring today is driving the issue to a crisis point.

① Ⓐ ② Ⓑ ③ Ⓒ
④ Ⓓ ⑤ Ⓔ

06 Ⓐ <u>According to</u> the Cleveland Clinic, water is Ⓑ <u>essential for</u> many functions in your body, Ⓒ <u>including delivering</u> oxygen, helping digestion, and creating hormones and neurotransmitters; furthermore, Ⓓ <u>up to 60 percent</u> of the adult human body Ⓔ <u>is consisted of</u> water.

① Ⓐ ② Ⓑ ③ Ⓒ
④ Ⓓ ⑤ Ⓔ

07 The Black Death, the devastating plague that Ⓐ ravaged Europe in the fourteenth century, left the world Ⓑ greatly changed. For example, in just a few years, one-third of the labor force was lost. Ⓒ Because this shortage, the relationship between landowners and peasants suddenly changed, with power Ⓓ shifting from the former to the latter. For the first time, peasants found themselves in demand, which gave them a degree of leverage they Ⓔ had always lacked.

① Ⓐ   ② Ⓑ   ③ Ⓒ
④ Ⓓ   ⑤ Ⓔ

08 Generally speaking, coffee drinkers tend to have Ⓐ a substantially reduced risk of mortality Ⓑ comparing to non-coffee drinkers. The main evidence Ⓒ to date is Ⓓ based largely on observational cohort studies, in which researchers have compared coffee drinkers and non-coffee drinkers Ⓔ over time.

① Ⓐ   ② Ⓑ   ③ Ⓒ
④ Ⓓ   ⑤ Ⓔ

09~10 Read the following passage and answer the questions.

> Fatigue has become something of a modern-day obsession — yet the more "visibility" it has, the more it can add to our stress and existential discomfort. The corollary of the modern-day ideal of the autonomous individual who "performs" at a high level is the alienated, mentally and physically exhausted individual who can contribute nothing. Fatigue, therefore, is more ordinary, more trivial, and more intensely felt nowadays because it threatens us more than ever and jeopardizes our sense of self. One of the reasons the COVID-19 pandemic has been so unsettling to so many is that it has reminded us of how fatigue is "a presence lurking inside each of us."

09 Which word is the best synonym for the underlined jeopardizes?

① advances   ② imperils   ③ accrues
④ extricates   ⑤ abrogates

10 According to the passage, which of the following is NOT correct?

① American doctors have developed new treatments for fatigue.
② With increased awareness, people may be more prone to fatigue.
③ The ideal of the autonomous individual contributes to high levels of fatigue.
④ Fatigue has become a common and clear sign of the self at risk.
⑤ The COVID-19 pandemic has alerted us to the dangerous reality of fatigue.

11~14 Choose the best word or phrase to fill the blank.

11 Sean was a staunch _____ of capital punishment until he learned of the many cases in which people who had been executed were later shown to have been innocent.

① opponent   ② contestant   ③ censor
④ proponent   ⑤ adversary

12 The accounting company was looking for a new auditor from among the applicants who took the official aptitude test yesterday. Not surprisingly, the finalist _____ on the test was selected.

① who earned the highest score
② which produced the highest result
③ what resulted in the highest score
④ whom showed the highest score
⑤ when was the highest result

13 _____ to tree nuts during the manufacturing process, thousands of packages of instant oatmeal had to be recalled, as they posed a serious health risk to people with nut allergies.

① Exposing
② To expose
③ Have exposed
④ Had been exposed
⑤ Having been exposed

14 Race is not a coherent ideology, or a stable experience, or a(n) _____ characteristic; rather, its operations and expressions are repeated, reiterated, and reinvented in the context of social and cultural histories.

① acquired   ② innate   ③ fertile
④ immune   ⑤ vulnerable

15~16 Read the following passage and answer the questions.

> The chill of the Cold War hangs over Eastern Europe again, with Russian military maneuvers and drills close to Ukraine, and the U.S. warning a possible invasion could take place within days. But diplomats and government leaders have struggled to jump-start moribund talks to _____ war.
>
> The White House said it still didn't know if Russian President Vladimir Putin had decided to invade, but said Mr. Putin has assembled all the elements to do so quickly and told Americans in Ukraine to leave within the next 48 hours. U.S. officials said the State Department would announce the evacuation of its embassy in Kyiv. Many analysts had previously believed that any invasion was unlikely to start until after the Winter Olympics in China end on February 20th. The heightened U.S. rhetoric followed new intelligence that showed another increase in Russian troops near the Ukrainian border. "We can't pinpoint the day at this point, and we can't pinpoint the hour, but that is a very, very distinct possibility," U.S. President Joe Biden's national security adviser, Jake Sullivan, said.

15 Which is NOT appropriate in the blank?

① turn off   ② head off   ③ ward off
④ fend off   ⑤ stave off

16 Which would be the most appropriate title for the second paragraph?

① Orthodox Lessons from the Cold War Era
② Ominous Injunction of the Upcoming War
③ Uncertainty Surrounding an Imminent War
④ Clement Remonstrance in the U.S. Policy
⑤ U.S. Officials' Nonchalance over Ukraine

17~19 Read the following passage and answer the questions.

> Because the work of Salvador Dali is highly admired and his personal life was so checkered, he presents an interesting _____ to art-lovers — whether it is possible to separate art from the artist and to admire the creation despite the unsavory nature of the creator. For example, beginning in the 1930s Dali was suspected of harboring fascist sympathies and admiring Adolph Hitler, oddly and among other obscure reasons, for the dictator's stand against modern art in favor of classical and heroic art. Soon after, the movement of which Dali was a leader — the Surrealists — expelled him from their ranks due to his perceived extreme right-wing political leanings. However, as is the case with his art, which is abstract and ambiguous, it is difficult to discern whether Dali's political positions and admiration of Nazi Germany were genuine or an odd satirical pose. George Orwell, his contemporary, took a clear stand on the issue by describing Dali as a "disgusting human being" who was, nonetheless, "an artist of exceptional gifts."

17 Which word best completes the sentence?

① peccadillo ② twinge ③ dilemma
④ scruple ⑤ upheaval

18 What is the passage mainly about?

① Dali's opinions of artwork in Nazi Germany
② The stand the Surrealists took against fascism
③ George Orwell's false accusations against Dali
④ Dali's perceived political positions vs. his works
⑤ Nazi Germany's cultural appropriation of Dali

19 According to the passage, why was it difficult to discern Dali's opinions?

① Dali was reluctant to discuss politics.
② Dali's public image was ambiguous.
③ Dali felt his work speaks for itself.
④ Dali's political posture was right-wing.
⑤ Dali was shielded by his admirers.

20~21 Read the following passage and answer the questions.

In July 1585, John White stood aboard a ship named the *Tyger* and watched the coast of North America edge over the horizon. He had accompanied a similar voyage the previous year, but this time he had an additional reason to closely observe the landscape. He, along with several other members of the expedition, had been given specific orders to document crucial information about the plants, animals, landscapes, and people they might _____.
As the gentleman-limner, or watercolor painter, for the voyage, White was expected to assist in mapping both the unfamiliar American terrain and the unfamiliar appearance of its people.

20 Which word best completes the sentence?

① encounter ② chasten ③ entail
④ hamper ⑤ trespass

21 What would John White most likely be doing during the voyage?

① Researching how the sailors navigate the oceans
② Learning how to grow exotic plants and flowers
③ Going out to hunt and capture indigenous animals
④ Keeping a journal on the flora and fauna he found
⑤ Making friends with the chiefs of aboriginal tribes

22~23 Read the following passage and answer the questions.

In life, Henry VI of England lurched from one disaster to the next. Yet, in death, his countrymen venerated the Plantagenet king — whose inability to provide good government ignited the War of the Roses — as a saint-like figure worthy of religious veneration. How did this happen?

Everybody knows that Geoffrey Chaucer's pilgrims were on the way to St. Thomas Becket's shrine at Canterbury. Fewer realize that one-hundred years later far more pilgrims were going to Windsor than Canterbury, to the Shrine of Henry VI, whom the seekers credited with working miracles.

Yet, politically, Henry VI's reign had been an unmitigated disaster. Besides lacking the qualities essential for a Medieval monarch, such as strength and fortitude, he was also perpetually "over-subjected and over-wived." Furthermore, Henry inherited an unwinnable war in France and presided over the "Great Slump" which saw the standard of living throughout England fall precipitously. In time, due to the combined pressure of all these factors, law and order started breaking down in England.

However, not long after Henry's death, people — both poor and rich — were regarding the dead king as a saint, and by 1473 prayers were being said and candles lit before his statue. The reason for this, despite the fact that there was no evidence that the king was so revered in his lifetime, scholars speculate, is due to his generosity and forgiving nature. Also, there was the manner of his death, for Henry was put on trial for a crime he did not commit, was branded a thief of the treasury, and was executed an innocent man.

Ultimately, when people looked back on Henry VI's reign, they appreciated his approach to religion, which emphasized obedience and humility. And, in time, he was considered to be an innocent made to suffer for the "sins of the father," which made Henry VI, in the public's imagination, a man "more sinned against, than sinning."

22 Which word is the best synonym for the underlined venerated?

① ridiculed   ② fabricated   ③ admired
④ aggrieved   ⑤ abhorred

23 Which is correct according to the passage?

① Henry VI was the most notorious Plantagenet king.
② Henry VI helped put a stop to the War of the Roses.
③ Henry VI regularly made pilgrimages to Canterbury.
④ Henry VI was credited with reviving the English economy.
⑤ Henry VI was known as being generous and forgiving.

24 Reorder the following sentences in the best way to form a coherent passage.

Ⓐ In like manner, another novelist, Graham Greene, in *The Power and the Glory* — a novel about a disgraced priest's struggle with religious faith — refers to his protagonist solely as "the whiskey priest."
Ⓑ A technique writers use to abstract a story and prevent it from being rooted in or identified with a particular point in time is to refrain from giving its protagonists proper names.
Ⓒ In this way, by featuring nameless characters, stories like these are able to transcend specificity and become more fable-like and timeless.
Ⓓ In doing so, such writers imbue their story with a greater sense of universal significance.
Ⓔ For example, in his short story "The Penal Colony" Franz Kafka refers to characters in a prison camp not by name but according to the function they perform, such as "the condemned" or "the officer."

① Ⓑ, Ⓓ, Ⓐ, Ⓒ, Ⓔ
② Ⓓ, Ⓐ, Ⓑ, Ⓒ, Ⓔ
③ Ⓑ, Ⓔ, Ⓐ, Ⓒ, Ⓓ
④ Ⓒ, Ⓔ, Ⓑ, Ⓐ, Ⓓ
⑤ Ⓑ, Ⓓ, Ⓔ, Ⓐ, Ⓒ

25~27 Read the following passage and answer the questions.

At the end of December 1922, the Union of Soviet Socialist Republics (USSR) was born. A little more than five years after the end of the Russian Revolution that brought the Tsarist Empire to an end, a multi-ethnic nation-state that promised a socialist future and the protection of national identity was established out of the chaos of civil war. Vladimir Lenin, the creator and first leader of the Soviet Union, had <u>denounced</u> Tsarist Russia for holding Russians and non-Russians in a "prison of nations." His new Soviet Union would unite the exploited masses of the old Tsarist lands in a country that was "national in form, socialist in content." The economic and political systems were to follow a socialist line of development in the pursuit of leading the people to communism, but the culture and traditions of the individual Soviet republics would be allowed to continue. The Russification of the Tsarist era was over, as was the Russian chauvinism that Lenin despised.

However, as was so often the case in Soviet history, the reality of this new way of life didn't live up to the promises made by the Party bosses in Moscow. What emerged was a huge nation that forced millions of people into a federation initially made up of Russia, Ukraine, Byelorussia, and the Transcaucasian republics of Armenia, Azerbaijan, and Georgia. Over the next two decades, the USSR became the world's largest country (building on what was already the world's largest country, Russia) as new republics were added from the lands that surrounded Russia and that had made up the old Tsarist empire. These included the Baltic States, which were incorporated against their will as part of the Nazi-Soviet pact signed in August 1939. By the end of the 1940s, the Soviet Union was one of two nuclear superpowers, and it remained in a cold war with the other superpower — the United States — until Mikhail Gorbachev oversaw the breakup and collapse of the Soviet Union in December 1991.

25 Which word is the best synonym for the underlined <u>denounced</u>?

① demoted   ② expunged   ③ outmoded
④ sundered   ⑤ rebuked

26 Which of the following is correct according to the passage?

① Russia's communist empire was brought down by a revolution in 1922.
② Vladimir Lenin warned that the Soviet Union would become a "prison of nations."
③ The early USSR promised that Soviet republics could keep their national identity.
④ The Baltic states joined the USSR in order to be protected from Nazi aggression.
⑤ Vladimir Lenin blamed the Tsar for the ultimate downfall of the USSR.

27 Which statement best summarizes the article?

① The USSR lost its way when it embraced national socialism.
② The USSR began with great idealism but soon betrayed it.
③ The USSR was conceived as and remained a "prison nation."
④ The USSR was reluctant to incorporate the Baltic States.
⑤ The USSR was the fullest expression of the Russian identity.

28~30 Read the following passage and answer the questions.

The concept of the nineteenth-century Gentleman is a complex one, though it is one which is, as one recent critic has noted, "the necessary link in any analysis of mid-Victorian ways of thinking and behaving." The Victorians themselves were not certain what a gentleman was, of what his essential characteristics were, or of how long it took to become one. Why, then, were so many of them so anxious to be recognized as one?

Members of the British aristocracy were gentlemen by right of birth (although it was also emphasized, paradoxically enough, that birth alone could not make a man a gentleman), while the new industrial and mercantile elites, in the face of opposition from the aristocracy, inevitably attempted to have themselves designated as gentlemen as a natural consequence of their growing wealth and influence. Other Victorians — clergy belonging to the Church of England, army officers, members of Parliament — were recognized as gentlemen by virtue of their occupations, while members of numerous other eminently respectable professions — engineers, for example — were not.

The concept of the gentleman was not merely a social or class designation. There was also a moral component inherent in the concept which made it a difficult and ambiguous thing for the Victorians themselves to attempt to define, though there were innumerable attempts, many of them predicated upon the revival in the nineteenth century of a chivalric moral code derived from the feudal past. Sir Walter Scott defined this concept of the gentleman repeatedly in his enormously influential Waverley Novels, and the code of the gentleman — and abuses of it — appear repeatedly in Victorian fiction.

Eventually, the Victorians settled on a compromise: by the latter part of the century, it was almost universally accepted that the recipient of a traditional liberal education based largely on Latin at one of the elite public schools — Eton, Harrow, Rugby, and so on — would be recognized as a gentleman, no matter what his origins had been.

28 According to the passage, which person could be a gentleman due to his profession?

① a clergyman
② a novelist
③ a celebrity
④ a sailor
⑤ an engineer

29 Which is correct about the designation of "gentleman" according to the passage?

① It was a title that can only be gotten at birth.
② It morphed into a compromised social convention.
③ It was exclusive to industrialists and merchants.
④ It was probably invented by Walter Scott.
⑤ It was condemned by the Church of England.

30 Which of the following is most consistent with the passage?

① The era was a time of great liberalism and immorality.
② The Church of England was declining in influence.
③ Writers and artists were critical of the aristocracy.
④ Class designation was an important part of Victorian life.
⑤ The era was nostalgic for a past that never really existed.

대학편입 반전 스토리

" 할 수 있어, 널 믿어 "

민○우
서강대학교 기계공학과
편입구분: 일반편입

어휘 학습법

편입 영어에서 어휘가 가장 중요하다고 배웠고, 저 역시 그렇게 생각했기 때문에 어휘 학습에 가장 많은 시간을 투자했습니다. 저는 어휘를 짧은 주기로 반복하여 암기했습니다. 매일 어휘 책의 한 챕터씩(약 120~140개의 단어)을 외웠는데, 같은 챕터를 3일에 걸쳐 여러 번 보았습니다.

문법 학습법

문법은 몰아서 많이 하기보다는 매일 조금씩 문제를 풀고 이론을 복습하면서 감을 잃지 않으려고 노력했습니다. 문법도 어휘 학습과 마찬가지로 반복 학습이 중요하다고 생각합니다. 매일 조금씩이라도 꾸준히 학습하여 감을 유지하는 것이 중요합니다.

논리 학습법

편입 영어에서 어휘가 가장 중요하다고 하지만, 논리 영역에서도 어휘가 큰 역할을 합니다. 어휘를 알아야 지문을 해석할 수 있을 뿐만 아니라, 선택지의 단어를 알아야 문제에 접근할 수 있기 때문에 논리는 어휘 학습이 우선되어야 한다고 생각합니다. 어휘가 뒷받침된다면 그다음에는 논리 지문에서 숨어있는 힌트를 찾아내는 연습을 해야 합니다. 주로 순접과 역접의 힌트, 동어 반복의 힌트를 찾는 연습이 여기에 해당합니다.

독해 학습법

연습할 때는 최대한 스스로 해석해 보고, 강의를 통해 교수님과 해석을 맞춰보려 했습니다. 문제를 푸는 방법은 교수님의 방법을 최대한 따르려고 했고, 문제를 틀리면 해설 강의를 보면서 "왜 내가 고른 선택지는 답이 아닐까?"를 고민하기보다는, 교수님의 사고를 따라가면서 "여기서는 이렇게 접근해야 하는구나"라고 생각하며 교수님의 사고 과정을 최대한 받아들이고 스스로 그렇게 생각하려고 노력했습니다.

2022 영역별 분석

서강대학교

- 2022학년도 인문계 일반편입
- 40문항 · 60분

어휘

어휘에서는 문장의 밑줄 친 부분과 가장 가까운 의미의 보기를 고르는 동의어 유형 2문제가 출제됐다. 지난 3년간 어휘의 비중이 계속 줄어들고 있으며, 출제된 문제의 수준 또한 높지 않아 변별력 있는 영역은 아니었다. 출제된 어휘는 momentous(=tectonic), animus(=harmful spirit)가 있었다.

문법

빈칸에 알맞은 문법사항을 고르는 General Structure 유형 4문제가 출제됐다. 문제로 출제된 문장의 구조가 복잡하지 않아 정답을 고르기 어렵지는 않았지만, 정답과 관련한 문법 사항이 복합적이거나 문장을 제대로 읽지 않으면 헷갈리기 쉬운 보기가 선택지로 제시되어 신중히 정답을 골라야 했다. '1870년대에(in the 1870's)'와 같이 연대 앞에 사용되는 정관사 the와 이와 함께 쓰이는 시간의 전치사 in, 수동태와 시제, 5형식동사 consider와 형용사의 어순, not only~but also 구문이 문제로 출제됐다.

논리완성

총 11문제가 출제됐는데 multi-blank 유형의 문제가 줄어들고, 단문의 one-blank 문제의 비중이 높아져 체감 난이도는 지난해보다 낮았다고 판단된다. one-blank 유형에서는 주어인 연구 결과와 상응하면서 동시에 that절을 목적어로 취할 수 있는 동사를 고르는 문제를 비롯하여, 메타버스(metaverse)라는 '용어를 만들다(coin)'는 의미가 되도록 적절한 동사를 고르는 문제, 등위접속사 and에 의해 부정적인 의미가 연결되어 있어 빈칸에도 부정적인 의미의 명사를 고르는 문제, 부연 설명되는 세미콜론(;) 이하의 문장을 통해 앞 문장의 빈칸을 유추하는 문제 등이 출제됐다. multi-blank 유형에서는 해당 빈칸에 정답이 될 수 있는 보기가 중복으로 제시되어 각 빈칸을 모두 만족시키는 보기를 찾아야 하는 수준 높은 문제가 출제됐다.

독해

독해가 가장 큰 비중을 차지했다. 서강대 독해 문제는 장문의 지문보다는 중 · 단문의 지문으로 논리적인 흐름에 맞게 문장들을 배치하는 문장배열, 지문의 전체적인 내용을 파악하는 내용 일치 및 추론, 문맥상 빈칸에 적절한 내용을 고르는 빈칸완성 유형 위주로 출제된다. 출제된 지문의 내용을 살펴보면, 영어에 늘어나고 있는 동아시아 단어들, 사람들이 방언을 사용하는 것과 관련된 특징, 고객 서비스가 정반대인 사우스웨스트 항공과 스피릿 항공의 예를 통해 고객들에게 현명한 선택을 강조하는 글, 허구적인 "아시아계 미국인"의 개념과 정체성의 복잡성, 종교 갈등에 크게 영향 받은 인간 문화 등의 내용이 소개되었다. 출처를 살펴보면, National Geographic, The Atlantic, The New York Times 등 시사적인 내용을 다루는 언론매체를 비롯하여, 영국의 정치사상가 Edmund Burke의 철학적 고찰, Rachel Carson의 『Silent Spring』의 글이 독해 지문으로 출제됐다.

SOGANG UNIVERSITY

2022학년도 인문계 일반편입

40문항·60분

문항별 배점 01~20 2점 / 21~40 3점

01~17 Choose the answer that best completes the sentence.

01 In *The Education of Henry Adams*, the author recalls teaching at Harvard University _____.

① while the 1870's
② in the 1870's
③ for the 1870's
④ at the 1870's

02 After loggers chop down trees, their trunks _____ into logs that are then hauled to sawmills to make wood products.

① cutting
② are being cut
③ that cut
④ are cut

03 Elizabeth Bishop published relatively few poems in her lifetime, yet most critics considered her _____.

① who as a significant literary figure
② a significant literary figure
③ a literary significant figure
④ as a literary figure she was significant

04 The strong wind _____ the man's efforts to put up the tent.

① enabled ② hampered
③ deteriorated ④ regaled

05 The research results _____ that adult learners tend to learn better from explicit grammar instruction than younger learners.

① imply ② stimulate
③ hypothesize ④ apprehend

06 Neal Stephenson _____ the term "metaverse" in his 1992 novel, *Snow Crash*, where it referred to a 3D virtual world inhabited by avatars of real people.

① complied ② crossed
③ catered ④ coined

07 For centuries western culture has been permeated by the idea that humans are selfish creatures. That _____ image of humanity has been proclaimed in films and novels, history books and scientific research.

① cynical ② flagrant
③ flamboyant ④ sanguine

08 Negative attitudes towards foreign words entering the English language have been noted early on as is suggested by the following statement: "Encroachment of alien words _____ understanding and solidarity among speakers, but also threatens the purity of a language by taking away its uniqueness and limiting its ability to create new words using its own linguistic sources."

① gets in the way of ② not only hinders
③ interferes with ④ can cause lack of

09 The scholar emphasized the enormous gaps in our knowledge, the sparseness of our observations, and the _____ of our theories, calling attention to the many aspects of planetary evolution that must be better understood before we can accurately diagnose the condition of our planet.

① evidence
② certainty
③ superficiality
④ reality

10 In the U.S. and Europe, _____ for the less educated is more readily acknowledged than prejudice against other disfavored groups.

① attachment
② esteem
③ disdain
④ prestige

11~13

A language does not become a global language because of its intrinsic structural properties, or because of the size of its vocabulary, or because it has been (11) _____ great literature in the past, or because it was once associated with a great culture or religion. These are all factors which (12) _____ someone to learn a language, of course, but none of them alone, or in combination, can ensure a language's world spread. Indeed, such factors (13) _____ survival as a living language — as is clear from the case of Latin, learned today as a classical language by only a scholarly and religious few. Correspondingly, inconvenient structural properties (such as awkward spelling) do not stop a language achieving international status either.

11
① a source for
② a source to
③ a vehicle towards
④ a vehicle of

12
① can capacitate
② can motivate
③ can preempt
④ can instigate

13
① can guarantee
② cannot even guarantee
③ can always guarantee
④ cannot always guarantee

14 Many developing countries suffer from _____; it is difficult to transport goods from one place to another, and to move around the country.

① poor transference
② inferior delivery
③ a poor infrastructure
④ a mediocre management system

15~16

(15) _____ work was only the first in a number of profound changes accelerated by the COVID-19 crisis. During the pandemic, mobility constraints compelled businesses to find digital ways to replace in-person interaction — from virtual meetings and e-commerce to digital supply chains and digital sales and marketing — and many companies are now thinking about how to apply the lessons learned to (16) _____. "Employees actually like the flexibility. The option of working remotely and/or in-person is very appealing for most people, and employers are willing to look at remote work as a new way of securing talent and improving their talent value proposition," says Madgavkar.

15 ① Remote ② Virtual
      ③ Face-to-face ④ Long-term

16 ① a hybrid scenario ② a remote setting
      ③ a remote context ④ a virtual scenario

17 Being called a normal country might seem underwhelming elsewhere. But for Germany, a nation haunted by its Nazi past and four decades of division between East and West, normal was what all postwar generations had _____.

① meant
② aspired to
③ aimed to
④ hoped

18~19 Choose the answer that has the closest meaning to the underlined word.

18 The Industrial Revolution marked a <u>momentous</u> change in human history.

① sudden
② tectonic
③ momentary
④ ominous

19 Although the institution of slavery was abolished throughout the U.S. with the ratification of the 13th Amendment in 1865, its <u>animus</u> lingers in American culture and politics.

① good nature
② basic framework
③ high expectation
④ harmful spirit

20~22 Choose the best set of words to fill in the blanks.

20 Demanding their freedom from Ⓐ_____ power, American revolutionaries Ⓑ_____ the Enlightenment political philosophy of John Locke.

① Ⓐ absolute — Ⓑ endured
② Ⓐ ardent — Ⓑ envisioned
③ Ⓐ arbitrary — Ⓑ embraced
④ Ⓐ feudal — Ⓑ engineered

21 Autonomy is freedom and translates into the much championed and Ⓐ_____ "individualism"; newness translates into "innocence"; distinctiveness becomes difference and the erection of strategies for maintaining it; authority and absolute power become a romantic, conquering "heroism," Ⓑ_____ and the problematics of wielding absolute power over the lives of others. All the rest are made possible by this last, it would seem — absolute power called forth and played against and within a natural and mental landscape conceived of as a "Ⓒ_____, half-savage world."

① Ⓐ exhilarated — Ⓑ affinity — Ⓒ uncivilized
② Ⓐ revered — Ⓑ virility — Ⓒ primitive
③ Ⓐ hectored — Ⓑ amenity — Ⓒ deserted
④ Ⓐ extolled — Ⓑ virtuosity — Ⓒ petrified

22 I have been teaching college writing since 1992. The corrections I find myself making on student Ⓐ_____ fall into two general categories. The first concerns problems of Ⓑ_____ — specifically, clarity and grace. So I mark the many places where my students commit wordiness, vagueness, awkwardness, banality, and so on. The other category is Ⓒ_____: usages that do not follow the accepted rules of Ⓓ_____ English. From the beginning, it was clear to me that most student mistakes fall into a small number of categories — seven, to be precise. They have common qualities that speak to unfortunate cultural trends.

① Ⓐ assignments — Ⓑ style — Ⓒ mistakes — Ⓓ standard
② Ⓐ mistakes — Ⓑ style — Ⓒ meaning — Ⓓ standard
③ Ⓐ problems — Ⓑ meaning — Ⓒ grammar — Ⓓ general
④ Ⓐ style — Ⓑ mistakes — Ⓒ grammar — Ⓓ world

23~25 Read the following passage and answer the questions.

> When asked about the presence of loanwords in English from other European languages, many students noted that, given the geographical and cultural Ⓐ_____ of Europe, alongside the shared genetic roots of the languages, it was to be expected that words from other languages were well established and integrated into English. For example, using French-origin words like *café* in conversation had little impact on listeners, and no one would think twice about using them. On the other hand, many students regarded using East Asian words in English as "fun," "exciting," "useful," and "brilliant." Despite some students suggesting that East Asian words had a high impact and were exciting and exotic as there was still a certain 'foreignness' about the words, students generally thought that in the near future East Asian words would become Ⓑ_____ into the English language as have words from other European languages.

23 The above passage is most likely taken from an article that discusses _____.

① the introduction of French loanwords in English
② a growing number of East Asian words in English
③ how English became a global language
④ the impact of English on East Asian languages

24 Which of the following is NOT implied in the passage?

① English speakers casually use words like "café."
② Using East Asian loanwords in English can make one sound exotic.
③ Using loanwords from European languages in English is quite common.
④ Using East Asian loanwords in English can be condescending to others.

25 Choose the best set of words to fill in the blanks.

① Ⓐ disposition — Ⓑ familiarized
② Ⓐ priority — Ⓑ integrated
③ Ⓐ proximity — Ⓑ assimilated
④ Ⓐ aspect — Ⓑ amalgamated

26~28 Read the following passage and answer the questions.

How many languages do you speak? Only one? Actually, whenever you speak you use a particular form of language called a dialect, and your dialect probably changes to suit your listeners. A dialect consists of a special vocabulary, unique pronunciations, and certain habitual ways of organizing words in sentences.

No two people speak in exactly the same way, but any group of individuals that spends time together or shares interests will develop unique speech patterns that eventually become a dialect. For instance, residents of the same geographic area will share an accent and vocabulary. Similarly, people with the same occupation, like astronauts and doctors, usually develop their own special jargons.

Dialects identify us as members of certain groups. Most people learn to speak several different dialects so they can be understood and accepted by different types of people. In one afternoon, a lawyer might converse with coworkers in legalese, switch to a relaxed, Southern drawl when calling friends, and use slang in conversations with her son. The next time you are with a group of people, notice how your speech changes to fit the occasion.

26 What do people who speak the same dialect have in common?

① Their voices are almost identical.
② They put sentences together in similar patterns.
③ They share the same opinions and beliefs.
④ It is easy for outsiders to understand them.

27 Which of the following groups of people would most likely speak the same dialect?

① People with red hair
② People who surf at Huntington Beach
③ People who write a lot of letters
④ People who eat the same brand spaghetti sauce

28 According to this article, why do people switch from one dialect to another when speaking to different people?

① To confuse listeners and keep them off their guard
② To make their conversations unusual and interesting
③ To help listeners understand and accept them
④ To show that they have visited many different places

29~31 Read the following passage and answer the questions.

For Southwest Airlines, customer service is part of its corporate DNA. Southwest routinely waives its requirement in the interests of "Customer Service." Consider what happened to Robert Siegel. The retired engineer and his wife, Ruth, were scheduled to fly from West Palm Beach to Philadelphia when Ruth was diagnosed with lung cancer; her doctor ordered her to cancel the trip. Even though the tickets were nonrefundable, Siegel requested an exception. "Within one week, a complete credit had been posted to my credit card," he says. The airline doesn't punish customers with ticket change fees or price its less restricted tickets. It's not perfect, of course. Their prices can sometimes be significantly higher than their competitors'.

Spirit Airlines styles itself as the anti-Southwest. The airline has its roots in the trucking business, which may explain a lot: Its customers often complain that they are treated like cargo. Spirit often does the exact opposite of what Southwest would. When Vietnam vet Jerry Meekins was told his esophageal cancer was terminal and advised by his doctor to cancel his flight from Florida to Atlantic City, the airline refused a refund request. Only after veterans groups intervened did the carrier cave, and only reluctantly. In an effort to not set a Ⓐ_____, CEO Ben Baldanza said he personally would pay for the refund, not his airline. And Spirit does love fees. Fully one-third of its ticket revenue comes from fees (a $100 charge to carry a bag on a plane if you didn't prepay a lower fee online).

Southwest and Spirit are not the only examples of travel's curious yin and yang. Whether you're staying at a hotel, renting a car, or taking a cruise, you've faced the same kinds of choices between companies. If people continue to fall for the ultralow, lots-of-strings-attached rates, then the treatment of passengers like cargo might continue indefinitely. Travelers must consider more than the price when they book their ticket. Ⓑ_____ the heroes of the travel industry with your business. Otherwise, the villains win.

29 Choose the best word to fill in the blanks.

① Ⓐ precedent — Ⓑ Reward
② Ⓐ present — Ⓑ Recognize
③ Ⓐ president — Ⓑ Receive
④ Ⓐ principal — Ⓑ Restrict

30 Which of the following statement is NOT true?

① Southwest Airlines shows great hospitality.
② Spirit Airlines has a take-it-or-leave-it attitude toward customer service.
③ Customers of Spirit airlines are not happy about how they are treated.
④ Customers of Southwest Airlines should pay extra fees.

31 Which of the following would best describe the intention of the author?

① To make customers pay attention to fees incurred by different airlines
② To be aware that flying experiences can be taxing
③ To inform that Southwest Airlines is famous for customer service
④ To help customers understand that their choices influence customer services

32~35 Read the following passage and answer the questions.

"Asian American" was a Ⓐ_____, and those who say that there are no "Asians" in Asia are right. But neither is there an "Orient" or "Orientals" — those fantastic figments of the Western imagination, as Edward Said argued. Against this racist and sexist fiction of the Oriental, we built the anti-racist, anti-sexist fiction of the Asian American. We willed ourselves into being, but as with every other act of American self-conjuring, we became marked by a contradiction between American aspiration and American reality.

Asian Americans have long insisted that we are patriotic and productive Americans. This self-defense often leans on the idea that Asian Americans have succeeded in fields such as medicine and technology because we immigrated with educational Ⓑ_____ and we raise our children to work hard. But Asian Americans are also haunting reminders of wars that killed millions of people and generated many refugees. And Asian Americans have come to satisfy the American need for cheap, exploitable labor. We were and are perceived to be competitors in a capitalist economy fractured by divisions of race, gender and class and by the ever-widening gap of inequality that affects all Americans.

"Asian American" has now Ⓒ_____ into a newer fiction: the Asian American and Pacific Islander community, or A.A.P.I. But again, there are contradictions inherent in this identity. Pacific Islanders were and remain colonized by the United States, with Hawaii and Guam serving as sites for major American military bases that project power in the Pacific and Asia. "A.A.P.I." is a staple of the lofty rhetoric and pragmatic corporate language of diversity and inclusion, but it also tends to gloss over the United States' long history of violence and conquest.

32 The author's presentation is most likely that of _____.

① a linguist who gives a lecture about an etymology of "Asian American"
② a journalist who wants to shed light on the complexities of the Asian American identity
③ a jurist who tries to determine the legality of Asian immigration to the U.S.
④ a politician who seeks to woo Asian American votes

33 Choose the best word to fill in the blank Ⓐ.

① variation
② resurrection
③ creation
④ correction

34 Choose the best set of words to fill in the blanks Ⓑ and Ⓒ.

① Ⓑ credentials — Ⓒ morphed
② Ⓑ credence — Ⓒ migrated
③ Ⓑ credits — Ⓒ mitigated
④ Ⓑ credibility — Ⓒ matured

35 Which of the following is LEAST likely to come after the above passage?

① The only way that an A.A.P.I. identity makes sense is through alliances with other oppressed groups.
② Applauding the success stories of Asian American billionaires, politicians, and celebrities will not be enough.
③ Asian Americans are one political identity among the many that must come together to fight against racism and colonialism.
④ There is no such thing as racial discrimination and Asian Americans should disengage from identity politics.

36~38 Read the following passage and answer the questions.

> Nearly every religion has the concept of an afterlife (or its cognitive cousin, reincarnation). Why are afterlife/reincarnation stories found all over the world? For the same reason we can't truly imagine our own deaths: because our brains are built on the faulty premise that there will always be that next moment to predict. We cannot help but imagine that our own consciousness endures.
>
> While not every faith has explicit afterlife/reincarnation stories (Judaism is a notable exception), most of the world's major religions do, including Islam, Sikhism, Christianity, Daoism, Hinduism, and arguably, even Buddhism. Indeed, much religious thought takes the form of Ⓐ_____: Follow these rules in life, and you will be rewarded in the afterlife or with a favorable form of reincarnation or by Ⓑ <u>melding with</u> the divine. What would the world's religions be like if our brains were not organized to imagine that consciousness endures? And how would this have changed our human cultures, which have been so strongly molded by religions and the conflicts between them?

36 Choose the word that best fills in the blank Ⓐ.

① an imagination
② a competition
③ a bargain
④ a punishment

37 Which of the following can best replace the underlined Ⓑ?

① being composed of
② distancing from
③ being replaced with
④ blending into

38 Which of the following statements is NOT true according to the passage?

① Human cultures have been heavily influenced by religious conflicts.
② Buddhism's status as the world's major religion is questionable.
③ Judaism does not have an explicit afterlife story.
④ Human brain has no real capacity to imagine one's own death.

39~40 For each question, re-order the following sentences in the best way to form a coherent passage.

39

> Ⓐ Hence arises the great power of the sublime, that it anticipates our reasonings and hurries us on by an irresistible force.
> Ⓑ The passion caused by the great and sublime in nature, when those causes operate most powerfully, is astonishment.
> Ⓒ The mind is so entirely filled with its object that it cannot entertain any other, nor, by consequence, reason on that object which employs it.
> Ⓓ Astonishment is that state of the soul, in which all its motions are suspended, with some degree of horror.

① Ⓑ — Ⓒ — Ⓓ — Ⓐ
② Ⓓ — Ⓒ — Ⓑ — Ⓐ
③ Ⓑ — Ⓓ — Ⓒ — Ⓐ
④ Ⓓ — Ⓐ — Ⓑ — Ⓒ

40

> Ⓐ The history of life on earth has been a history of interaction between living things and their surroundings.
> Ⓑ To a larger extent, the physical form and the habits of the earth's vegetation and its animal life have been molded by the environment.
> Ⓒ Considering the whole span of earthly time, the opposite effect, in which life actually modifies its surroundings, has been relatively slight.
> Ⓓ Only within the moment of time represented by the present century has one species — man — acquired significant power to alter the nature of his world.

① Ⓐ — Ⓑ — Ⓒ — Ⓓ
② Ⓐ — Ⓒ — Ⓓ — Ⓑ
③ Ⓑ — Ⓓ — Ⓒ — Ⓐ
④ Ⓑ — Ⓐ — Ⓓ — Ⓒ

SOGANG UNIVERSITY

2022학년도 자연계·학사편입
40문항·60분

문항별 배점 01~20 2점 / 21~40 3점

01~10 Choose the answer that best completes the sentence.

01 The job of white blood cells is _____ the body from invading organisms.

① at protecting
② for protecting
③ to protect
④ with protection

02 Sally Ride, _____ American woman to travel in space, participated in two space shuttle missions to launch communication satellites.

① first
② the first
③ the first of
④ the first among

03 Designed by I. M. Pei, the East Wing of the National Gallery in Washington, D.C. is characterized by the irregular geometric shapes _____ of his work.

① they are typical
② that is typical
③ are typical
④ that are typical

04 Attempting to prove that photography _____, early photographers at first imitated the paintings of contemporary artists.

① a form of art
② was a form of art
③ as a form of art
④ in a form of art

05 _____ railroads in the U.S. during the 1850's powerfully stimulated the iron industry.

① The building of
② There were built
③ They had built
④ To build

06 Geysers have often been compared to volcanoes _____ they both emit hot liquids below the Earth's surface.

① due to
② because
③ in spite of
④ regardless

07 Water pollution experts are concerned by the fact that detergents are now an _____ and practically universal contaminant of public water supplies.

① exacting
② auspicious
③ equitable
④ importunate

08 The exhibition in Paris _____ with a trip I am taking there, so I can spend a day at the exhibition during my visit to the city.

① registers
② coincides
③ holds
④ incurs

09 The _____ neutral visual language of the infographics suggests authority, but they could easily mislead or be misread.

① ostensibly
② profoundly
③ rarely
④ consequently

10 That BTS have some form of control over their music is a key characteristic that _____ within the K-pop industry. BTS are openly able to flex their creative skills in a variety of ways.

① gives them a respite
② helps them suspend
③ makes them reciprocate
④ sets them apart

11~12 Choose the best pair to fill in the blanks.

> The pandemic has both revealed and accelerated a number of trends that will play a substantial role (11) _____ the future global economy. In our conversations with global executives, we have identified five priorities for the next normal. Companies will want to (12) _____ these five priorities as their North Star while they navigate the trends that are molding the future.

11
① in creating
② towards creating
③ in shaping
④ towards reinventing

12
① adopt
② appropriate
③ adapt to
④ augment to

13 The third component of attitude, behavior, has also been referred to as a "readiness for action." It is _____ of a person to act in certain ways.

① a predisposition
② a preponderance
③ an endeavor
④ an inception

14 Which underlined word is LEAST appropriate?

① The donor's wish to remain **miscellaneous** was honored.
② The whole ballet appeared too **static**.
③ Sara **acquiesced** in his decision.
④ He **dabbled** in writing as a young man.

15 Choose the one underlined word or phrase that must be changed for the sentence to be correct.

> ① Million of people from ② all over the world ③ visited the New York World's Fair ④ from 1964 to 1965.

16 Choose the pair that does NOT have the same meaning.

① I am so hungry that I can eat anything.
  I am hungry enough to eat anything.
② It is so noisy that I can't hear anything.
  It is noisy enough for me to hear anything.
③ These boxes are so heavy that she can't hold them.
  These boxes are very heavy, so she can't hold them.
④ The thief ran so fast that I could not catch him.
  I couldn't catch the thief because he ran very fast.

17~18 Choose the answer that has the closest meaning to the underlined word.

17 Studying the past has the intrinsic value of satisfying our curiosity about ourselves.

① inherent
② obsolete
③ exquisite
④ uncertain

18 There are several significant ramifications of the coronavirus pandemic for global politics, the economy, and the U.S.-China relationship.

① expositions
② consequences
③ experiments
④ conventions

19~20 Choose the best set of words for the blanks.

19 In their 19th-century incarnations, vampires were theatrically identifiable as spirits. While Victorian scripts emphasize rises and falls, Victorian stagecraft preferred a vampire who Ⓐ_____ had a body at all, infiltrating alien matter. The period's stage machinery favored ghostly Ⓑ_____ of physical laws.

① Ⓐ seldom — Ⓑ deference
② Ⓐ rarely — Ⓑ deficiency
③ Ⓐ scarcely — Ⓑ debrief
④ Ⓐ barely — Ⓑ defiance

20 Native English-speaking teachers have long been in demand for Ⓐ_____ benefits of the skills they bring to the classroom. However, the notion that native speakers provide the best models of the target language and thus make the best teachers of the language has been Ⓑ_____ in the literature.

① Ⓐ valuable — Ⓑ acknowledged
② Ⓐ obvious — Ⓑ confirmed
③ Ⓐ undeniable — Ⓑ recognized
④ Ⓐ perceived — Ⓑ criticized

21~22 Read the following passage and answer the questions.

Women are believed to talk too much. Yet study after study finds that it is men who talk more — at meetings, in mixed-group discussions, and in classrooms where girls or young women sit next to boys or young men. For example, communication researchers Barbara and Gene Eakins tape-recorded and studied seven university faculty meetings. They found that, with one exception, men spoke more often and, without exception, spoke for a longer time. The men's turns ranged from 10.66 to 17.07 seconds, while the women's turns ranged from 3 to 10 seconds. In other words, the women's longest turns were still shorter than the men's shortest turns.

21 What is the main purpose of this passage?

① To entertain
② To inform
③ To instruct
④ To evoke a mood

22 What does the author do to make her point?

① describes her own personal experience
② reveals her anger at men who talk too much
③ makes fun of men's conversational styles
④ presents facts and statistics

23~26 Read the following passage and answer the questions.

> For hundreds of years in the early history of America, pirates sailed through coastal waters, pillaging and plundering all in their path. They stole from other ships and stole from coastal towns; not content only to steal, they destroyed everything they could not carry away. Some of the pirate ships (23) _____ large treasures, the fates of which are unknown, leaving people of today to wonder at their whereabouts and to dream of one day coming across some lost treasure.
>
> One notoriously large treasure was on the pirate ship *Whidah*, which sank in the waters off Cape Cod during a strong storm in 1717. A hundred of the crew members went down with the ship, along with its treasure of coins, gold, silver, and jewels. The treasure on board had an estimated value, on today's market, of more than 100 million dollars.
>
> The remains of the *Whidah* were discovered in 1984 by Barry Clifford, who had spent years of painstaking research and tireless searching, only finally to locate the ship about 500 yards from shore. A considerable amount of treasure from the centuries-old ship has been recovered from its watery grave, but there is clearly still a lot more out there. Just as a reminder of what the waters off the coast have been protecting for hundreds of years, occasional pieces of gold, or silver, or jewels still wash up on the beaches, and lucky beach-goers find pieces of the treasure.

23 Choose the best word to fill in the blank.

① amassed
② confiscated
③ reported
④ imported

24 Which of the following is NOT discussed in the passage?

① early pirates in American history
② a large pirate treasure
③ what really happened to the *Whidah*'s pirates
④ why pirates go to the beach

25 It is implied that a lot of crew members of the *Whidah* _____.

① died
② went diving
③ searched for the treasure
④ escaped with parts of the treasure

26 It is mentioned in the passage that the treasure of the *Whidah* _____.

① is not very valuable
② is all in museums
③ has not all been found
④ was mostly taken to share by the pirates

27~29 Read the following passage and answer the questions.

According to the International Center for Prison Studies, the U.S. currently has the largest documented prison population in the world. We've got roughly 2.03 million people behind bars. China has the second-largest number of prisoners (1.51 million), and Russia has 865,000 prisoners. Rounding out the list of countries with high imprisonment rates are Belarus, Bermuda, Kazakhstan, the Virgin Islands, the Cayman Islands, Turkmenistan, Belize, and Suriname, which you'll have to agree puts America in interesting company. South Africa, a longtime star performer on the list, has dropped to 15th place since the end of apartheid.

Let's take a closer look at China, the 2nd place country on the list. One and a half million prisoner is just the *official* figure. Chinese human rights activist Harry Wu estimates that China has 16 to 20 million prisoners, including common criminals and political prisoners.

Most countries, including almost all our industrialized peers, have imprisonment rates that are significantly lower than the U.S.'s rate. You can try to explain our expanding prison population by pointing to things like mandatory sentencing laws and the war on drugs, but that's avoiding the question: Is crime here really that much worse than everywhere else?

Not necessarily. A comparison with the United Kingdom is instructive. Rates of burglary, assault, and car theft are currently higher in Britain than in the U.S. Violent crime rates are still much higher here, but the gap has narrowed. Advocates of the American legal system will say: Of course! We put more of our bad guys in jail! Those that defend civil liberties point to the fact that the U.S. imprisons a high number of minorities, many for minor offenses like marijuana possession. Do more prisoners equal less crime?

27 Referring to South Africa as a "longtime star performer" indicates that _____.

① South Africa's imprisonment rate was accurate
② South Africa's imprisonment rate was high
③ the author is confident with South Africa's ability to control crime rate
④ the author mistrusts South Africa's imprisonment rate

28 The author's choice of the sentence "1.5 million prisoners is just the *official* figure" suggests that the number "1.5 million" is _____.

① accurate   ② legal
③ uncertain   ④ adequate

29 According to the author, which of the following CANNOT explain the U.S.'s high imprisonment?

① mandatory sentencing
② the war on drugs
③ more crime rates than other countries
④ better methods of finding criminals

30~31 Read the following passage and answer the questions.

> Echoing the arguments of the National Physicians for Social Responsibility, a prominent archdiocese refused to participate in a federal civil defense program that taught ways of preparing for nuclear war. They objected to instructions for teachers and students which recommended that "if there should be a nuclear flash, especially if you feel the warmth from it, take cover instantly in the best place you can find. If no cover is available, simply lie down on the ground and curl up." Their objections were leveled not at the specific suggestions but at the underlying unstated assumption: that nuclear war is survivable. In the words of the Board: "To teach children that nuclear war is a survivable disaster is to teach them that nuclear war is an _____ political or moral option."

30 Which of the following reflects the main idea of the passage most adequately?

① Schools should teach how to act in nuclear wars.
② The archdiocese opposed the argument of the National Physicians for Social Responsibility.
③ Nuclear war should be avoided at all cost.
④ It is important to react promptly once nuclear war breaks out.

31 Choose the best word for the blank.

① assiduous
② assailant
③ antiquated
④ acceptable

32~33 Read the following passage and answer the questions.

Paul Dirac was one of the greatest physicists of the 20th century. A Ⓐ_____ in quantum theory, which shaped our modern world, Dirac was a genius when it came to analytical thinking. But when his colleagues asked him for advice, his secret to success had nothing to do with the traditional scientific method: Be guided, Dirac told them, "by your emotions."

In the past decade, scientists have begun to understand precisely how emotions and Ⓑ_____ act together. The key insight is that before your mind processes any information, the information must be selected and evaluated. That's where emotion plays a dominant role. Each emotion — fear, disgust, anger — causes certain sensory data, memories, knowledge, and beliefs to be emphasized, and others downplayed, in your thought processes.

32 Which of the following is LEAST inferred from the passage?

① Being emotional is not an ideal characteristic for a physicist.
② Emotions can be beneficial to the scientific pursuits.
③ Good physicists are comfortable letting emotions guide their decisions.
④ The traditional scientific method tends to discredit emotions.

33 Choose the best set of words for the blanks.

① Ⓐ governor — Ⓑ learning
② Ⓐ pioneer — Ⓑ rationality
③ Ⓐ pedant — Ⓑ logic
④ Ⓐ founder — Ⓑ instinct

34~36 Read the following passage and answer the questions.

> Those who care about animals are often represented as abnormal in contemporary American culture. Animal activists are regarded as overly zealous, as human haters, even as terrorists, while vegetarians and vegans are often presented as spacey, hysterical, sentimental, and neurotic about food. Even vegetarian foods become "freaked," and Ⓐ_____ meats are often described as lab or science experiments. Since many animal protein alternatives are not traditionally American, the marginalization of these foods as somehow weird or unnatural works both to solidify an American identity (what "real" Americans eat: real meat) and to Ⓑ_____ the other. However, the abnormality of those who do not eat animals is perhaps best exemplified by the name of a popular vegan podcast and book: *Vegan Freaks*. The title refers to how many vegans feel that they are perceived by mainstream culture.

34 Choose the best phrase for the blank Ⓐ.

① alternatives to
② components of
③ pairs with
④ ornaments to

35 Choose the best word for the blank Ⓑ.

① ostracize
② ossify
③ embrace
④ overact

36 Which of the following is best inferred from the passage?

① Vegans are the same as animal activists.
② Vegans are more criticized than vegetarians.
③ Eating meat is more common.
④ Vegans feel discriminated in society.

37~39 Choose the best set of words to fill in the blanks.

37 Disease-carrying insects become important where human beings are crowded together, especially under conditions where sanitation is poor, as in time of natural disaster or war or in situations of extreme poverty and Ⓐ_____. Then control of some sort becomes necessary. It is a sobering fact, however, that the method of massive chemical control has had only limited success, and also threatens to worsen the very conditions it is intended to Ⓑ_____.

① Ⓐ privation — Ⓑ curb
② Ⓐ culpability — Ⓑ suppress
③ Ⓐ frugality — Ⓑ fumble
④ Ⓐ reparation — Ⓑ hamper

38 Escape was the most common form of overt resistance by the enslaved. Runaways' autobiographies Ⓐ_____ permanent flight to Canada or the North, but such exploits were rarely Ⓑ_____.

① Ⓐ recorded — Ⓑ contemptible
② Ⓐ celebrated — Ⓑ feasible
③ Ⓐ wrote of — Ⓑ redoubtable
④ Ⓐ incited — Ⓑ possible

39 The Black Student Union Ⓐ_____ regular protests that brought together a broad Ⓑ_____ that included the Asian alliance, the Revolutionary Studies Group, and the Chicano Student Union.

① Ⓐ staged — Ⓑ coalition
② Ⓐ opposed — Ⓑ base
③ Ⓐ waged — Ⓑ procession
④ Ⓐ supplanted — Ⓑ community

40 Select the statement which is most consistent with the following passage.

> The flight from the Old World to the New is generally seen to be a flight from oppression and limitation to freedom and possibility. Although, in fact, the escape was sometimes an escape from license — from a society perceived to be unacceptably permissive, ungodly, and undisciplined — for those fleeing for reasons other than religious ones, constraint and limitation impelled the journey. All the Old World offered these immigrants was poverty, prison, social ostracism, and, not infrequently, death.

① Immigrants were the underprivileged in the Old World.
② The largest group of immigrants consisted of devout people.
③ Migration took place one way only.
④ Immigrants would have been executed in the Old World unless they escaped.

대학편입 반전 스토리

" 흔들릴 수 있다. 그러나 계속 흔들려선 안 된다. "

전○정
서강대학교 심리학과
편입구분: 일반편입

어휘 학습법

어휘 학습에 많은 시간을 투자하는 것을 추천합니다. 그러나 단어가 잘 외워지지 않는다고 스트레스를 받을 필요는 없습니다. 처음부터 완벽히 외우려고 하지 말고, 편안한 마음으로 계속 반복해서 보세요. 초반에 완벽하게 외운 단어도 시간이 지나면 까먹기 마련입니다. 단어는 시험 끝나는 날까지 계속 보게 될 것이므로, 자신의 암기력에 너무 스트레스를 받지 말고 무한 반복하세요.

문법 학습법

문법 이론을 완벽히 공부했다고 해서 모든 문법 문제를 맞힐 수 있는 것은 아닙니다. 이론을 끝낸 후에는 실전 문제를 풀며 '어떻게 답을 도출했느냐'에 집중해야 합니다. 문제를 풀다 보면 정확한 정답을 소거하는 과정을 통해 '이게 왜 답인지는 모르겠지만, 답인 건 분명하다'라는 느낌을 받게 되는 순간이 옵니다. 이 느낌을 찾는 것이 중요합니다. 이론을 어느 정도 끝낸 다음에는 실전 문제를 풀면서 이 감을 찾는 연습을 하세요.

논리 학습법

논리를 처음 공부할 때 '2번도 답이 될 것 같은데 왜 3번이 답일까?'라는 생각을 많이 할 것입니다. 이때 중요한 점은 '이게 답이 아닌 이유'보다는 '이게 답인 이유'에 집중하는 것입니다. 제 사고방식을 정답에 맞추기 위해 노력했습니다. 문제를 읽었을 때 자연스럽게 정답을 찾을 수 있도록 연습하세요. '이것도 답일 것 같은데 왜 아니지?'에 집중하면 끝이 없습니다.

독해 학습법

기출문제를 분석하면서 독해를 보는 관점이 완전히 달라졌습니다. 기출 분석 결과, 일치 문제의 정답은 주제 선택지이거나 나머지 선택지들이 주제가 아닌 경우가 많았습니다. 불일치 문제도 마찬가지였습니다. 지문을 읽을 때는 무조건 주제를 찾는 데 집중했습니다. 심지어 밑줄/빈칸 문제도 주제가 적용되는 경우가 많았습니다. 지문을 세세하게 이해하려고 하지 말고 큰 틀을 보세요. 어려운 구문에 집착하지 말고, 지문이 어렵다고 겁먹지 마세요. 오히려 지문이 어려울수록 문제는 쉽게 풀리는 경우가 많습니다.

2021 영역별 분석

서강대학교
- 2021학년도 일반 · 학사편입 1차
- 40문항 · 60분

어휘

서강대 어휘 영역에서는 4문제가 출제됐으며, 전체 문제에서 차지하는 비중이 최근 3년간 계속해서 줄어들고 있다. 문장의 밑줄 친 부분과 가장 가까운 동의어를 보기에서 골라야 했다. 올해 출제된 어휘는 apoplectic(=livid), stilted(=pompous), polemical (=disputatious), chronicle(=recount)이 있었다.

문법

밑줄 친 보기 중에서 오류를 찾는 Written Expression 유형 4문제가 출제됐다. 출제된 문법사항으로는 형용사와 호응하는 명사 purpose, 주절의 주어와 분사구문의 주어가 다를 경우의 올바른 형태, 명사 dilemma와 호응하는 적절한 동사 pose, 등위접속사 and에 의한 비교급 병치가 있었다. 주목할 부분은 작년의 경우 명사의 단복수가 문맥상 적절하게 쓰였는지(people vs peoples), 그리고 특정 어휘와 호응하는 전치사가 무엇인지(free of)를 물어보았는데, 올해는 이와 유사하게 특정 어휘와 호응하는 동사를 알고 있는지를 물어보았다. 예를 들어, 9번의 경우 동사 posted가 a tragic dilemma를 목적어로 받고 있어서 형태상만 봤을 때 옳다고 생각하고 다른 보기를 정답으로 검토할 수 있었지만, dilemma와 호응하는 동사는 pose이므로, posted가 있는 보기를 정답으로 골라야 했다.

논리완성

one-blank 유형 2문제, multi-blank 유형 6문제가 출제되었다. 서강대는 one-blank 유형과 같이 일반적인 유형뿐 아니라 빈칸이 2~3개 되는 multi-blank 유형에 비중을 두고 지속적으로 출제하고 있다. 특히 three-blank 유형의 경우 빈칸을 해결하는 데 힌트가 많지 않아, 정답을 고르는 데 애를 먹을 수 있었다. 출제된 내용을 살펴보면, '기기들이 매우 잘 팔리고 있다'는 결과를 토대로 그 원인에 해당하는 'touted(끈덕지게 권하는)'를 고르는 문제(one-blank 유형), such as(~와 같은)를 통해, mechanism(장치)의 동의어인 framework(틀)와 독점을 막는다는 내용으로 regulation(규제)을 각각 고르는 문제(two-blank 유형), '힘든 시절이 시작되었다'를 통해 '활력이 넘치는(vibrant)' 문화가 '쇠퇴했으며(diminished)' 이탈리아의 경제적 지배력이 다른 국가들로 '대체되었다(supplanted)'를 각각 고르는 문제(three-blank 유형) 등이 출제됐다.

독해

총 24문제(68점)가 출제되어 독해가 서강대에서 가장 큰 비중을 차지했다. 서강대 독해 문제는 논리적인 흐름에 맞게 문장들을 배치하는 문장배열, 지문의 전체적인 내용을 파악해야 하는 내용 일치 및 추론, 문맥상 빈칸에 적절한 내용을 고르는 빈칸완성 유형 위주로 출제됐다. 출제된 지문의 내용을 살펴보면, 전쟁의 후유증으로 사람들에게 생긴 비관적인 견해, 미국인들의 인종차별주의가 낳은 결과, 나폴레옹 전쟁이 전 세계에 미친 파급효과, 세계지도에서 아프리카의 크기 왜곡, 디지털 기기 사용이 우리에게 주는 악영향, 자본주의의 과도한 발전으로 생겨난 광우병, 멸종과 대량멸종의 비교, 사회구조에서 핵심인 복종, COVID-19로 인한 저소득 가정과 부유한 가정의 학력 격차, 부끄러움의 기원 등 다양한 분야의 전문적인 글들이 문제로 출제됐다.

SOGANG UNIVERSITY

2021학년도 일반·학사편입 1차

40문항·60분

문항별 배점 01~20 2점 / 21~40 3점

01~04 Choose the answer that has the CLOSEST meaning to the underlined word in the sentences below.

01 The failed coup made the outgoing president apoplectic.
① livid
② deadlocked
③ umbraging
④ agoraphobic

02 Many would now look on some of Ruskin's lines as stilted.
① outdated
② austere
③ eponymous
④ pompous

03 He said, "I don't like polemical literature."
① unctuous
② plenipotentiary
③ metonymic
④ disputatious

04 The paintings meticulously chronicle the fall of the Roman empire.
① ephemeralize
② recount
③ diarize
④ ingerminate

05~06 Complete each sentence with the BEST word.

05 This is only one of hundreds of such devices being _____ to the naïve, and selling very well.

① tapped　　　　　② tilted
③ tossed　　　　　④ touted

06 These novels were marked by the kind of overwrought energy that _____ other boom and bust moments in history.

① synthesized　　　② characterized
③ essentialized　　　④ protagonized

07~10 Identify the one underlined expression that must be corrected in each sentence.

07 ① <u>Surveillance capitalism</u> is an economic system ② <u>centered around</u> the ③ <u>commodification</u> of personal data with the core ④ <u>purposefully</u> of profit-making.

08 But ① <u>while the statue still standing,</u> ② <u>amid the entanglements</u> of barbed wire, ③ <u>the soldiers took heart</u> and refused to ④ <u>completely abandon hope</u>.

09 Refugees ① <u>posted a tragic dilemma</u>, since they ② <u>fostered so many tensions</u> between member states of the European Union; ③ <u>the task was to set</u> an 'ethics of responsibility' ④ <u>in order to steer quotas</u>.

10 The psychology of Abraham Maslow is one of ① <u>a number of</u> schools of humanistic psychology, ② <u>which take</u> a sanguine view of the human condition, placing more stress on the human being's potential to achieve fulfillment and ③ <u>little on</u> sinister forces lurking in ④ <u>the recesses of the mind</u>.

11~16 Choose the BEST set of words for the blanks.

11 There are many institutional mechanisms, such as legal and regulatory Ⓐ_____, that prevent the emergence of agro-industrial monopolies; these include the Ⓑ_____ of agricultural pesticides.

① Ⓐ reformations — Ⓑ retardation
② Ⓐ fiscalisms — Ⓑ red-flagging
③ Ⓐ frameworks — Ⓑ regulation
④ Ⓐ schematics — Ⓑ profligacies

12 The Hubble Space Telescope in orbit around the Earth to offer observations in which the Earth's atmosphere does not Ⓐ_____ light from celestial sources has been a Ⓑ_____ to astronomers; it is one of the finest astronomical instruments ever developed, expanding humanity's gaze into space tenfold.

① Ⓐ mitigate — Ⓑ canard
② Ⓐ attenuate — Ⓑ boon
③ Ⓐ debilitate — Ⓑ sinecure
④ Ⓐ obliterate — Ⓑ tenet

13 Then, hardships set in. How could cultures as Ⓐ_____ as Baroque Italy or interwar Europe have been so radically Ⓑ_____? Italy's economic dominance would be Ⓒ_____ first by capitalist burghers from the Netherlands, and then by English industrialists.

① Ⓐ malifoquent — Ⓑ underestimated — Ⓒ polarized
② Ⓐ asymmetrical — Ⓑ dysfunctional — Ⓒ festooned
③ Ⓐ renaissanced — Ⓑ overdetermined — Ⓒ valorized
④ Ⓐ vibrant — Ⓑ diminished — Ⓒ supplanted

14 Taste governs every free — as opposed to Ⓐ_____ — human response. Taste has no system and no proofs. But there is something like a logic of taste: the consistent sensibility which Ⓑ_____ and gives rise to a certain taste. A sensibility is almost, but not quite, Ⓒ_____.

① Ⓐ rote — Ⓑ underlies — Ⓒ ineffable
② Ⓐ mechanical — Ⓑ vitiates — Ⓒ insouciant
③ Ⓐ routine — Ⓑ interposes — Ⓒ intrinsic
④ Ⓐ impromptu — Ⓑ undertakes — Ⓒ incandescent

15 Kept Ⓐ_____ by cloying commercial radio and clueless record executives, the American popular music scene has frequently depended on cities at the edges of the cultural map to provide a much-needed shot of Ⓑ_____. The momentary Ⓒ_____ what the next big thing is seems to come out of nowhere — as if someone blows a whistle only those in the know can hear — and suddenly record executives and journalists are crawling all over what had previously been an obscure locale.

① Ⓐ obligated — Ⓑ orthodox — Ⓒ guarantee of
② Ⓐ liberated — Ⓑ creativity — Ⓒ indifference to
③ Ⓐ hidebound — Ⓑ originality — Ⓒ consensus about
④ Ⓐ cumbersome — Ⓑ novelty — Ⓒ contention about

16 This was one element of his predecessor's Ⓐ_____ that the president was happy to preserve and enhance, killing more people in drone strikes in the first year of his presidency than the previous president had Ⓑ_____ in eight. The results are Ⓒ_____, and speak for themselves.

① Ⓐ methodology — Ⓑ optimized — Ⓒ mendacious
② Ⓐ legacy — Ⓑ orchestrated — Ⓒ nightmarish
③ Ⓐ filibustery — Ⓑ exalted — Ⓒ sublime
④ Ⓐ festering — Ⓑ diatribed — Ⓒ behooving

17~20 Reorder the following sentences in the BEST way to form a coherent passage for each question.

17
> Ⓐ Across England, the public language of elected officials was increasingly dark, their tones funerary.
> Ⓑ With growing alarm, people had started to understand that this war would extend indefinitely.
> Ⓒ By mid-December 1914, British troops had been fighting on the continent for over five months.
> Ⓓ Casualties had been shocking, positions had settled into self-destructive stalemate.

① Ⓑ — Ⓒ — Ⓓ — Ⓐ
② Ⓒ — Ⓓ — Ⓐ — Ⓑ
③ Ⓐ — Ⓑ — Ⓓ — Ⓒ
④ Ⓐ — Ⓑ — Ⓒ — Ⓓ

18

Ⓐ The belief in the preeminence of hue and hair, the notion that these factors can correctly organize a society and that they signify deeper attributes — this is the new idea at the heart of these new people who have been brought up hopelessly, tragically, deceitfully, to believe that they are white.
Ⓑ But race is the child of racism, not the father.
Ⓒ In this way, racism is rendered as the innocent daughter of Mother Nature.
Ⓓ Americans believe in the reality of "race" as a defined, indubitable feature of the natural world.

① Ⓐ — Ⓒ — Ⓓ — Ⓑ
② Ⓑ — Ⓐ — Ⓓ — Ⓒ
③ Ⓓ — Ⓒ — Ⓑ — Ⓐ
④ Ⓒ — Ⓑ — Ⓐ — Ⓓ

19

Ⓐ We are so successful that we have undermined the conditions that formerly allowed us to expand.
Ⓑ The more powerful our civilization grows, the more vulnerable it becomes.
Ⓒ In terms of widespread prosperity, our civilization has experienced unprecedented success.
Ⓓ It seems that stability and, even, ongoing survival on a global scale, can now no longer be guaranteed.

① Ⓓ — Ⓒ — Ⓐ — Ⓑ
② Ⓑ — Ⓓ — Ⓐ — Ⓒ
③ Ⓐ — Ⓓ — Ⓒ — Ⓑ
④ Ⓒ — Ⓑ — Ⓐ — Ⓓ

20

> Ⓐ They involved individuals from around the world, and had worldwide ramifications.
> Ⓑ The Napoleonic Wars were in no sense purely European events.
> Ⓒ His ambitions reached far beyond Europe; he is recorded as saying "I wanted to rule the world."
> Ⓓ Napoleon's campaigns took men from Africa to the Caribbean, to France, to Italy, to Russia.

① Ⓐ — Ⓒ — Ⓑ — Ⓓ
② Ⓑ — Ⓓ — Ⓒ — Ⓐ
③ Ⓑ — Ⓐ — Ⓓ — Ⓒ
④ Ⓒ — Ⓑ — Ⓐ — Ⓓ

21 Select the statement MOST consistent with the following passage.

> The world's idea of African geography is flawed. Few people realize just how big it is. This is because most of us use the standard Mercator world map. This, as do other maps, depicts a sphere on a flat surface and thus distorts shapes. Africa is far, far longer than usually portrayed, which explains what an achievement it was to round the Cape of Good Hope, and is a reminder of the importance of the Suez Canal to world trade. Making it around the cape was a momentous achievement, but once it became unnecessary to do so, the sea journey from Western Europe to India was reduced by six thousand miles.

① Those of us who peruse commonly-used maps will probably have a skewed idea of just how vast Africa is.
② The size of Africa explains why it is, even in the 21st century, still developing economically and politically.
③ It was challenging to travel around Africa by ship; because it is a flat continent, it is easier to travel overland.
④ Those early navigators able to sail fleets around the Cape of Good Hope were indeed the early heroes of capitalism.

22 Select the statement MOST consistent with the following passage.

> Perhaps you have already noticed how the quality of your attention has changed the more you read on screens and digital devices. Perhaps you have felt a pang of something subtle is missing when you seek to immerse yourself in a once favorite book. Like a phantom limb, you remember who you were as a reader, but cannot summon that 'attentive ghost' with the joy you once felt in being transported somewhere outside the self to that interior space. It is more difficult still with children, whose attention is continuously distracted and flooded by stimuli that will never be consolidated in their reservoirs of knowledge. This means that the very basis of their capacity to draw analogies and inferences when they read will be less and less developed.

① The writer understands that reading is being abandoned by young people, who prefer other kinds of stimulation.
② The writer feels nostalgic about reading, but understands that screen-based reading is inevitable for everyone.
③ The writer worries that our capacity to use our minds is being negatively impacted by digital devices.
④ The writer advises that adults must much more actively regulate their children's exposure to technology.

23 Which statement is LEAST likely to be inferred from the following passage?

> Material objects take their power and meanings in relation to the embodied human subjects who bear them, who in turn press the objects into the work of carrying culturally (and/or historically) determined social values. In this sense, it can be argued that objects are social forms, and carry meanings between people. Sometimes they are the very thing through which a social bond is mediated — and their meanings arise relationally — their values or meanings neither absolute nor immanent. All objects have historical particularity, as do human subjects who bear them.

① A wedding ring is an example of how an object can transmit meaning.
② Capitalism domesticates and enables us to fill our homes with objects.
③ A book is an object that transmits meaning, and reading is a social form.
④ Seoul's skyscrapers are objects carrying historically-specified meanings.

24~26 Read the following passage and answer the questions.

At the beginning of the 21st century, *The Guardian* newspaper reported that people in war-torn lands like Afghanistan were reduced to eating grass in order to survive. At the same point in history, cows in the United Kingdom and parts of the European Union were being fed meat-based fodder. The agricultural bio-technological sector of the over-developed world had taken an unexpected cannibalistic turn by fattening livestock (cows, sheep, pigs, chickens) on feed comprised of animal by-products. This action was later diagnosed as the source of the lethal disease Bovine spongiform encephalopathy, more commonly known as 'mad cow disease,' which causes the brain structure of infected animals to corrode and turn to pulp. The Ⓐ_____ here, *The Guardian* newspaper argued, was decidedly on the side of humans and our bio-technological industries.

24 Since the start of the 21st century, we have witnessed the emergence of a number of new viruses and diseases. Therefore:

① as with any paradigm shift, in the era of the "4th Industrial Revolution," there will be some teething problems.
② like so many systems in our globalized milieu, extreme efficiencies are producing problematic side-effects.
③ because the agro-industrial sector also invests in pharmaceuticals, we have nothing to fear.
④ through dismantling outmoded geo-political systems, similar such viruses will not travel so easily.

25 The author goes on to assert that humans have transformed "the ecosystem into a planetary apparatus geared to the production of commodities." Taken in the context of "mad cow disease," what is the author arguing?

① These kinds of disease are a natural part of capitalist history.
② The so-called "over-developed world" may be in crisis.
③ Instrumentalizing natural resources enables a more civilized society.
④ We must slow the rate of beef and dairy product production.

26 Choose the BEST word for the blank Ⓐ.

① ardor
② quarrel
③ alienation
④ madness

27~29 Read the following passage and answer the questions.

In ordinary times extinction takes place only very rarely, more rarely even than speciation, and it occurs at what's known as the background extinction rate. This rate varies from one group of organisms to another; often it's expressed in terms of extinctions per million species-years. For mammals, the best-studied group, it's been reckoned to be roughly .25 per million species-years. This means that, since there are about 5,500 mammal species wandering around today, at the background extinction rate, you'd expect — once again, very roughly — one species to disappear every seven hundred years.

Mass extinctions are different. Instead of a background hum there's a crash, and disappearance rates spike. Anthony Hallam and Paul Wignall, British paleontologists who have written extensively on the subject, define mass extinctions as events that eliminate a "significant proportion of the world's biota in a geologically Ⓐ_____ amount of time." Another expert, David Jablonski, characterizes mass extinctions as "substantial biodiversity losses" that occur rapidly and are "global in extent." A paleontologist David Raup has tried looking at matters from the perspective of the victims: "Species are at a low risk of extinction most of the time." But this "condition of relative safety is punctuated at rare intervals by a vastly higher risk." The history of life thus consists of "long periods of boredom interrupted Ⓑ_____ by panic." In times of panic, whole groups of once-dominant organisms can disappear or be Ⓒ_____ to secondary roles, almost as if the globe has undergone a cast change. Such wholesale losses have led paleontologists to surmise that during mass extinction events — in addition to the so-called Big Five, there have been many lesser such events — the usual rules of survival are suspended.

27 Which of the following is LEAST inferred from the passage?

① The Big Five extinctions had resulted in a sharp decline in biodiversity.
② Mass extinction is catastrophic, for the losses occur all over the world.
③ The odds of an individual's witnessing a disappearance of a mammal species should be effectively zero.
④ Darwin's formulation of the struggle for life explains the history of the science of extinction.

28 Choose the BEST set of words for the blanks Ⓐ, Ⓑ, and Ⓒ.

① Ⓐ inexorable — Ⓑ erratically — Ⓒ reduced
② Ⓐ intractable — Ⓑ accidentally — Ⓒ consigned
③ Ⓐ insignificant — Ⓑ occasionally — Ⓒ relegated
④ Ⓐ insubstantial — Ⓑ sporadically — Ⓒ reposed

29 The author of the passage is MOST likely:

① a geology professor writing in a peer-reviewed geology journal
② a graduate student summarizing a research paper she wrote for a graduate level seminar on the history of extinction
③ a paleontologist writing in a specialist paleontology journal
④ a professional science writer writing in a magazine aimed at interested laypersons

30~32 Read the following passage and answer the questions.

Obedience is a fundamental element in the structure of social life. Some system of Ⓐ_____ is a requirement of all communal living, and it is only the person dwelling in isolation who is not forced to respond, with defiance or submission, to the commands of others. For many people, obedience is a deeply ingrained behavior tendency, indeed a potent impulse overriding Ⓑ_____ in ethics, sympathy, and moral conduct. The dilemma inherent in submission to authority is ancient and the question of whether one should obey when commands conflict with Ⓒ_____ has been treated to philosophical analysis in almost every historical epoch. Conservative philosophers argue that the very fabric of society is threatened by disobedience, while humanists stress the primacy of the individual conscience.

30 The author's presentation is MOST like that of:

① a politician's speech in a moment of crisis.
② a social theorist's thought experiment.
③ a psychologist's pitch to a new client.
④ a computer programmer's manifesto.

31 Choose the BEST set of words for the blanks Ⓐ, Ⓑ, and Ⓒ.

① Ⓐ oppression — Ⓑ identity — Ⓒ questions
② Ⓐ totalitarianism — Ⓑ morality — Ⓒ clarity
③ Ⓐ hegemony — Ⓑ commonsense — Ⓒ stubbornness
④ Ⓐ authority — Ⓑ training — Ⓒ conscience

32 Which of the following is LEAST able to be inferred from the passage?

① Whether we acquiesce or act out, we are each somehow socially programmed.
② Conservatism's critique is reactionary, and plays on peoples' fears.
③ Criminality is simply a person's failure to observe socially assigned rules.
④ Obedience is not only moral and ethical, but also historical, political, ideological.

33~35 Read the following passage and answer the questions.

> The Ⓐ_____ of a national literature is an indication of the age of the society it portrays. Speaking speculatively, young societies produce a vigorous, unsophisticated Ⓑ_____, a literature saturated with the simple problems of living — of food, of clothing, of shelter. Old societies produce a more complex literature, a literature in which some express a nostalgia for the simpler life of the past, some reflect on the problems of life and death, and some describe with gusto or disgust the decadence of those who choose to revel in literatures from other nations. This pattern can be illustrated with canonical literary Ⓒ_____ from Europe, Britain, and the so-called "New World" of colonized places (USA, Canada, Australia, etc.).

33 The author's presentation is MOST like that of:

① an editorial for a conservative newspaper.
② a term paper from a graduate student.
③ a statement from an avant-garde artist.
④ a cultural theory from an ethnologist.

34 Which of the following is LEAST able to be inferred from the passage?

① Reading is *passe* in the Digital Age, and we have already entered a "post-reading" era.
② Whether an "old" or "new" nation, canons are constructed similarly, independent of culture.
③ A literary Korean author might not write about clothing, but they could write about fashion.
④ Reading may be class-based, some readers disinterested in literatures founding their nation.

35 Choose the BEST set of words for the blanks Ⓐ, Ⓑ, and Ⓒ.

① Ⓐ content — Ⓑ literature — Ⓒ examples
② Ⓐ dimensions — Ⓑ textuality — Ⓒ plebiscites
③ Ⓐ coordinates — Ⓑ mis-en-scene — Ⓒ conservatism
④ Ⓐ spatiality — Ⓑ aesthetics — Ⓒ landmarks

36~37 Read the following passage and answer the questions.

> Pandemic-related school closures are deepening educational inequality in the United States by severely impairing the academic progress of children from low-income neighborhoods while having no significantly detrimental effects on students from the country's richest communities, according to a new study co-authored by Yale economist Fabrizio Zilibotti. Using a quantitative model to examine the consequences of extended school closures for high school students, the researchers determined that children living in the poorest 20% of U.S. neighborhoods will experience the most negative and long-lasting effects of COVID-19 school closures. For example, their model predicts that one year of school closures will cost ninth graders in the poorest communities a 25% decrease in their post-educational earning potential, even if it is followed by three years of normal schooling. By contrast, their model shows no substantial losses for students from the richest 20% of neighborhoods. The long periods of school closure during the COVID-19 pandemic deprive children of the equalizing force of education. The analysis shows the pandemic is widening educational inequality and that the learning gaps created by the crisis will persist as students progress through high school, Ⓐ_____.

36 Choose the statement that can BEST be inferred from the passage.

① COVID-19 equalizes education by providing a single learning environment.
② Students from affluent neighborhoods also suffer negative effects of school closures.
③ COVID-19 school closures most harm students from poorest neighborhoods.
④ In the long run, the earning potential of kids from different socioeconomic backgrounds is not affected by COVID-19.

37 Choose the BEST expression for the blank Ⓐ.

① putting their future prospects at risk
② with the education gap accrued during the crisis getting narrow
③ overcoming the consequences of remote learning
④ recovering interaction with peers and friends

38~40 Read the following passage and answer the questions.

Where in history should we locate shame? Human beings were once whole and round, says Aristophanes. Our spherical shape was the outward image of our totality and our power. Humans, Ⓐ_____, assailed the gods, with the aim of establishing their control over the universe as a whole. Ⓑ_____ wiping us out completely, Zeus simply made humans "weaker," creating for us the condition of need, insecurity, and incompleteness that sets an unbridgeable gulf between us and the gods. He accomplishes the change by cutting the spherical beings in two, so that they walked on two legs. Ⓐ Then he turned their faces around so that they would always have to look at the cut part of themselves. Ⓑ The people in the myth are ashamed of the way they now are. Ⓒ Indeed, the Greek term for genitalia, *aidoia*, contains an allusion to shame, *aidôs*. Aristophanes' small detail about the navel suggests that the myth is intended to capture the traumatic character of birth into a world of objects. Ⓓ It seems plausible that Aristophanes is right: a kind of primitive shame at the very fact of being human and non-whole underlies the more specific types of shame that we later feel about handicaps and inadequacies. Aristophanes portrays shame as a painful emotion responding to a sense of failure to attain some ideal state. There are many types of shame in human life, as people come to value and aspire to many different types of ideal traits. There is also general agreement, however, that the primary narcissism of a typical infant gives rise to a particularly primitive and pervasive type of shame, as the infant encounters inevitable narcissistic defeats. From now on, I shall call this "primitive shame."

38 Which of the following would the author MOST likely disagree with?

① Because shame has its origins in a primitive desire to be complete and completely in control, it is potentially linked to denigration of others, especially those who are handicapped.

② Because shame concerns ideals or one's aspirations, it can be an emotion of self-assessment.

③ Aristophanes figuratively illustrates the concept of primitive shame, but has no bearing on other types of shame that an individual develops from infancy to adulthood in modern society.

④ Narcissism, and its associated aggressions, are dangers that always lurk around the corner of even a rightly motivated shame.

39 Choose the BEST set of words for the blanks Ⓐ and Ⓑ?

① Ⓐ in consequence — Ⓑ Instead of
② Ⓐ inadvertently — Ⓑ By way of
③ Ⓐ recklessly — Ⓑ Tired of
④ Ⓐ then — Ⓑ However

40 What is the BEST place for the following sentence?

> The navel represents the gods' sewing together of what they have cut, and is thus a "memorial of our former suffering."

① A
② B
③ C
④ D

영어 2026 서강대학교
기출문제 해설집

해설편

SOGANG UNIVERSITY | 2025학년도 1차

TEST p. 8~22

01	④	02	①	03	②	04	④	05	①	06	④	07	④	08	②	09	⑤	10	⑤
11	①	12	①	13	①	14	⑤	15	②	16	①	17	③	18	②	19	①	20	④
21	②	22	③	23	①	24	①	25	④	26	①	27	②	28	③	29	⑤	30	⑤

01 논리완성 ④

| 분석 |

as 다음에 '쉽게 믿는다'라는 표현(quick to believe)이 있으므로 '쉽게 믿음'이라는 뜻의 credulity가 빈칸에 가장 적절하다. frivolity는 행동이나 생각의 '경박함', '경솔함'을 의미한다.

| 어휘 |

scam n. 사기꾼 **outlandish** a. 이상한 **frivolity** n. 경솔함 **solemnity** n. 엄숙함 **mendacity** n. 거짓말 **credulity** n. 잘 속음 **humility** n. 겸손

| 해석 |

그녀는 가장 이상한 이야기조차도 쉽게 믿으므로, 그녀의 잘 믿는 성향이 그녀를 사기꾼들의 쉬운 목표가 되게 했다.

02 논리완성 ①

| 분석 |

자신이 아는 지식의 범위에서는 해결할 수 없는 문제라는 것을 인식한 것이므로, 빈칸에는 '지식의 범위'라는 의미의 ken이 가장 적절하다. grip은 전문지식보다는 상황에 대한 이해력이나 지배력을 의미하며, beyond one's ken이 '지식의 범위 밖에 있는, 알기 어려운'이라는 의미의 관용 표현을 이룬다.

| 어휘 |

family doctor 가정의(醫) **beyond one's ken** 알 수 없는 **mew** n. 고양이 울음 **grip** n. 장악, 이해력 **span** n. 폭, 범위

| 해석 |

그 가족 주치의는 자신이 진단할 수 없는 증상을 마주했을 때, 그 문제가 자신의 지식 범위를 넘어선 것임을 인식하고 전문의에게 자문을 구했다.

03 논리완성 ②

| 분석 |

oxymoron은 두 상반된 개념이 함께 사용되어 모순을 이루는 것을 가리킨다. 예를 들어 '타지 않는 불'이나 '슬픈 미소' 같은 것이다. 오라토리오는 원래 종교적인 음악이므로, 앞에 '세속적'이라는 표현을 붙이면 모순처럼 들린다는 의미이다.

| 어휘 |

sincere a. 진정한 **sacred** a. 신성한 **subject** n. 주제 **qualify** v. 부르다 **secular** a. 세속적인 **terminology** n. 전문 용어 **plagiaristic** a. 표절의 **statutory** a. 법률로 정해진 **inopportune** a. 부적절한 **syllogistic** a. 삼단논법의

| 해석 |

오라토리오는 신성한 주제를 진지하게 종교적으로 다룬다는 의미를 내포하고 있으므로, 비종교적 오라토리오는 일반적으로 세속적 오라토리오라고 불리는데, 세속적 오라토리오라는 말은 역사적 맥락에서는 모순어법적이라고 여겨졌을 용어이다.

04 부사 ④

| 분석 |

④의 different 는 형용사이다. 앞의 will do를 수식해야 하므로, 동사를 수식하는 부사 differently로 바꿔야 한다. 다음에 나오는 than도 엄격히 문법을 따지면 from으로 바꿔야 하지만, 최근 영어에서는 흔히 통용되는 용법이다.

| 어휘 |

rebel a. 반란의 **topple** v. 전복시키다 **regime** n. 정권 **interim** a. 임시의 **devastated** a. 황폐해진 **ethnic** a. 민족의

| 해석 |

시리아의 전(前) 독재자 바샤르 알 아사드 정권을 전복한 반군 단체는 이제 그것을 대체하는 도전에 직면해 있다. 그들은 임시

정부를 세웠다. 많은 사람은 반군 단체가 무엇을 아사드와 다르게 할지 지켜보고 있다. 그들의 도전 과제는 다양한 민족 및 종교 집단이 있는 황폐해진 국가를 통치하는 것이다.

05 부사   ①

| 분석 |

① without 다음에 나오는 participating은 동명사이므로 형용사 active로 수식할 수 없다. active를 부사 actively로 고쳐야 한다.

| 어휘 |

civic engagement 시민 참여 **vital** a. 필수적인 **play a role** 역할을 하다 **inclusive** a. 포용적인 **dignity** n. 위엄, 존엄성 **contemporary** a. 현대의, 동시대의 **volunteering** n. 자원봉사 **community organizing** 지역 사회 조직 활동 **take part in** 참여하다 **disengaged** a. 참여하지 않는, 무관심한 **ultimately** ad. 궁극적으로 **depend on** ~에 달려있다

| 해석 |

시민 참여는 강하고 포용적인 사회를 형성하는 데 중요한 역할을 한다. 현대 사회에서 사람들은 시민으로서 적극적으로 참여하지 않고서는 존엄성을 달성할 수 없다. 투표하기, 자원봉사하기, 지역 사회 조직하기는 개인이 변화를 만들어 낼 수 있는 몇 가지 방법에 지나지 않는다. 이러한 활동에 참여함으로써, 사람들은 자신의 지역 사회를 개선할 뿐 아니라 삶의 목적의식을 얻는다. 계속 참여하지 않는 사람들은 종종 자기 삶에 영향을 미치는 결정에 영향력을 행사할 기회를 놓친다. 궁극적으로, 건강한 민주주의는 시민들의 참여에 달려있다.

06 문장배열   ④

| 분석 |

글의 가장 앞에는 주제 소개가 필요하다. 여기서 Ⓐ는 그라이스의 이론, 적절성 이론을 소개하고 있다. Ⓓ this claim이라는 말로 Ⓐ에 언급된 그라이스의 이론이 무엇인지 말하고, 그라이스의 추론 모델은 코드 모델의 대안이라고 했으므로, Ⓑ에서 Ⓓ에 언급된 코드 모델 개념을 설명한다. Ⓔ에서 Ⓑ에 언급된 decoding이 언어적 해석에 한 요소로 관련됨을 설명하고, Ⓒ 결론으로 코드 모델에 입각한 해독은 하나의 해석에 불과하므로, 추론 모델을 통해 여러 해석 중 가장 그럴듯한 하나의 해석을 찾아야 한다는 말이다.

| 어휘 |

work out 해결하다 **in detail** 상세하게 **inferential** a. 추론적인 **encode** v. 부호화하다 **decode** v. 해독하다 **utterance** n. 발화 **linguistic** a. 언어적인 **evidence** n. 증거 **comprehension** n. 이해 **non-verbal** a. 비언어적인 **non-demonstrative inference** 비논증적(비연역적, 귀납적) 추론(전제들이 참이어도 결론이 거짓일 수도 있는 추론)

| 해석 |

Ⓐ 적합성 이론은 그라이스의 중심 주장 중 하나를 상세히 풀어 설명하려는 시도로 볼 수 있는데, 그것은 곧, 언어적·비언어적 의사소통을 포함한 대부분의 인간 의사소통의 필수적인 특징은 화자 의도의 표현과 인식이라는 주장이다.
Ⓓ 이 주장을 발전시키면서, 그라이스는 고전적 코드 모델에 대한 대안인 추론적 의사소통 모델의 기반을 놓았다.
Ⓑ 코드 모델에 따르면, 의사소통자는 자신의 의도를 신호로 코드화하고, 청중은 같은 코드를 사용하여 이를 해독한다.
Ⓔ 물론, 발화는 언어적으로 코드화된 증거이므로, 언어적 이해에는 일정한 코드 해독이라는 요소가 수반된다.
Ⓒ 그러나, 코드 해독을 통해 얻은 언어적 의미는 화자의 의미를 해석해내는 비논증적 추론 과정에 들어가는 여러 입력 요소 중 하나일 뿐이다.

07~08

서양 철학사에서 기념비적인 인물인 플라톤은 유럽 문학 이론의 역사에서도 거의 그만큼 중요한 존재로 등장한다. 그가 역사적 인물들이 특정한 주장을 전달하는 대화체 형식을 선택한 것이 그가 제기했던 문제들이 이미 그 이전부터 논의되고 있었음을, 소크라테스 이전 철학자들이 남긴 단편적인 글들이 시사하듯이, 시사하지만, 실제로, 그는 많은 문학 학자에게 문학이론 전통의 시작점을 의미한다. 플라톤에게 귀속되는 수십 개의 대화는, 존재의 본질, 우리가 어떻게 사물을 알게 되는가 하는 문제, 인간 사회의 올바른 질서, 정의와 진·선·미와 사랑의 본질 등, 철학자라면 관심을 두는 거의 모든 주제를 다룬다. 시학에 관한 논문을 썼던 그의 제자 아리스토텔레스와는 달리 플라톤은 체계적인 문학 이론 저술에 착수하지는 않았지만, 여러 대화에서 철학적 문제를 고려해본 것이 시에 대한 성찰로 이어지며, 이러한 성찰은 종종 서구 문학 논쟁의 조건을 형성하였다. 시에 대한 플라톤의 다양한 논의의 공통된 주제는 모방에 대한 불신이다. 플라톤에 따르면, 시를 포함한 모든 예술은 자연의 모방, 다시 말해 물리적 세계에 존재하는 사물들의 복제이다. 그러나 플라톤이 주장하는 관념론 철학에 따르면, 물질적 세계의 사물들조차도 형태 혹은 이데아라고 불리는 영원한 보편적인 것들의 가변적인 복제물에 지나지 않는다. 따라서 시는 그저 복제물의 복제물일 뿐으로, 진리로 나아가기보다는 진리에서 멀어지게 만든다. 그 이후로 3세기 플로티노스에서 20세기 후반 자크 데리다에 이르기까지 수많은 철학자와 문학 비평가들은 플라톤의 시 비평의 요건을 두고 씨름하며, 그 비평을 수정하거나 그의 논증에서 모순을 지적하려 했다.

| 어휘 |

monumental a. 기념비적인 **loom** v. 나타나다 **extant** a. 현존하는 **attribute A to B** A를 B에 귀속시키다 **justice** n. 정의 **set out** 착수하다 **treatise** n. 논문 **poetics** n. 시학 **term** n. 조건 **bind** v. 묶다 **mimesis** n. 모방 **mutable** a. 변하기 쉬운 **propound** v. 제안하다 **wrestle with** 씨름하다 **point out** 지적하다 **inconsistency** n. 불일치, 모순

07 내용파악   ④

| 분석 |

플라톤이 대화 형식을 선택한 것은 그가 말하는 내용이 사실은 오래전부터 논란이 되어 왔던 주제임을 시사한다고 했다.

플라톤이 대화 형식을 사용했던 것에 대해 무슨 말을 하고 있는가?
① 그것은 소크라테스 이전 철학들과 20세기 비평의 연결을 보여준다.
② 그것은 서구 문학 비평사에서 획기적인 사건이었다.
③ 그것은 플라톤이 문학의 기능에 관심이 없었음을 보여준다.
④ 그것은 그가 다루는 문제들이 오래 지속되어온 주제 같아 보이게 한다.
⑤ 그것은 아리스토텔레스가 시학에 관한 논문을 쓴 동기였다.

08 내용일치   ②

| 분석 |

플라톤은 시를 포함한 모든 예술이 자연의 모방이며, 자연조차 보편적인 것의 모방이어서 시는 모방의 모방이며, 진리에서 멀어지게 만든다고 했으므로 ②가 정답이다. ① 미미하지 않고 기념비적인 역할을 했다. ③ 그가 제기한 문제들은 앞선 철학자들이 이미 제기한 것이다. ④ 체계적인 저술을 한 사람은 그의 제자였던 아리스토텔레스였다. ⑤ 모방을 불신한다고 했으며 관념론자들에게는 당연히 관념(Ideal)이 우선이다.

이 글에 따르면 다음 중 올바른 진술은?
① 유럽 문학 이론에서의 플라톤의 역할은 미미했다.
② 플라톤은 시가 복제물의 복제물이기 때문에 진리를 결여하고 있다고 믿었다.
③ 플라톤은 현재 서양 철학에서 영속적인 문제들을 최초로 제기했다.
④ 플라톤은 체계적인 문학이론 저술에 착수했다.
⑤ 플라톤은 물질적 세계의 사물보다 모방을 더 가치 있게 여긴다.

09~10

노벨상 수상자 한강은 토요일, 그녀의 가장 잘 알려진 작품 몇몇을 창작하는 과정에서 모든 감각을 어떻게 활용했는지를 이야기했다. "글을 쓸 때, 저는 제 몸을 씁니다"라고 그녀는 말했다. "저는 보기, 듣기, 냄새 맡기, 맛보기, 부드러움과 따뜻함과 차가움과 아픔을 경험하기, 심장이 두근거리고 몸이 음식과 물을 요구함을 알아차리기, 걷고 뛰기, 피부로 바람과 비와 눈을 느끼기, 손을 잡기 등의 모든 감각적인 세부적 요소들을 사용합니다." 그녀는 강연에서, 이러한 '생생한 감각'을 독자들에게 전달할 수 있다고 느낀 순간들에 대해 감사를 표현했다. "이러한 순간들에서 저는… 우리를 연결하는 언어의 실을 경험하고, 제 질문들이 어떻게 그 생동감 있는 살아 있는 존재를 통해 독자들과 관계를 맺는지를 경험합니다." 그녀는 강연을 마치며 말했다. "저는 저와 그 실을 통해 연결된 모든 분께, 그리고 앞으로 연결될 수도 있는 모든 분께 깊은 감사를 표하고 싶습니다."

| 어휘 |

Nobel laureate 노벨상 수상자 **employ** v. 활용하다 **sensory** a. 감각의 **tenderness** n. 다정함 **notice** v. 알아차리다 **racing** a. 심장이 두근거리는 **lecture** n. 강연 **gratitude** n. 감사 **transmit** v. 전달하다 **vivid** a. 생생한, 선명한 **sensation** n. 감각 **thread** n. 실, 연결고리 **electric** a. 생동감 있는, 짜릿한 **visual** a. 시각적인 **auditory** a. 청각적인 **olfactory** a. 후각적인, 냄새의 **gustatory** a. 미각적인 **kinetic** a. 운동감각적인

09 동의어   ⑤

| 분석 |

of feeling은 sensory(감각의)나 emotional(감정의)과 연결되고, kinetic은 of moving과 연결된다.

10 지시대상   ⑤

| 분석 |

"that electric, living thing"을 설명하는 바로 앞 표현이 "the thread of language"이다. 작가는 언어가 마치 살아 있는 존재처럼 사람을 연결한다고 생각하고 있다. 뒤에서도 '저와 그 실을 통해 연결된 모든 분'이라고 했다. 작가는 계속해서 언어의 힘을 강조하고 있다.

11~13

미국 제26대 대통령을 기리는 살아 있는 기념물 시어도어 루스벨트 섬은 워싱턴 D.C. 내셔널 몰의 웅장한 대리석 기념비들과는 확연히 구별된다. 포토맥강 위에 자리 잡아 버지니아에서 보행자 전용 다리로만 접근할 수 있는 이 잘 알려지지 않은 호젓한 장소는 고요한 숲길을 따라 루스벨트 동상까지 이어지는 길을 제공한다. 링컨, 제퍼슨, 워싱턴 같은 대통령들을 기리는 드넓은 개방된 공간과 달리, 루스벨트 섬은 자연을 소박하게 기리면서 루스벨트의 환경 보호 유산을 조용히 기념하고 있다.

환경 보호 노력과 1906년 골동품 법으로 유명한 루스벨트는 공유지와 국유림을 확장하며 환경의 역사에서 확고한 위치를 차지했다. 하지만 그의 유산은 복잡해서, 제국주의와 인종적 지배에 대한 관점과 얽혀 있으며, 이는 더 넓은 미국 역사뿐만 아니라, 원주민 추방과 천연자원 착취와 연결된 환경 보호 운동의 뿌리를 반영하고 있다.

1940년 루스벨트를 기리는 도시 속 야생지로 변모하기 전에도, 이 섬은 풍부한 역사를 가지고 있었다. 처음에는 나코치탕크 부족이 관리했고, 이후 메이슨 가문이 노예 노동을 활용하여 유명한 영지로 가꿨다. 이처럼 환경 보존, 기념화, 그리고 미국의 복잡한 과거가 얽힌 다층적인 서사는 루스벨트라는 복합적인 인물을 기리는 이 루스벨트 섬 기념물이 가진 미묘함을 강조하며, 방문객들에게 자연, 역사, 그리고 기억의 상호 연결성을 성찰해보라고 권유하고 있다.

| 어휘 |

memorial n. 기념물 marble a. 대리석의 monument n. 기념비 accessible a. 접근할 수 있는 footbridge n. 인도교 retreat n. 은신처 serene a. 고요한 woodsy a. 숲의 statue n. 동상 commemorate v. 기념하다 legacy n. 유산 be renowned for ~으로 유명하다 conservation n. 환경 보호 Antiquities Act 골동품 법 secure v. 확보하다 be entwined with ~와 얽혀있다 imperialism n. 제국주의 racial a. 인종적인 Indigenous displacement 원주민 추방 natural resource 천연자원 exploitation n. 착취 stewardship n. 보호, 관리 estate n. 영지 memorialization n. 기념화 checkered past 불완전한 과거, 명암이 섞인 역사 namesake n. 이름 reflect on 성찰하다, 곰곰이 생각하다 auspice n. 길조

11 내용일치   ④

| 분석 |

본문의 "first, stewardship by the Nacotchtank tribe and then development by the Mason family"는 처음에는 나코치탕크 부족이 이 섬을 관리했고, 다음에 메이슨 가문이 섬을 개발했다는 이야기이므로, 메이슨 가문이 나코치탕크 부족을 대체했다고 한 ④는 옳은 진술이다. ① 첫 문장의 stands apart를 '떨어져 있다'는 뜻으로 본다 해도, 처음에는 함께 있다가 지금은 떨어져 있게 된 것인지는 알 수 없다. ② 동상이 아니라 유산이 논란이 되고 있다. ③ 인문학 법이 아니라 골동품 법이다. ⑤ 본문에 "lesser-known retreat"으로, 다른 곳보다 덜 알려져 있다고 했지, 방문객 수에 대한 언급은 없다.

다음 중 올바른 것은?
① 시어도어 루스벨트 섬은 처음에는 내셔널 몰에 자리 잡고 있었다.
② 시어도어 루스벨트의 동상은 논란에 휩싸여 있다.
③ 시어도어 루스벨트는 1906년 인문학 법으로 유명하다.
④ 메이슨 가문은 루스벨트 섬에서 나코치탕크 부족을 대체했다.
⑤ 시어도어 루스벨트 기념물은 방문객이 거의 없다.

12 내용파악   ②

| 분석 |

본문에서 "Roosevelt Island humbly celebrates nature and quietly commemorates Roosevelt's environmental legacy."이라고 하였다. 따라서 자연과 환경 보호를 강조한다는 ②가 답이다. ① 웅장한 것은 내셔널 몰의 대리석 기념비이다. ③ 버지니아에서 보행자 다리로만 접근할 수 있다고 하였다. ④ 군사적 업적에 대한 언급은 없다. ⑤ 노예제는 루스벨트와 관련 없다.

시어도어 루스벨트 섬의 설계를 다른 대통령 기념비들과 비교해서 무엇을 암시하고 있는가?
① 이 기념물은 워싱턴 D.C.의 다른 기념물들보다 더 웅장하다.
② 이 기념물은 정치보다 자연과 환경 보호를 강조하고 있다.
③ 이 기념물은 무엇보다 널리 접근할 수 있도록 설계되었다.
④ 이 기념물은 사회적 이슈보다 군사적 업적을 강조하고 있다.
⑤ 이 기념물은 미국 노예제도라는 유산을 강조하고 있다.

13 동의어   ①

| 분석 |

stewardship은 steward(집사, 청지기, 관리인, 지배인)가 하는 일을 의미하므로 supervision(관리, 감독)이 가장 좋은 동의어이다.

> 14~16

내가 말하는 '행복 전환'은 어떤 의미인가? 2005년 이후로 계속해서 행복의 과학과 경제학에 관한 수많은 책이 출간되었다는 것은 확실히 사실이다. 치유 문화와 자기 계발 담론의 인기도 행복으로의 전환을 의미해왔다. 이제는 행복해지는 방법에 대해 알려주는 책과 강의들이 많이 있는데, 이들은 동양 전통, 특히 불교의 읽을거리 뿐 아니라 긍정 심리학 분야를 포함한 다양한 지식을 끌어들이고 있다. 지금은 '행복 산업'을 언급하는 일도 흔하다. 행복은 이러한 책을 통해 생산되고 소비되며, 가치를 자본의 한 형태로 축적한다. 바버라 거넬은 "행복 찾기가 어떻게 분명 많은 사람을 부유하게 만들고 있는지 설명한다. 기분을 좋게 하는 산업은 번창하고 있다. 더 많이 성취하는 삶을 약속하는 자기 계발의 책과 CD의 판매는 사상 최고치를 기록하고 있다." 미디어는 행복을 다루는 이미지와 이야기들로 가득 차 있다. 영국에서는 다수의 주요 신문들이 행복에 대한 '특별 기사'를 싣고 있고, BBC는 2006년 "행복 공식"이라는 프로그램을 방영했다. 이러한 행복 전환은 국제적인 현상이라고 할 수 있다. 인터넷에서 '행복한 행성 지수'를 방문할 수 있으며, 민족국가들 내부와 국가들 사이의 행복을 비교 측정하는 많은 전 세계적 행복 설문 조사 및 보고서들이 발표되었다. 이러한 보고서는 조사 결과가 사회의 예상과 일치하지 않을 때, 즉, 선진국보다 개발도상국이 더 행복한 것으로 나타날 때, 언론에서 종종 인용된다. 한 기사의 첫 문장을 예로 들어보자. "믿을 것인가? 방글라데시가 세계에서 가장 행복한 나라라니! 반면, 미국은 슬픈 이야기이다. 세계 행복 조사에서 겨우 46위를 기록하다니." 행복과 불행은 특정 개인, 집단, 그리고 국가의 사회적 지위에 대한 생각에 이의를 제기할 때 뉴스 가치를 갖게 되며, 종종 못 믿겠다는 말을 통해 지위를 확인한다.

| 어휘 |

happiness turn 행복 전환 **onward** ad. 계속해서 **therapeutic culture** 치유 문화(정신적·감정적 웰빙을 강조하는 문화) **self-help discourse** 자기 계발 담론(자기 변화와 성공을 강조하는 말들) **instruction** n. 지침 **draw on** 끌어들이다 **positive psychology** 긍정 심리학 **refer to** 언급하다 **accumulate** v. 축적하다 **capital** n. 자본 **saturate with** ~로 가득 차다 **broadsheet newspaper** 주요 신문 **air** v. 방영하다 **survey** n. 설문 조사 **cite** v. 인용하다 **correspond to** 일치하다 **developing country** 개발도상국 **rank** v. 순위를 매기다 **confirm** v. 확인하다 **status** n. 지위 **disbelief** n. 불신, 놀라움 **condescending** a. 거만한 **accusatory** a. 비난하는 **indignant** a. 분개한 **pretentious** a. 가식적인

14 글의 요지   ⑤

| 분석 |

행복의 과학과 경제학에 관한 수많은 책, 치유 문화와 자기 계발 담론, 행복해지는 방법에 관한 책과 강의, 행복 산업에 대한 잦은 언급, 행복 산업의 번창, 행복 관련 이미지와 이야기로 가득 찬 미디어 등, 이 글은 행복에 관한 대중들의 관심이 증가하고 있다는 내용이다.

이 글의 요지는 무엇인가?
① 영국에서 번창하는 행복 산업
② 긍정 심리학 지식의 다양성
③ 행복 전환에 대한 미디어 보도
④ 세상에서 가장 행복한 나라 방글라데시
⑤ 행복에 대한 대중의 관심 증가

15 저자의 어조   ①

| 분석 |

이 글은 행복 전환의 다양한 요소를 분석하는 글이므로 객관적 성격을 띤다. 하지만 행복이 생산되고 소비되며 가치를 자본으로 축적한다는 점, 다시 말해 행복 산업의 자본화에 대해서 비판적이다. 마지막에서는, 행복지수 조사 결과가 선진국 사람들의 예상과 다르게 나왔을 때 못 믿겠다는 반응을 보이는 그들의 사회적 지위에 대한 고정관념을 비판적으로 보고 있다.

16 내용일치   ③

| 분석 |

전 세계적인 설문 조사와 보고서가 믿을만한 것이 아니라, 단지 사회적 예상과 다를 때 뉴스가 될 만하다고 했다. 즉 generally trustworthy가 아니라 sometimes newsworthy이다.

다음 중 올바르지 않은 진술은?
① 자기 계발 담론의 부상은 행복을 우선시하는 방향으로의 변화를 나타낸다.
② 행복 산업은 현재 많은 사람을 부유하게 만들고 있다.
③ 전 세계적인 행복 설문 조사와 보고서는 일반적으로 신뢰할 만하다.
④ '행복 전환' 이후로, 행복은 정량화할 수 있는 재화가 되었다.
⑤ 행복은 사회적 예상과 모순될 때 뉴스 가치가 있다.

> 17~19

델포이 신탁은 고대 그리스에서 가장 존중받는 상담 장소 중 하나였으며, 신의 지도를 제공하는 역할로 유명했다. 델

포이는 아폴로 신에게 헌정된 신성한 장소로, 왕, 전사, 평민 등, 모든 계층의 사람들이 정말 절박한 문제에 대한 답을 찾기 위해 이곳을 찾았다. 이 신비로운 전통의 중심에는 피티아가 있었다. 그녀는 혼수상태에서 아폴로 신의 음성을 전달하는 여사제로 여겨졌다. 그녀의 난해하지만 심오한 예언은 신이 전하는 메시지로 받아들여졌다. 버질과 플루타르크 같은 고대 작가들은 이 신탁을 경외심을 담아 기록하며, 이를 신들과 직접 연결된다고 묘사했다.

하지만 현대 과학은 신탁의 초자연적으로 보이는 능력에 대해 흥미로운 설명을 제시하고 있다. 지질학자들은 델포이가 교차하는 단층선 위에 있으며, 따라서 이 지역은 지질 활동이 활발하다고 확정지었다. 이 단층선을 통해 에틸렌과 같은 가스가 지표면으로 스며 나왔을 수 있다. 에틸렌은 도취감과 의식 상태의 변화를 유도하는 것으로 알려져 있는데, 이것이 피티아가 예언 의식 중에 혼수상태에 빠지는 것을 설명할 수 있다. 이러한 과학적 관점은 자연 현상이 델포이 신탁의 신비를 형성하는 데 어떻게 이바지했는지에 관한 합리적인 설명을 제공한다.

델포이 신탁은 여전히 고대 영성의 지속적인 상징이지만, 그 이야기는 또 인간의 믿음과 자연 세계 사이의 상호작용을 잘 보여준다. 우리는 역사적 설명과 현대 지질학적 통찰을 함께 살펴봄으로써, 신화와 과학이 어떻게 교차할 수 있는지를 더 깊이 이해하게 된다.

| 어휘 |

oracle n. 신탁 **revered** a. 존경받는 **consultation** n. 자문 **site** n. 장소 **divine guidance** 신의 계시 **sacred** a. 신성한 **dedicate** v. 헌정하다, 바치다 **all walks of life** 각계각층 **warrior** n. 전사 **pressing** a. 절박한 **priestess** n. 여사제 **channel** v. 실어 나르다 **trance** 혼수상태 **cryptic** a. 난해한 **profound** a. 심오한 **compelling** a. 흥미로운 **supernatural** a. 초자연적인 **geological activity** 지질 활동 **intersect** v. 교차하다 **fault lines** 단층선 **be prone to** ~하는 경향이 있다 **seep through** 스며 나오다 **induce** v. 초래하다 **euphoria** n. 도취감 **state of consciousness** 의식 상태 **ritual** n. 의식 **rational** a. 합리적인 **mystique** n. 신비로움 **enduring** a. 지속적인 **highlight** v. 강조하다 **insight** n. 지식 **appreciation** n. 이해 **debunk** v. 거짓을 증명하다 **previsioning** n. 예지

17 글의 제목 ③

| 분석 |

현대의 지질학적 관점이 델포이 신탁에 대한 진실을 밝혀주고 있다는 내용이다. 따라서 신탁이 들려준 신화적인 이야기에 대해 지질학이 과학적인 설명을 제시하며 그 실체를 탐구하고 있다는 ③이 정답이다. 델포이 신탁에 관한 글이므로 신탁이 제목에 들어가야 한다.

이 글의 제목으로 가장 적절한 것은?
① 피티아의 예언: 고대 그리스 점술의 역사
② 에틸렌과 인간 정신: 변화된 상태에 대한 연구
③ 신탁의 속살임: 신화, 지질학, 그리고 진리를 향한 탐구
④ 초자연적인 것의 탐구: 고대 그리스의 종교와 관습
⑤ 예언의 심리학: 고대 신앙 이해

18 내용파악 ②

| 분석 |

현대 과학은 지질학이 밝혀낸 사실을 통해 신탁의 초자연적으로 보이는 능력을 자연적으로 설명한 것이므로 ②가 정답이다. ③ 정확성에 대한 언급은 없다. ④ 배제하지 않고 포함했다. ⑤ 에틸렌이 트랜스를 유발한다고 확증한 것이 아니라 유발할 가능성을 제시했을 뿐이다. 'may have allowed'와 'could explain'은 단정 지어 말하는 것이 아니라 가능성을 말한다.

이 글에 입각해 볼 때, 현대 과학과 델포이 신탁에 대한 고대 믿음 사이의 관계를 가장 잘 설명하고 있는 것은?
① 현대 과학은 델포이 신탁을 둘러싼 고대의 믿음이 거짓임을 입증했다.
② 현대 과학은 신탁에 대한 가능한 자연적 설명을 제시했다.
③ 현대 과학은 신탁의 예언이 종종 정확했음을 증명했다.
④ 현대 과학은 신탁의 예지에서 지질학의 역할을 배제했다.
⑤ 현대 과학은 피티아의 혼수상태가 에틸렌 때문이라는 것을 확증했다.

19 내용추론 ②

| 분석 |

각계각층의 사람들이 절박한 문제에 대한 해답을 찾아 신탁에 의지했으므로, 신이 인간사에 개입한다고 보아야 한다. ①은 불개입을 의미한다. ③ 합리적인 설명은 현대의 지질학이 제시하고 있다. ④ 사람 제물에 대한 언급은 없다. ⑤ 현대에 와서야 지질학적 요소가 밝혀지고 있다.

이 글에 입각해 볼 때, 고대 그리스인들의 자연계와 신에 대한 이해에 관해서 추론할 수 있는 것은?
① 그들은 자연계와 신의 영역이 완전히 분리되어 있다고 믿었다.
② 그들은 신이 인간사에 매우 직접적으로 개입한다고 이해했다.
③ 그들은 초자연적인 주장에 회의적이었으며, 합리적인 설명을 원했다.
④ 그들은 사람을 제물로 바치는 것이 신과 소통하는 방법이라고 여겼다.
⑤ 그들은 델포이 신탁에 관련된 지질학적 요소를 알고 있었다.

20~21

우리가 아는 대중 콘서트는 18세기가 되어서야 존재했다. 공식적인 콘서트를 위한 최초의 콘서트홀 중 하나는 1711년 런던에서 토마스 힉퍼드가 열었다. 그때부터 유럽 전역에서 계속해서 맞춤형으로 지어진 콘서트홀과 오페라 하우스가 등장하기 시작했다. 독일의 음악 후원자들은 웅장한 규모로 콘서트홀을 건설했다. 슈베칭겐에서는 팔츠 선제후가 5,000명의 관객을 수용할 수 있는 오페라 하우스를 새로 만들었고, 한편, 뷔르템베르크의 카를 테오도어 공작은 만하임에 화려한 오페라 공연을 제공하기 위해 자신의 공국의 재정을 탕진했다. 베를린 오페라 하우스는 프로이센의 프리드리히 대왕이 지었다. 유명한 플루트 연주자이자 음악 후원자였던 그는 프랑스 문화에 깊이 빠져 있었고, 궁정에서 프랑스어를 사용하도록 했다. 런던에서는 목적에 따라 설계된 콘서트홀이 여러 개 세워졌는데, 칼라일 하우스(1764년), 판테온(1772년), 하노버 스퀘어 룸(1775년)이 있었다. 19세기 내내 런던 콘서트들에 참여한 오케스트라들에는 동일한 연주자들이 매우 많이 포함되어 있었기 때문에, 각 오케스트라를 서로 다른 오케스트라라고 묘사하기 어려웠을 것이다.

| 어휘 |

from then on 그때부터 계속해서 **custom-built** a. 맞춤 제작된 **patron** n. 후원자 **on a grand scale** 대규모로, 웅장하게 **Elector** n. 선제후(신성 로마 제국에서 황제 선출권을 가진 제후) **bankrupt** v. 파산시키다 **principality** n. 공국(작은 군주국) **sensational** a. 선풍적인 **be immersed in** ~에 몰두하다 **purpose-built** a. 특정 목적을 위해 설계된 **audience capacity** 관객 수용 능력

20 빈칸완성 ④

| 분석 |

첫 번째 문장에는 글의 주제가 필요하다. 18세기의 대중 콘서트와 콘서트홀에 대한 글이므로 ④가 빈칸에 적절하다. ③ 작곡가나 연주가와 같은 음악가들이 짓지 않았다.

① 17세기에는 유럽 전역에 콘서트홀이 널리 퍼져 있었다.
② 유럽의 콘서트홀과 오페라 하우스는 한 세기에 걸친 역사를 가지고 있다.
③ 대중 콘서트홀은 18세기에 음악가들에 의해 처음 설립되었다.
④ 오늘날 우리가 알고 있는 형태의 대중 콘서트는 18세기가 되어서야 존재했다.
⑤ 18세기에 런던은 음악 공연의 중심지였다.

21 빈칸완성 ②

| 분석 |

뒤에 보면, 선제후나 대왕, 군주 같은 사람들이 콘서트홀을 지었다고 했다. 이들을 모두 가리키는 것은 음악을 좋아하는 사람, 또는 후원자라는 의미의 ② patron이다. ③ 일부 prince인 사람도 있지만 '음악의 왕'이라고 할 수는 없다.

24~24

잘 알려진 문학 작품의 새로운 번역 출간은 단순히 기존 텍스트를 다시 표현하는 문제에서 그치지 않는다. 이는 이러한 작품들을 현대 독자들이 더욱 공감할 수 있는 방식으로 다시 소개할 기회이기도 하다. 언어, 문화적 맥락, 그리고 학문적 이해는 지속적으로 발전하기 때문에 가장 상징적이고 자주 번역되는 작품이라도 새로운 접근 방식에서 이득을 얻을 수 있다. 따라서, 고전 문학 작품의 새로운 번역은 정확성을 확보하고 적합성을 유지하고 풍부한 뉘앙스를 갖게 하는 데 필수적이다.

먼저, 초기 번역본들은 때로는 오류를 포함한 원전에 기반을 두고 있으며, 이 오류들은 그 이후 연구 및 문헌학적 연구를 통해 수정되었다. 출처 텍스트에 대한 새로운 발견이 등장함에 따라 이러한 지식은 원작을 보다 정확하고 충실하게 재현하는 결과를 낳을 수 있다. 이는 번역이 기존에 남아 있던 오해나 잘못된 해석을 그대로 이어가지 않고, 작가의 진정한 의도를 반영하도록 보장한다.

게다가, 과거의 번역가들은 자신들 시대의 문화적·사회적 규범에 영향을 받았으며, 이는 텍스트 해석에도 영향을 미칠 수 있다. 한때 적절하다고 여겨졌던 언어가 이제는 구식으로 느껴질 수 있으며, 한 시대에 받아들여졌던 표현이 현대적 감수성과는 공감되지 않을 수도 있다. 낡은 번역들은 또 그 당시의 가치관이나 기대치에 맞춰 수정되었을 수도 있고, 이로 인해 낡은 번역들은 우리가 사는 세계와 단절된 느낌을 줄 수 있다.

게다가, 번역은 항상 개선의 여지가 있다. 아무리 과거 최고의 번역본이라도 원문의 뉘앙스를 완벽하게 포착하지 못했을 가능성이 있다. 새로운 번역은 신선한 관점을 제공하며, 오늘날의 독자들에게 더욱 직접적으로 이야기할 수 있도록 텍스트를 다듬을 기회를 제공한다. 최신 번역 기법과 문화적 이해를 통합함으로써, 새로운 번역본은 더욱 풍부하고 진정성 있는 경험을 제공할 수 있다.

결국, 새로운 번역은 우리에게 낯익은 작품에 새로운 생명력을 불어넣어, 현대의 독자들이 다시 발견하고 감상할 수 있게 해준다. 이들은 새로운 시각을 제공하며, 이전에는 간과되었던 미묘한 의미들을 강조할 수 있다, 그리고 이를 통해 시대를 초월한 걸작들이 미래 세대에게도 여전히 적합하고, 매력적인 작품이 될 수 있도록 만든다.

| 어휘 |

rewording n. 다시 표현하기 **reintroduce** v. 다시 소개하다 **resonate with** 공감되다 **iconic** a. 대표적인 **evolve** v. 발전하다 **textual scholarship** 문헌학적 연구 **representation** n. 재현 **ensure** v. 보장하다 **perpetuate** v. 영속화하다 **linger** v. 지속하다 **misinterpretation** n. 오해, 잘못된 해석 **outdated** a. 시대에 뒤떨어진 **modern sensibilities** 현대적 감수성 **altered** a. 변경된, 수정된 **align with** 동조하다 **disconnect** n. 단절, 괴리 **room** n. 여지 **refine** v. 다듬다 **authentic** a. 진정한 **breathe new life** 새로운 생명을 불어넣다 **subtlety** n. 미묘한 차이 **overlook** v. 간과하다 **relevant** a. 적합한 **engaging** a. 매력적인, 호감이 가는 **expediency** n. 편의 **equivalency** n. 등가 **vested interests** 기득권 **autonomy** n. 자율성

22 빈칸완성 ③

| 분석 |

본문 두 번째 단락 이하에서 새로운 번역은 정확성(accuracy), 그 시대에 어울리는 감각, 혹은 적합성(relevance), 미묘한 표현(nuance) 등을 위해 반드시 해야 하는 것이라고 강조하고 있다.

다음 중 1문단의 빠져있는 주제문을 가장 잘 완성시키는 것은?
① 의도를 명확히 하고 문화적 맥락을 변화시키고 매력을 증가시키는 것
② 모호성을 제거하고 스타일을 현대화하고 텍스트를 소화할 수 있게 하는 것
③ 정확성을 확보하고 적합성을 유지하고 풍부한 뉘앙스를 갖게 하는 것
④ 주제를 재해석하고 어조를 조정하고 표현을 교체하는 것
⑤ 의미를 보존하고 언어를 단순화하고 참조 문헌을 업데이트하는 것

23 내용파악 ①

| 분석 |

본문에서 오류를 포함한 원전에 기반을 둔 초기 번역본들이 있는데, 새로운 지식을 통해 정확하고 충실한 원전을 구성하고, 이를 통해 진정한 의도를 반영할 수 있다고 하였다. 따라서 원전의 오류는 작가의 진정한 의도를 왜곡할 수 있다.

작가의 '진정한 의도'에 해를 끼칠 수도 있는 것은?
① 원전의 오류
② 형편없는 새로운 번역본
③ 저자가 살던 시대의 사회적 규범
④ 현대 독자의 감수성
⑤ 이해의 결핍과 모호성

24 동의어 ①

| 분석 |

nuance는 '미묘한 의미 차이'라는 뜻이므로 subtlety(섬세함, 미묘함, 세밀한 구별)가 가장 좋은 동의어이다.

25~27

1963년 핵실험 금지 조약은 핵 외교에서뿐 아니라, 환경의 중요성에 대한 전 세계적 인식의 증가에서도 중요한 계기였다. 이 조약은 대기 중 핵실험을 중단함으로써 방사성 낙진의 광범위한 영향을 조명하고, 인간 활동과 자연 세계가 긴밀히 연결되어 있음을 강조했다. 당시의 세 주요 핵보유국이었던 미국, 소련, 영국이 서명한 이 조약은 대기권, 우주, 수중 핵실험을 금지했다. 하지만, 냉전이라는 지정학적 현실과 핵 기술 발전에 대한 지속적인 열망을 반영하여 지하 핵실험은 여전히 허용되었다.

이 협정은 1950년대와 1960년대 초 대기 중 핵실험이 급증하면서 광범위하게 배출되어 심각한 환경 오염 물질이 된 방사성 낙진에 대한 대중과 과학계의 우려가 커지면서 그에 대한 대응으로 등장했다. 낙진은 스트론튬-90, 세슘-137과 같은 방사성 동위원소로 구성되었으며, 바람의 흐름에 따라 광범위한 지역으로 퍼져 토양, 물, 채소에 스며들었다. 이러한 동위원소는 오염된 농작물, 가축, 식수를 통해 먹이 사슬에 유입되며 생태계와 인간 건강에 심각한 위험을 초래했다. 예를 들어, 특히 좀처럼 분해되지 않는 방사성 동위원소인 스트론튬-90은 뼈와 치아에 축적되는 것으로 밝혀져, 암이나 유전적 돌연변이 같은 장기적인 건강 문제에 대한 우려를 불러일으켰다.

방사성 낙진을 둘러싼 과학적 연구 조사는 환경 의식을 높이는 데 중요한 역할을 했다. 이러한 방사성 입자의 확산과 영향 연구는 생태계의 미묘한 균형과 더불어 지속적인 오염 물질이 초래하는 위험을 밝혀냈다. 과학자들, 환경운동가들, 그리고 우려하는 시민들은 환경 위협이 전 지구적인 성격을 띠고 있으며 이를 해결하기 위해 국제적 협력이 필요하다는 사실을 인식하기 시작했다.

궁극적으로, 핵실험 금지 조약은 환경 관리에 대한 대중의 이해에서 전환점이 되었다. 이 조약은 인간 활동이 초래하는 환경적 결과를 직접적으로 다루면서, 이후 환경 운동의 초석을 놓았다. 대기 오염 제한에 성공한 이 조약은 과학 연구, 대중의 인식, 그리고 국제적 협력이 결합하여 전 지구적인 위기를 완화할 수 있다는 강력한 사례를 제공했다. 이러한 접근 방식은 산업 오염, 삼림 벌채, 기후 변화와 같은 다른 환경 문제와 싸우기 위한 후속 노력을 고무하는 계기가 되었다.

| 어휘 |

pivotal moment 전환점 **consequence** n. 중요성 **halt** v. 중단하다 **shed light on** 조명하다 **far-reaching** a. 광범위한,

(영향 따위) 멀리까지 미치는 **radioactive fallout** 방사성 낙진 **underscore** v. 강조하다 **interconnectedness** n. 상호 연결성 **power** n. 강대국 **of the time** 당대의 **prohibit** v. 금지하다 **outer space** 우주 **geopolitical realities** 지정학적 현실 **Cold War** 냉전 **concern** n. 우려 **surge** n. 급상승 **isotope** n. 동위원소 **contaminated** a. 오염된 **persistent** a. 지속적인 **pollutant** n. 오염 물질 **infiltrate** v. 침투하다, 잠입하다 **food chain** 먹이 사슬 **persistent** a. 분해가 되지 않는 **accumulate** v. 축적되다 **long-term** a. 장기적인 **genetic mutation** 유전적 돌연변이 **scrutiny** n. 정밀 조사 **delicate** a. 미묘한; 섬세한 **environmental consciousness** 환경 의식 **dispersion** n. 산포 **environmental stewardship** 환경 관리 **deforestation** n. 삼림 벌채 **converge** v. 수렴하다, 결합하다 **mitigate** v. 완화하다 **rift** n. 균열

25 글의 제목   ④

| 분석 |

낙진에 대한 우려가 핵실험 금지의 원인이 되었고, 더 나아가 오늘날의 환경 의식으로까지 이어졌다는 내용의 글이다. ① 핵 군축이 아니라 환경 보호를 이야기하고 있다. ② 글의 주제는 핵실험 금지 조약이 환경 의식 형성에 어떻게 이바지했는지를 다루고 있다. 핵실험 금지의 원인은 그보다 중요하지 않다. ③ 핵 전체의 역사를 원자폭탄부터 설명하지 않고 있다. ⑤ 방사성 낙진의 위험은 언급되었으나 수명에 미치는 영향에 대한 언급은 없고, 제목이 되기에는 너무 지엽적이다.

이 글의 제목으로 가장 적절한 것은?
① 대기 중 핵실험 금지: 핵 군축의 승리
② 과학 연구와 대중의 우려: 핵실험 금지를 추진한 원동력
③ 핵 시대의 유산: 원자폭탄에서 환경주의까지
④ 낙진에서 의식으로: 핵실험 금지 조약의 환경적 유산
⑤ 방사성 낙진의 위험성: 스트론튬-90과 인간 수명에 미치는 영향

26 내용파악   ①

| 분석 |

첫 번째 문장부터 핵실험 금지 조약이 환경적 영향에 대한 인식이 증가하는 중요한 전환점이 되었다고 설명하고 있다. ③ 기후 변화 운동은 나중의 노력이라고 하였다. ⑤ 환경 관리 개념을 만들었지, 환경 정화 노력을 추진했다는 말은 없다. 관리와 정화는 다르다.

1963년 핵 실험 금지 조약이 전환점이라고 간주되는 이유는?
① 이 조약은 인간 활동이 환경에 미치는 영향을 국제적으로 인식하는 순간을 보여주었다.
② 이 조약은 핵 군축 문제와 국제 협력의 필요성을 전면에 부각했다.
③ 이 조약은 우리가 알고 있는 환경주의를 탄생시켰으며, 특히 기후 변화 운동을 초래했다.
④ 이 조약은 우주를 중립적인 국제 구역으로 보존하는 첫걸음이었다.
⑤ 이 조약은 환경 정화 노력과 지속적인 오염 물질 제거 노력을 시작하게 했다.

27 내용추론   ②

| 분석 |

방사성 낙진의 위험성에 대해 과학 연구가 그 폐해를 밝히면서 환경 의식이 고조되었으므로 방사성 낙진이 환경주의와 과학연구를 함께 일어나게 했다고 할 수 있다.

이 글에서 추론할 수 있는 것은?
① 핵실험 금지는 과학과 환경주의 사이의 첫 번째 주요 균열이었다.
② 핵실험에서 발생한 방사성 낙진은 환경주의와 과학을 결합했다.
③ 과학의 자율성에 대한 기득권의 지배력은 여전히 문제이다.
④ 핵실험 금지는 기후 운동가들이 직면할 문제를 예고했다.
⑤ 핵실험 문제는 다시 주요한 문제로 떠오를 가능성이 있다.

28~30

정신-육체 이원론의 문제 — '정신'이 물리적 뇌와 어떻게 연결되는가에 관한 논쟁 — 는 사고와 정신 조직을 오직 물리적 현상에서만 일어나는 것으로 이해하려는 현대 인지 과학에 근본적인 도전을 제기하고 있다. 고대 철학자 플라톤의 생각부터 현대 사상가 르네 데카르트의 의견에 이르기까지, 정신-육체 이원론 개념은 비물질적이며 나눌 수 없는 '정신'은 물리적 현상만으로는 온전히 설명될 수 없다고 주장해왔다.

이러한 철학적 입장은 의식을 물리적 뇌 과정의 결과로 설명하려는 인지 과학의 목표에 중대한 장애가 된다. 만일 정신이 물리적 차원과 별개의 영역에서 작동한다면, 유물론에 기반한 과학이 두 개념을 어떻게 조화시킬 수 있을까? 철학자 데이비드 차머스는 지각, 기억, 의사 결정 같은 것과 관련된 '쉬운' 인지 기능의 문제와 '어려운' 의식의 문제를 구분함으로써 이 논의를 더욱 복잡하게 만든다. 예를 들어, 차머스는 왜 특정한 뇌 과정에는 주관적 경험이 동반되지만, 다른 뇌 과정에는 그렇지 않은지 의문을 제기하여, 이 논쟁에 또 하나의 복잡성을 더하고 있다.

차머스의 분석은 중요한 문제를 부각하고 있다. 인지 과학은 예를 들어 뇌가 정보를 처리하고 행동을 가능하게 하는

방식과 같은, 의식의 기능적 측면을 설명할 수 있다. 하지만 의식하는 것이 '어떤 느낌인가'라는 경험적 특성을 설명하는 데는 어려움을 겪는다. 흔히 '설명적 간극'이라 불리는 이러한 이해의 공백은 여전히 심오한 형이상학적 수수께끼로 남아 있다. 따라서 정신-육체 이원론은 단순히 인지 과학의 연구 범위를 도전하는 것에 그치지 않는다. 이 이원론은 '정신'의 형이상학적 특이성을 주장함으로써, 인지 과학의 토대를 뒤흔든다.

| 어휘 |

dualism n. 이원론 **cognitive science** 인지 과학 **musing** n. 묵상, 숙고, 생각 **pronouncement** n. 의견 **non-material** a. 비물질적인 **indivisible** a. 나눌 수 없는 **obstacle** n. 장애 **plane** n. 차원, 영역 **operate** v. 작동하다 **materialism** n. 유물론 **complicate** v. 복잡하게 만들다 **inquiry** n. 탐구 **metaphysical quandary** 형이상학적 수수께끼 **perception** n. 지각 **discipline** n. 학문

28 글의 제목   ③

| 분석 |

정신-육체 이원론이 인지 과학에 난제를 제시하고 있다고 하면서, 그 난제란 무엇인지를 설명하는 글이다.

이 글의 제목으로 가장 적절한 것은?
① 인지 기능과 뇌 과정: 지각, 기억, 사고 이해하기
② 정신 철학: 의식에 대한 고대와 현대의 관점 탐구
③ 의식의 어려운 문제: 마음-몸 이원론이 인지 과학에 제기하는 도전
④ 유물론과 정신 연구: 물리적 과정이 의식을 설명할 수 있는가
⑤ 의식의 과학: 오늘날의 포스트-인지 연구에서의 발전과 도전

29 내용파악   ⑤

| 분석 |

마지막 문단에서 "cognitive science can address the functional aspects of consciousness — how the brain processes information and enables behaviors — but it struggles to explain the experiential qualities of consciousness, the 'what it's like' of being aware." 인지 과학은 의식의 기능적 측면은 설명할 수 있지만, 의식하는 것이 '어떤 느낌인지'를 설명하는 데는 어려움을 겪는다고 하였다. 이 '의식하는 것이 어떤 느낌인지가 바로 경험적이고, 주관적인 차원이다. ①은 기능적 측면이라 충분히 설명할 수 있다.

차머스에 따르면 인지 과학이 직면하고 있는 가장 커다란 문제는?
① 뇌가 정보를 처리하고 행동을 가능하게 하는 방식을 설명하는 것
② 플라톤과 르네 데카르트가 제기한 도전에 답하는 것
③ 자신들의 연구가 과학의 범위를 벗어난다는 것을 인정하는 것
④ 육체-정신 일원론자들이 자신의 견해를 재고해보도록 설득하는 것
⑤ 의식의 경험적 측면을 설명하는 것

30 빈칸완성   ⑤

| 분석 |

결국 육체-정신 이원론이 물리적 과정만으로 의식을 설명할 수 있다는 (유물론에 토대를 둔) 인지 과학의 근본적인 전제에 도전하고 있다는 내용이었다. 결론 부분이므로, 주제와 비슷한 내용이 될 수밖에 없다. ⑤의 the discipline은 인지 과학을 가리킨다.

빈칸에 적절한 말은?
① 플라톤과 데카르트의 연구에 의문을 제기한다.
② 자신의 적절성을 의문시한다.
③ 학문 간 대화를 위한 길을 연다.
④ '설명적 간극' 문제를 해결한다.
⑤ 이 학문의 근본적인 토대를 뒤흔든다.

SOGANG UNIVERSITY | 2025학년도 2차

TEST p. 24~40

01	②	02	④	03	⑤	04	②	05	②	06	⑤	07	③	08	①	09	④	10	②
11	③	12	③	13	④	14	③	15	⑤	16	①	17	④	18	②	19	①	20	①
21	⑤	22	②	23	①	24	③	25	④	26	⑤	27	②	28	①	29	④	30	①

01 논리완성   ②

| 분석 |

노동자들의 파업 이유는 협상에 문제가 있어서라고 할 수 있으므로, 협상이 잘 진척되지 않고 머뭇거리다, 지지부진하다는 흐름을 완성시키는 falter가 정답으로 적절하다.

| 어휘 |

labor union 노조 **walk off the job** 파업하다 **contact** n. 계약 **negotiation** n. 협상 **dispel** v. 해산시키다 **falter** v. 비틀거리다, 머뭇거리다 **bask** v. 햇볕을 쬐다 **gall** v. 스쳐서 벗기다; 짜증나게 하다 **lull** v. 잠잠해지다

| 해석 |

노동조합은 미국 전역에 걸친 10,000개 이상의 매장 중 약 300개 매장에서 계약 협상이 지지부진하기 때문에 노동자들이 파업하고 있다고 말한다.

02 논리완성   ④

| 분석 |

직접 거절당할 수는 없어서 다른 거절당할 수도 있는 사람을 보냈다는 의미가 되어야 한다. 정부나 정치지도자가 보내는 사람이 emissary(사절, 사신, 밀사)이다. ①의 interloper는 허락도 없이 끼어드는 사람이라는 의미이므로 답이 될 수 없다.

| 어휘 |

woo v. 구애하다 **commoner** n. 평민 **on one's behalf** 대신에 **interloper** n. 침입자 **peddler** n. 행상인 **outrider** n. 선도 기수 **emissary** n. 사절 **despot** n. 폭군

| 해석 |

공작은 엘리자베스와 사랑에 빠졌지만, 그녀에게 구애하려는 처음 몇 번의 시도는 실패했다. 문제는 그가 평민에게 청혼할 수 없었다는 점이었다. 왕의 아들로서, 그는 거절당할 가능성이 있는 상태에 자신을 처하게 만들 수 없었기 때문이었다. 그런 이유로, 그는 그녀에게 자신의 결혼 제안을 대신 전달해 줄 사절을 보냈다.

03 to 부정사   ⑤

| 분석 |

'~하는 능력'은 'ability of 동명사'가 아니라 'ability to+동사원형'으로 나타내므로 ⑤를 to perform으로 고쳐야 한다.

| 어휘 |

watershed moment 획기적인 순간, 중대한 전환점 **due to** ~때문에 **unprecedented** a. 전례 없는 **parameter** n. 매개변수 **execute** v. 실행하다, 수행하다 **fine-tuning** n. 미세 조정 **generate** v. 생성하다 **engage in** ~에 참여하다, 관여하다 **few-shot learning** 소수 표본 학습 **commercial applications** 상업적 응용, 실용적 활용 **virtual** a. 가상의

| 해석 |

GPT-3는 별도의 광범위한 미세 조정 없이도 다양한 자연어 처리 작업을 수행할 수 있는 1,750억 개의 파라미터를 갖춘 유례없는 규모 때문에 AI 분야의 획기적인 전환점이 되었다. 이 모델은 빅데이터를 활용하여 훈련되었으며, 인간과 같은 텍스트를 생성하고 대화를 나눌 수 있었다. 그것은 또한 소수의 예제만으로 학습하는 능력을 갖추고 있었으며, 이는 챗봇 및 가상 비서와 같은 상업적 AI 애플리케이션에서의 그것의 유용성을 입증했다.

04 일치   ②

| 분석 |

'Neither A nor B'는 A와 B 어떤 것도 아니라는 의미이며, 동사는 B에 일치시킨다. 여기서는 mechanics가 복수이므로 ②를 'were able to'로 고쳐야 한다.

| 어휘 |

scheduled to ~할 예정인 depart v. 출발하다 on time 정시에 delay n. 지연 mechanic n. 정비사 figure out 알아내다, 해결하다 display v. 표시하다 frustrated a. 짜증이 난 assess v. 평가하다 malfunction n. 오작동하다 clear v. 이착륙을 허가하다 takeoff n. 이륙 lingering a. 남아 있는 irritation n. 짜증

| 해석 |

비행기는 정시에 출발하도록 일정이 잡혀 있었지만, 예상치 못한 문제가 발생하여 지연되었다. 조종사도 정비사들도 비행기에 경고 메시지가 표시된 원인을 알아낼 수 없었다. 터미널에서 대기 중이던 승객들은 아무런 새로운 소식 없이 시간이 흐르면서 점점 더 짜증을 느꼈다. 결국에는 한 수석 엔지니어가 호출받고 상황을 평가한 다음 센서의 오작동을 발견했다. 수리가 완료된 후, 비행기는 이륙 허가를 받았으며 승객들은 안도감과 여전히 남아 있는 짜증이 뒤섞인 채 탑승했다.

05 관계대명사 ②

| 분석 |

②에 쓰인 who의 선행사는 paintings이므로 이것을 사물을 받는 관계대명사 which로 고쳐야 한다.

| 어휘 |

employ v. 사용하다 propaganda n. 선전 get behind 지지하다 impressionistic a. 인상주의적인 teeter on the edge of ~의 위태로운 상황에 있다 bolster v. 강화하다 barbarity n. 잔혹성

| 해석 |

제1차 세계대전 동안, 미술 작품은 미국 정부에 의해 선전 목적으로 활용되어 미국 국민이 전쟁을 지지하도록 독려하는 데 사용되었다. 예를 들어, 미국 국기로 가득 찬 도시 거리를 묘사한 차일드 하삼의 인상파 그림들은 널리 알려져 전쟁 직전 불안정한 상태에 있던 국가에서 애국심을 불러일으켰다. 나중에는, 전쟁으로 지친 국민의 사기를 북돋우기 위해, 적의 잔혹한 모습을 강렬하게 묘사한 조지 벨로우즈의 작품들이 전쟁에서의 희생을 고귀하면서도 불가피한 것으로 정당화하는 데 사용되었다.

06 문장배열 ⑤

| 분석 |

ⓒ 기후를 결정하는 변수들로 시작해서, Ⓑ 그러한 변수에 영향을 미치는 판 구조 이동을 이야기하고, Ⓓ 다음에는 판 구조 이동에 영향을 받지 않는 다른 동적인 결정 요인을 설명하며, 해양의 열염순환과 Ⓐ 해류를 다룬다. 그리고 Ⓔ에서 결국 세계적인 장기적 요인과 지역적 요인이 기후를 결정한다는 결론을 맺는다.

| 어휘 |

extended time span 장기간에 걸친 시간 constant variable 일정한 변수 latitude n. 위도 altitude n. 고도 proportion n. 비율 gradual shifting 점진적인 이동 tectonic plate 판 구조 thermohaline circulation 열염순환(해양에서 염분과 온도 차이에 의해 발생하는 해류) redistribute v. 재분배하다 scale n. 규모

| 해석 |

ⓒ 장기간에 걸쳐, 위도, 고도, 육지와 물의 비율, 해양 및 산맥과의 근접성과 같은 많은 거의 일정한 변수들이 기후를 결정한다. Ⓑ 그러나 이러한 변수들은 점진적인 판 구조의 점진적인 이동으로 인한 변화 때문에 바뀌기도 한다. Ⓓ 다른 기후 결정 요인들은 좀 더 동적이다. 예를 들어 해양 열염순환은 북대서양의 온도를 다른 해양분지에 비해 5°C(9°F) 더 높이는 역할을 한다. Ⓐ 마찬가지로, 해류는 육지와 물 사이에서 열을 재분배하지만, 보다 지역적인 규모에서 이루어진다. Ⓔ 결국, 기후 상태는 세계적인 장기적 요인과 지역적인 동적 요인의 결과이다.

07~09

광범위한 의학사 서술에서 흔히 간과되어온 고대 메소포타미아 문화는 현대의 외상 후 스트레스 장애와 유사한 증상을 포함한 심리적 외상에 대한 놀라울 정도로 발전된 이해를 보여주었다. 최근 연구는 메소포타미아인들이 이러한 질병을 전통적으로 PTSD에 대한 최초의 설명을 한 것으로 평가되는 고대 그리스인들보다 훨씬 이전에 인식하고 치료했다는 것을 시사하는 증거를 밝혀냈다. 이러한 발견은 정신 건강 분야에서 그리스인들이 개척자라는 기존의 관점에 도전하는 동시에 초기 의학 지식의 복잡성을 부각하고 있다.

메소포타미아에서는 외상을 전체론적 관점으로 바라보고, 정신과 육체 모두를 위해 영적인 믿음을 치료와 혼합했다. 이 지역의 주요 문명 중 하나였던 아시리아인은 의학 문헌에 PTSD와 유사한 증상을 기록했는데, 이러한 증상에는 반복적인 환영, 악몽, 감정적 고통, 마음의 동요 등이 포함되었다. 이러한 질병들은 종종 살해된 적들의 불안한 영혼 때문이라고 여겨졌는데, 이것은 사후 세계와 영혼의 힘에 대한 메소포타미아인의 이해에 깊이 뿌리박고 있는 믿음이었다.

이러한 증상들을 치료하기 위해, 메소포타미아의 사제와 치유자들은 다양한 치료법을 사용했다. 여기에는 정신을 안정시키고 몸의 균형을 회복하려는 목적의 의약 요법뿐 아니라 화난 영혼들을 달래기 위한 의식 및 주문도 포함되었다. 치유 과정은 단순히 신체적 치료에 그치지 않고, 영

적, 감정적 치유까지 포함되었는데, 이는 메소포타미아인들이 정신, 육체, 영혼의 상호연결성을 인식하고 있었다는 점을 강조한다.

메소포타미아인들이 사용한 방법은 정신 건강관리에 대한 현대적 접근 방식과 현저히 다르긴 하지만, 외상을 완화하려는 그들의 노력은 심리적 고통을 겪는 개인들의 행복을 위한 지속적인 인간의 관심을 반영하고 있다. 고대 문헌은 정신 건강을 다루는 오늘날의 노력과 일치하는 세심하고 공감적인 치유 접근법을 보여준다. 이러한 심리적 외상의 이해와 치료에 대한 초기의 기여는 정신에 미치는 외상의 영향을 이해하고 완화하려는 인간의 오랜 욕구를 보여주며, 정신 건강관리의 역사에 대한 귀중한 통찰을 제공하고 있다.

| 어휘 |

overlook v. 간과하다 **medical history** 의학사 **psychological trauma** 심리적 외상 **post-traumatic stress disorder** 외상 후 스트레스 장애(PTSD) **uncover** v. 밝히다 **be aware of** 자각하다 **address** v. 치료하다 **condition** n. 질병 **be credited with** ~라는 평판이 있다 **conventional** a. 기존의 **pioneer** n. 선구자 **highlight** v. 강조하다, 눈에 띄게 하다 **holistic lens** 전체론적 관점 **blend** v. 섞다 **treatment** n. 치료 **symptom** n. 증상 **recurring** a. 반복되는 **vision** n. 환영 **nightmare** n. 악몽 **agitation** n. 불안, 초조 **affliction** n. 고통 **restless** a. 불안한, 침착하지 못한 **slay** v. 살해하다 **afterlife** n. 사후 세계 **therapeutic** a. 치료의 **ritual** n. 제식 **incantation** n. 주문, 주술 **appease** v. 달래다, 진정시키다 **encompass** v. 포함하다 **underscore** v. 강조하다 **alleviate** v. 완화하다 **empathetic** a. 공감적인 **resonate with** 공명하다, 깊이 연관되다 **mitigate** v. 달래다

07 글의 제목   ③

| 분석 |

고대 메소포타미아인들이 그리스 사람들 이전에 PTSD 증상을 인식하고 치료하려고 했던 노력을 역사적으로 재평가하고 있는 글이다. ① 정신 질환에 대한 관심에 국한된다. ⑤ 정신과 신체에 대한 믿음이 아니라 정신 질환에 대한 믿음과 접근법이다.

이 글의 제목으로 가장 적절한 것은?
① 고대 메소포타미아의 의학: 신체적·영적 질병에 대한 치료
② 메소포타미아의 영혼: 사후 세계에 대한 믿음과 그 영향
③ 그리스인 이전: PTSD 유사 증상에 대한 메소포타미아의 통찰
④ 고대 문명과 정신 건강: 고대 문화 비교 연구
⑤ 정신과 육체에 대한 메소포타미아의 믿음: 전체론적 접근법

08 내용파악   ①

| 분석 |

본문 두 번째 문단에서 메소포타미아인들은 외상을 전체론적으로, 다시 말해 육체와 정신, 그리고 영적인 요소가 연결된 문제로 보고, 이를 반영한 치료법을 사용했다고 하였다.

이 글에 근거해볼 때, 메소포타미아인들의 외상에 대한 이해는 (예를 들어 그리스인들의 관점과 같은) 좀 더 후기에 나온 전통적이며 인정받는 역사적 이해와 주로 어떤 점에서 다른가?
① 정신적·육체적 건강의 상호 연결성에 대한 강조
② 심리적 고통에 대한 순전히 영적인 설명에의 의존
③ 외상 경험의 사회적·문화적 맥락에 대한 초점
④ 여러 형태의 외상을 위한 복잡한 진단 범주의 발전
⑤ 외상이 일시적이며 간단한 치료법으로 치료될 수 있다는 믿음

09 부분이해   ④

| 분석 |

첫 번째 문장에서 "고대 메소포타미아 문화는 의학사라는 더 넓은 이야기에서 종종 간과된다"라고 하였다. 이어서 널리 받아들여지고 있는 고대 그리스를 포함한 의료 역사를 이야기하고 있으므로 의료역사 이야기는 ④ 의료 역사를 이루는 널리 인정받는 의료적 사실들을 의미한다.

첫 문단에서 "the broader narrative of medical history"가 의미하는 것은?
① 고대 의학이 현대 의학보다 열등하다는 지속적인 믿음
② 선사 시대 의료 기술에 대한 통찰을 제공하는 이야기들
③ 고대 의료에 대한 우리의 이해를 혼란스럽게 하는 모순들
④ 의료 역사를 형성하는 널리 수용되는 사실들의 집합
⑤ 의학 지식이 하나의 이야기로 만들어지고 있다는 이해

10~12

19세기 중반, 우유 생산업자들은 자기 제품을 시골의 전원적인 순수함과 연관 지어 미국인들에게 마케팅했다. 푸른 초원에서 풀을 뜯는 젖소들과 농장에서 갓 짜낸 신선한 우유라는 시골의 이미지를 조심스럽게 만들어내어, 시골을 건강과 연관 짓는 도시 소비자들에게 호소했다. 하지만 당시 판매되던 우유는 실제로는 결코 순수하지 않았다. 급격한 도시화와 산업화는 비위생적인 착유, 부적절한 보관, 부패, 그리고 물로 우유를 희석하거나 석회 같은 물질을 우유에 첨가하여 품질 저하를 감추는 것과 같은 섞음질의 만연 등, 많은 문제를 낳았다.

안전과 품질에 대한 대중적인 우려가 커지자, 우유 생산자들은 당시 등장하고 있던 과학적 발전에서 해결책을 찾았

다. 과학자들은 우유 속 박테리아를 줄이고 우유의 보관 기간을 늘이는 저온 살균법 같은 방법을 도입하고 더욱 위생적인 환경에서 우유를 보관하고 운반하는 기술을 개선했다. 이러한 혁신은 우유를 마시기에 더 안전하게 만들었을 뿐만 아니라, 생산자들이 자기 제품을 재브랜드화할 수 있게 도왔다. 규제되지 않은 경쟁 제품과 차별화하고, 더 높은 가격을 정당화하기 위해, '개선된 우유'는 과학적으로 순수한 것으로 '공식적으로 인증되었다.'

시간이 지나면서 이러한 변화는 우유의 이미지에 큰 영향을 미쳤다. 한때 우유는 시골의 자연적으로 순수한 식품으로 여겨졌지만, 이제는 점점 실험실의 멸균과 정밀성과 결합되고 있다. 우유의 안전성을 보장하는 과학적 과정은 또한 우유의 상징성을 바꾸었으며, 우유를 소박한 농촌 음식에서 현대 산업과 과학적 발전의 산물로 변모시켰다.

| 어휘 |

idyllic a. 전원적인　**purity** n. 순수함　**graze** v. 풀을 뜯어 먹다　**lush** a. 무성한, 풍부한　**associate** v. 연상하다. 연관 짓다　**wholesomeness** n. 건강함　**unsanitary milking practices** 비위생적인 착유 방식　**spoilage** n. 부패, 변질　**adulteration** n. 불순물 첨가　**water down** 희석하다　**pasteurization** n. 저온 살균법　**shelf life** 저장 가능 기간　**rebrand** v. 브랜드를 다시 만들다, 이미지를 새롭게 하다　**unregulated** a. 규제되지 않은　**officially certified** 공식적으로 인증된　**sterility and precision** 멸균성과 정밀성　**guarantee** v. 보장하다　**rustic** a. 소박한　**staple** n. 기본 식품　**affordable** a. 싼　**nutritious** a. 영양의　**processed food** 가공 우유　**have an effect on** ~에 영향을 미치다

10 글의 제목 ②

| 분석 |

원래 우유는 전원적 순수함을 내세워 마케팅되었지만, 그 이후 과학의 도움으로 과학적 순수함이 마케팅의 수단이 되었다는 내용이므로 둘 모두를 포함하고 있는 ②가 정답이다.

이 글의 제목으로 가장 적절한 것은?
① 우유의 전원적 뿌리: 19세기 낙농 과학 살펴보기
② 순수를 마케팅하기: 과학이 우유 산업을 어떻게 변화시켰는가
③ 초원에서 제품으로: 소비자까지에 이르는 우유의 여정
④ 저온 살균의 힘: 우유의 안전성과 오랜 신선도 유지를 보장하기
⑤ 현대식 식사를 마케팅하기: 광고가 어떻게 음식 선택을 결정했는가

11 내용파악 ③

| 분석 |

과학 덕분에 우유 값이 더 싸졌다는 내용은 없다.

다음 중 과학적 방법이 우유에 적용된 결과가 아닌 것은?
① 우유가 마시기 더 안전해졌다.
② 우유가 재브랜드화될 수 있었다.
③ 우유가 더 저렴해졌다.
④ 우유가 멸균성과 연관되었다.
⑤ 우유가 발전과 연관되었다.

12 내용파악 ③

| 분석 |

마지막 문단에서 우유의 이미지가 바뀌었다고 했다. 우유의 이미지가 바뀐 이유는 소비자들의 인식이 '자연적으로 순수한' 우유보다는 '과학적으로 순수한' 우유를 더 신뢰하고 선호하는 방향으로 바뀌었기 때문이라고 짐작할 수 있다. ④는 사실이지만, 우유의 이미지, 다시 말해 '소비자의 인식 변화'와는 직접적인 관계가 없다.

우유의 이미지가 '자연적 순수함'에서 '과학적 발전'으로 바뀐 것은 무엇을 시사하는가?
① 우유가 더 이상 건강과 연관되지 않게 되었다.
② 과학적 발전으로 인해 우유의 영양가가 더 낮아졌다.
③ 소비자들이 실험실에서 가공된 우유를 선호했다.
④ 우유 생산자들은 전통적인 방법을 개선했다.
⑤ 저온 살균법은 식품 안전에 영향을 미치지 않았다.

13~15

남북 전쟁 이전까지 몇 년 동안, 텍사스 농촌 지역의 정착민들은 매일 생존을 위한 싸움을 해야 하는 가혹한 생활환경에 직면해야 했다. 여러 요인 때문에 평균 기대 수명은 짧아, 일반적으로 35세에서 50세 사이에 지나지 않았다. 오염된 물과 전염병과 출산의 항시적인 위험과 심지어 간단한 부상조차도 삶을 불안정하게 만들었다. 전문적인 의료 지원은 드물거나, 종종 신뢰할 수 없었기에, 가족들은 자기 나름의 임기응변적 재주나 이것저것 주워 맞춘 얼마 안 되는 모든 지식에 의존하여 의료 문제를 스스로 해결해야 했다.

정착민들이 전문적인 치료를 찾았을 때조차 결과는 종종 암담했다. 많은 의사들은 훈련 수준이 미흡했고, 때로는 알코올 중독 같은 개인적인 문제와 싸우고 있었다. 이들은 개척지 의료라는 현실을 다루기에 역량이 부족했다. 그들의 의료 도구는 제한적이었으며, 기껏해야 기초적인 외과 지식

에서 '수은 정화' 같은 의심스러운 치료법이 전부였다. 대체로 이런 치료법들은 비효과적이거나, 때로는 환자들에게 오히려 해를 끼쳐, 환자들은 회복의 희망을 거의 가질 수 없었다.

필요에 쫓겨, 정착민들은 민간요법과 민속 의료관행에 의존할 수밖에 없었지만, 이것들 역시 상당한 위험을 수반했다. 그 중에서도 가장 독특한 치료법 중 하나는 '미친 돌'의 이용이었는데, 이는 치유력이 있다고 믿어진 특이한 물체로, 특히 광견병과 기타 유사한 질병 치료에 사용되었다. 인기가 있긴 했지만, 이러한 민간 치료법은 종종 전통적 지혜와 위험한 돌팔이 치료법 사이의 경계를 아슬아슬하게 넘나들었다. 민간 치료법은 의료 자원이 부족한 세상에서 정착민들의 필사적인 건강 추구를 나타냈으며, 그들의 치유에 대한 희망은 종종 그들을 불확실성으로 가득 찬 길로 이끌었다.

| 어휘 |

rural a. 시골의 **life expectancy** 기대 수명 **contaminated** a. 오염된 **infectious disease** 전염병 **precarious** a. 불안정한, 위태로운 **do-it-yourself approach** 스스로 해결하는 방식 **cobble together** (여기저기서 얻은 정보로) 대충 만들어내다 **ill-equipped** a. 준비가 부족한, 능력이 부족한 **medical arsenal** 의료 도구 **rudimentary** a. 기초적인 **surgical** a. 외과의 **mercury purges** 수은 정화 치료(해로운 치료법) **more often than not** 흔히 **ineffective** a. 효과가 없는 **recovery** n. 회복 **turn to** 의지하다 **home remedies** 민간요법 **folk practices** 민속 치료법 **peculiar** a. 특이한 **curative** a. 병을 고치는 **rabies** n. 공수병 **walk a fine line** 아슬아슬한 경계를 그리다 **quackery** n. 돌팔이 치료법 **desperate** a. 필사적인 **fraught with** ~으로 가득 찬 **skeptical** a. 회의적인 **contagious** a. 감염의, 전염성의 **uproarious** a. 소란한 **pernicious** a. 해로운, 치명적인 **lugubrious** a. 애처로운 **precarious** a. 불안정한, 위험한

13 내용일치   ③

| 분석 |

① '이후'가 아니라 '이전'이다. ② 훈련이 미흡했다. ④ mad stones가 환자에게 광견병을 유발했다는 말은 없다. ⑤ 아무것도 안 하기를 희망한 것이 아니라 그 어떤 위험한 민간요법이라도 하기를 희망했다.

이 글에 따르면 올바른 것은?
① 남북 전쟁 이후 텍사스에서 평균 기대 수명은 35세에서 50세였다.
② 텍사스 시골 지역의 의사들은 잘 훈련 받았지만, 가끔 어려움을 겪었다.
③ 수은 정화법과 같은 치료법은 종종 환자를 위험한 상태에 빠뜨렸다.
④ '미친 돌'이 때로 환자에게 광견병을 유발했다.
⑤ 환자들이 병에서의 치유를 위해 가장 희망한 것은 보통 아무 것도 하지 않는 것이었다.

14 내용파악   ③

| 분석 |

마지막 문장에서 이 '미친 돌'과 같은 민속 치료법은 "의료 자원이 부족한 세상에서 정착민들의 필사적인 건강 추구를 나타냈다"라고 하였다.

'미친 돌'의 이용은 정착민들의 의료에 대한 접근법에 대해 무엇을 시사하고 있는가?
① 그들은 신뢰할 만한 의료 치료를 쉽게 이용할 수 있었다.
② 그들은 전통 의학을 불신했다.
③ 그들은 효과적 치료법을 필사적으로 찾으려 했다.
④ 그들은 전문적인 의료적 도움을 추구하는 편을 선호했다.
⑤ 그들은 발전된 의학 지식과 의료 기술을 가지고 있었다.

15 빈칸완성   ⑤

| 분석 |

앞에서 가혹한 생활환경에 대해 설명하므로 짧은 기대 수명 뿐 아니라 수질오염과 전염병 등도 그들의 삶을 불안정하게 만들었을 것이다. 따라서 빈칸에는 ⑤의 '불안정한'이 적절하다.

16~18

도시화는 새들의 행동에 상당한 영향을 미쳐왔는데, 특히 새들이 소음 수준 증가에 적응하면서 새들의 노래가 바뀌었다. 지난 30년 동안 연구자들은 샌프란시스코 도심에 서식하는 흰관참새의 노랫소리 변화를 기록해왔다. 이러한 변화는 교통, 건설, 그 밖의 인간 활동에서 오는 지속적인 배경 소음에 대한 적응을 반영하며, 인간에 의해 변화된 환경 속에서 야생동물이 직면한 더 광범위한 영향을 잘 보여주고 있다.

도시 환경에서는 더 높은 주파수로 소리를 변화시키는 새들이 소음 공해 속에서도 더 효과적으로 의사소통할 수 있으며, 그렇게 해서 그들의 생존과 번식 성공 가능성은 더 높아진다. 흰관참새의 경우, 그들 노래의 최소 주파수는 시간이 지남에 따라 상승했는데, 이는 도시 소음 속에서 그들의 울음소리를 두드러지게 하기 위한 진화적 조정을 시사한다. 반면, 조용한 농촌 지역에서는 안정적인 주파수가 관찰되고 있는 것으로 입증되듯이 그러한 적응이 불필요하

다. 이 현상은 야생동물이 인간이 주도하는 환경 변화에 신속하게 적응해야 하는 압력을 강조해 보여준다.
흰관참새 연구는 인간 환경의 미세한 변화도 어떻게 동물 행동에 커다란 영향을 미칠 수 있는지를 예시해준다. 이러한 적응은 개체 생존 차원 너머로 확장된다. 그것은 문화적 전달도 포함하는데, 변화된 노랫소리가 여러 세대를 거쳐 전수되어, 도시 소음에 더 적합한 새로운 방언이 형성될 가능성이 있기 때문이다. 도시화가 자연의 행동에 미치는 지속적인 영향은 인간 활동과 야생동물 간의 역동적인 상호작용을 보여주며, 생물 종의 회복력과 그들이 점점 더 도시화되는 세상에서 직면하는 도전을 강조하고 있다.

| 어휘 |

urbanization n. 도시화 **significantly** ad. 상당히, 현저하게 **alter** v. 변경하다 **adapt** v. 적응하다 **ambient noise** 배경 소음 **persistent** a. 지속적인 **human-altered landscapes** 인간에 의해 변화된 환경 **vocalization** n. 소리내기 **frequency** n. 주파수 **noise pollution** 소음 공해 **reproductive success** 번식 성공률 **minimum frequency** 최소 주파수 **over time** 시간에 걸쳐서 **evolutionary adjustment** 진화적 조정 **stand out** 두드러지다 **din** n. 소음, 시끄러운 소리 **by contrast** 대조적으로 **subtle** a. 미묘한 **transmission** n. 전달 **modified** a. 변화된 **pass down** 전수하다, 물려주다 **potentially** ad. 잠재적으로 **give rise to** 낳다 **dialect** n. 방언 **suit** v. 적합하다 **ongoing** a. 지속적인 **interplay** n. 상호작용 **resilience** n. 회복력 **challenge** n. 도전, 어려움 **mimic** v. 모방하다

16 글의 제목   ①

| 분석 |

이 글은 도시화의 영향, 특히 도시 소음의 영향으로 새들의 노래가 어떻게 바뀌었는지를 흰관참새 노랫소리 주파수의 변화를 중심으로 설명하고 있으므로 ①이 제목으로 적절하다. 다른 보기에는 새나 노랫소리가 빠져있다.

이 글의 제목으로 가장 적절한 것은?
① 도시에서의 노래: 도시 소음이 새의 노래에 미치는 영향
② 새의 행동: 도시에서의 적응과 생존 연구
③ 오염이 야생동물에 미치는 영향: 인간 활동이 자연에 끼치는 영향
④ 새들의 진화적 적응: 시간이 지나면서 종이 변화하는 방식
⑤ 흰관참새: 흔한 도시 종

17 내용파악   ④

| 분석 |

두 번째 단락의 두 번째 문장에서 '그들(흰관참새) 노래의 최소 주파수는 시간이 지남에 따라 상승했다'고 했으므로 ④가 관찰된 변화이다.

이 글에 따르면 샌프란시스코 도심의 흰관참새의 노래에서 어떤 변화가 관찰되었는가?
① 그들의 노래의 복잡성이 감소했다.
② 그들의 노래 길이가 두드러지게 짧아졌다.
③ 그들은 발성 사용(노래하기)을 완전히 멈추었다.
④ 그들의 노래의 최소 주파수가 상승했다.
⑤ 그들은 교통 소음을 모방하기 시작했다.

18 내용파악   ②

| 분석 |

소음 공해로 인해 주파수가 높아졌다고 했고, 조용한 시골에서는 주파수가 안정적으로 유지되고 있다고 했으므로, 도시의 소음이 줄어들면, 원래의 낮은 주파수로 되돌아갈 것이라고 짐작할 수 있다.

이 글의 정보에 기초할 때, 도시의 소음 수준이 눈에 띄게 감소하면, 샌프란시스코 도심 흰관참새의 노래는 어떻게 되리라고 짐작할 수 있는가?
① 훨씬 더 복잡하고 다양해질 것이다.
② 점차 더 낮은 주파수로 되돌아갈 것이다.
③ 시간이 지나면서 상당히 더 높은 주파수를 가지게 될 것이다.
④ 진화의 성격 때문에 변하지 않을 것이다.
⑤ 아무런 소용이 없으므로 완전히 사라질 것이다.

19~21

오물이란 잘못된 장소에 잘못된 시간에 있는 어떤 것이다. 오물이 우리를 역겹게 만드는 이유는 그것이 있어서는 안 될 곳, 예를 들어 부엌 바닥이나 침대 아래 같은 곳에서 나타나기 때문이다. 똑같은 물체(먼지와 때)라도 다른 장소에 있다면 오물이 되지 않는다. 오물의 의미는 그것의 장소에 따라 달라진다.
메리 더글러스는 그녀의 저서 『순수와 위험』에서 오물과 오염 개념을 탐구한다. 그녀는 오물에 대한 공포를 무질서에 대한 두려움과 연결한다. 다른 한편으로, 오물을 제거하는 것은 질서 있는 환경을 구축하는 것의 일부이다. 우리는 환경을 특정한 개념, 즉 질서 의식에 맞추려 한다. 더글러스는 오물은 '제자리를 벗어난 물건'이라고 말하는데, 이는 어떤 형태의 질서와 그 질서에 대한 위반을 동시에 시사하는 정의이다. 따라서 정의상 오물은 어떤 체계, 어떤 분류 방식이 먼저 존재함에 의존한다. 더글러스는 이 요점을 잘 설명한다.
신발 자체는 더럽지 않지만, 식탁 위에 놓으면 더럽다. 음식 자체는 더럽지 않지만, 요리 도구를 침실에 두거나, 음

식이 옷에 튀면 더럽다. 응접실에 있는 욕실용품, 의자 위에 놓여 있는 옷, 실내에 있는 실외에서 쓰는 물건, 1층에 있는 2층 물건, 겉옷이 있어야 할 곳에 있는 속옷 등도 마찬가지이다.

따라서 오물은 의미의 부조화, 다시 말해 다른 것들과 관련하여 잘못된 위치에 있는 의미들이다. 위반하는 것들은 오물이 되며, 그것들은 잘못된 곳에 있다. 더글러스의 '제자리를 벗어난 물건'에 대한 논의는 위반에 대한 반응을 해석하는 유용한 분석 도구를 제시한다. 오물과 오염에 대한 믿음은 제자리를 벗어난 것을 이데올로기적 방식으로 정의하므로, 사회 속 권력관계와 관련이 있다. 제자리를 벗어난 것을 정의할 수 있는 사람들이 사회에서 가장 큰 권력을 가진 사람들인 것이다.

| 어휘 |

dirt n. 오물 **disgust** n. 혐오감, 역겨움 **constitute** v. 구성하다 **be dependent on** ~에 달려있다 **out of place** 제 장소가 아닌 **conform** v. 따르다, 순응하다 **simultaneously** ad. 동시에 **contravention** n. 위반(행위), 반대 **by the definition** 정의상 **preexistence** n. 선행 존재, 기존의 존재 **classification** n. 분류 **in itself** 그 자체로 **utensil** n. 조리도구 **bespatter** v. 더럽히다 **transgression** n. 위반, 일탈 **decoding** n. 해독 **power relations** 권력 관계 **delineate** v. 정의하다, 서술하다 **territory** n. 텃세 구역 **status** n. 지위 **deviant** a. 일탈의 **graffiti** n. 그라피티, 낙서 **accommodation** n. 숙박시설

19 빈칸완성   ①

| 분석 |

앞 문장에서 어떤 물건은 어떤 장소에 나타나느냐에 따라 오물이 될 수도 있고, 오물이 되지 않을 수도 있다고 하였으므로, 빈칸에는 '장소'라는 뜻의 location이 적절하다.

20 내용파악   ①

| 분석 |

'정의상 오물은 어떤 체계가 먼저 존재함에 의존한다'고 했는데, 이는 어떤 질서 잡힌 체계가 먼저 있지 않으면 거기서 벗어나 제자리에 있지 않은 오물을 정의할 수 없다는 말이므로, 오물은 먼저 존재하는 체계의 기저에 있는 무질서가 아니라 질서를 암시하거나 전제한다고 할 수 있다. 따라서 무질서라고 한 ①이 틀린 진술이다. ④ transgress(위반하다)는 원래 '경계를 침범하다'라는 의미이다.

다음 중 오물에 대해 틀린 진술은?
① 오물은 먼저 존재하는 체제의 기저에 있는 무질서를 드러낸다.
② 오물은 잘못된 장소에 있는 물질이다.
③ 오물은 무질서에 대한 두려움과 연결되어 있기에 우리를 역겹게 한다.
④ 경계를 침범하는 것들은 오물이 된다.
⑤ 오물에 대한 개념들은 사회적 권력관계와 밀접한 관련이 있다.

21 내용파악   ⑤

| 분석 |

히피가 무질서하다면, 그들은 오물이고, 오물은 배척과 배제의 대상이므로, 그들이 제자리를 찾도록 도와주어야 한다는 ⑤는 저자가 동의하지 않을 것이다. ① 무질서는 오물이므로, 제자리에서 벗어난 것이며 따라서 일탈적이라 할 수 있다. ③ 글의 주제라고도 할 수 있다.

저자가 가장 동의하지 않을 것 같은 진술은?
① 집시들은 생활공간이 '무질서한' 것으로 확인되기 때문에 일탈적이라고 낙인찍힌다.
② 그라피티는 있어서는 안 되는 곳에 있는 예술이기 때문에 일탈적으로 간주된다
③ 장소는 행동 규범 형성에 중요한 역할을 한다.
④ 노숙자는 보통의 숙소가 없기 때문에 비정상적으로 여겨진다.
⑤ 히피들은 무질서하며, 사회에서 자신의 자리를 찾도록 도움을 받아야 한다.

22~23

나는 언제나 기후 정의를 멀티태스킹이라고 생각한다. 우리는 중첩된 다중 위기의 시대에 살고 있다. 우리는 건강 비상사태를 맞고 있고, 주택 비상사태를 맞고 있으며, 불평등 비상사태를 맞고 있고, 인종적 불의 비상사태를 맞고 있으며, 그리고 기후 비상사태 또한 맞고 있다. 따라서 이러한 문제들을 한 번에 하나씩 해결하려고 해서는 우리는 아무것도 이루지 못할 것이다. 우리는 진정으로 교차적인 대응이 필요하다. 그러니까, 탈탄소화하고 덜 오염된 세상을 만드는 우리가 또한 다방면에서 훨씬 더 공정한 사회도 건설하는 것은 어떨까?

많은 환경운동가들은 이러한 이야기를 듣고는 "글쎄, 그건 단순히 탄소세를 시행하거나 친환경 에너지로 전환하는 것보다 훨씬 더 어려운 일인 것 같아"라고 생각한다. 그리고 기후 정의 운동에서 우리가 하는 주장은 우리는 기후 행동에 관여하는 권력 기반을 구축하려고 노력하고 있다는 것이다. 만약 당신이 탄소에 관해서만 이야기한다면, 더 시급한 비상사태 ― 경찰 폭력이든, 젠더 폭력이든, 주택 불안정이든 ― 를 겪고 있는 사람이면 누구나 이렇게 생각할 것이다: "그건 부자들의 문제야. 나는 죽지 않고 살아있어야 하는 매일의 비상사태에 집중하고 있어." 그러나 당신이 이러한 문제들을 서로 연결해서, 어떻게 기후 행동이

더 나은 일자리를 창출할 수 있고, 점점 더 심해져가는 불평등을 시정할 수 있으며, 스트레스 수준을 낮출 수 있는지를 보여줄 수 있다면, 당신은 사람들의 관심을 끌기 시작하고, 기후 정책을 통과시키는 일에 관여하는 더 넓은 지지층을 구축하게 된다.

| 어휘 |

overlapping a. 중첩되는 **inequality** n. 불평등 **emergency** n. 긴급 상황, 위기 **racial** a. 인종의 **one at a time** 한 번에 하나씩 **intersectional** a. 교차적인(다양한 문제가 공통부분을 통해 연결된) **decarbonize** v. 탄소 배출을 줄이다 **polluted** a. 오염된 **fair** a. 공정한 **power base** 권력 기반, 영향력 있는 지지층 **invested in** ~에 관심을 가진, ~에 관여하는 **implement** v. 실행[이행]하다 **precariousness** n. 불안정성 **constituency** n. 지지층, 유권자층 **redress** v. 시정하다, 바로잡다 **convivial** a. 쾌활한 **conclave** n. 교황 선출 회의; 콘클라베 **refractory** a. 고집 센, 다루기 힘든; 난치의 **constitution** n. 구성 **confluence** n. 집합 **sustainable** a. 지속 가능한

22 빈칸완성 ②

| 분석 |

앞에서 기후 정의란 멀티태스킹이며, 한 번에 하나씩 문제를 해결할 수는 없다고 하였으므로, 여러 문제를 동시에 해결해야 한다는 표현이 필요하다. 따라서 중첩된 문제를 해결하기 위해서는 교차적인(intersectional) 방식이 필요하다고 볼 수 있다. 뒤에는 교차적 방식으로 접근한다면, 기후 행동을 지지하는 사람들(constituency)을 더 많이 확보할 수 있다는 의미이다. 따라서 정답은 ②이다.

23 글의 제목 ①

| 분석 |

기후 정의를 확보하기 위해서는 교차적인 방식으로 접근해야 한다는 내용이다. 기후 변화와 사회 정의의 멀티태스킹이라는 교차성을 이야기하는 ①이 가장 좋은 제목이다. ③ 탄소세 이상의 일이라고만 했을 뿐 다른 분야의 문제를 직접 언급하지 않아서 제목으로 부족하다.

이 글의 제목으로 가장 적절한 것은?
① 기후 변화와 싸우기: 사회 정의와 함께
② 우리 시대의 다양한 위기: 기후 변화가 최우선이다
③ 기후 정의의 실현: 단순한 탄소세 이상의 일이다
④ 우리 시대의 비상사태들: 그 어느 때보다 급박하다
⑤ 기후 정책: 지속 가능한 일자리, 지속 가능한 미래

24~25

결국 20세기의 집단적 트라우마를 확연하게 간직하고 있다는 낙인을 서구의 현대성에 찍어준 홀로코스트가 일어나기 몇 년 전에 이미, 서구 밖에서도 가장 발전된 사회가 조직적인 잔학 행위를 저질렀다. 1937년 12월 초, 침략하는 일본군은 중국 난징에서 최대 30만 명에 달하는 중국 주민을 학살했다. 일본 제국 정부 최고위층의 명령에 따라, 그들은 근대사에서 가장 피비린내 나는 6주 동안 대학살을 벌였으며, 이는 나치가 유대인 대량 학살을 위해 나중에 개발한 기술적 수단 없이 이루어졌다.

나치 대학살과 달리, 이 일본군의 만행은 외부 세계에 감춰지지 않았다. 실제로, 이 만행은 비판적이고 표현력이 훌륭한 서구 관찰자들이 지켜보는 가운데 벌어졌으며, 세계 언론의 존경받는 기자들에 의해 대대적으로 보도되었다. 그러나 그로부터 60년이 지난 지금까지도, '난징 대학살'의 기억은 지역적인 경계를 넘어 밖으로 나가지 못했다. 이 트라우마는 전후 민주주의 일본 정부의 자아 개념에는 말할 것도 없고 중화인민공화국의 집단 정체성에도 거의 전혀 기여하지 못했다.

난징 대학살에 대한 가장 최근의 서술자가 말하듯이, "역사상 가장 파괴적인 전쟁을 기준으로 해서조차도, 난징 대학살은 최악의 대량 학살 사례 중 하나이다." 그러나 이 사건이 '제2차 세계대전의 잊혀진 홀로코스트'가 되었고, 오늘날에도 '잘 알려지지 않은 사건'으로 남아 있긴 하지만, 일본의 가장 강력하고 존경받는 공직자들 중 일부는 이 사건의 존재 자체를 일상적으로, 그리고 성공적으로 부정하고 있다.

| 어휘 |

brand v. 낙인찍다 **distinctive** a. 분명한 **bearer** n. 담지자 **collective trauma** 집단적 트라우마 **engage in** ~에 종사하다 **atrocity** n. 대규모 학살 **invade** v. 침략하다 **slaughter** v. 도살하다 **as many as** ~씩이나 되는 **resident** n. 거주민 **imperial** a. 제국의 **massacre** n. 대학살 **articulate** a. 명확하게 표현하는 **elapse** v. 경과하다 **memorialization** n. 기념, 기억하기 위한 활동 **confine** n. 경계 **let alone** ~은 당연하다 **extermination** n. (대량) 몰살, 절멸 **obscure** a. 모호한 **routinely** ad. 일상적으로, 정기적으로 **public officials** 공직자, 정부 관계자 **genocide** n. 대량 학살 **banality** n. 평범성

24 글의 흐름상 적절하지 않은 표현 고르기 ③

| 분석 |

③의 turn out은 '추방하다, ~으로 판명되다' 정도의 의미이다. 여기서는 대규모 살상을 '저질렀다'의 의미가 되어야 하므로, carried out으로 고쳐야 한다.

25 글의 주제   ④

| 분석 |

이 글은 난징 대학살이 나치의 홀로코스트와 달리 학살 지역 밖에서는 역사적으로 잊혔다는 내용이다. 따라서 ④가 글의 주제로 적절하다. 나치의 홀로코스트가 서구의 현대성에 집단 트라우마를 간직하고 있다는 낙인을 찍어주었다는 것은 서구의 현대인들은 나치의 홀로코스트에 대한 집단 트라우마를 결코 잊지 않는 반응을 보여주었다는 말이므로, 난징 대학살 트라우마에 대한 망각의 반응과 대조를 이룬다. ②는 잔혹성만 다루므로 충분치 못하다.

이 글의 주제는?
① 집단학살의 한 사례로서 난징 대학살
② 제2차 세계대전 중 난징에서 일본군의 잔학 행위
③ 역사상 가장 파괴적인 전쟁의 잊힌 원인
④ 제2차 세계대전 집단적 트라우마들에 대한 대조적인 반응들
⑤ 나치와 일본군의 잔혹 행위에서 발견되는 악의 평범성

26~27

무척추동물은 등뼈를 가지고 있지 않은 동물이다. 이들 중 다수는 작아서 쉽게 간과되지만, 매우 다양하고, 널리 분포하고 있으며, 현재 알려진 모든 동물 종의 약 97%를 차지하고 있다. 척추동물은 단일한 문(門)을 형성하지만, 무척추동물은 30개 이상의 문에 속하는 비공식적인 집합체이다. 그 중에 절지동물이라는 단 하나의 문에 속하는 것들만 해도 아마도 지구상의 모든 다른 동물들의 수를 능가할 것이다. 무척추동물은 상상할 수 있는 모든 유형의 서식지에서 발견되지만, 가장 많은 개체 수가 존재하는 곳은 동물 생명이 최초로 발생한 바다이다. 무척추동물은 가장 먼저 진화한 동물들이지만, 어떻게 그 과정이 정확히 이루어졌는지는 아직 밝혀지지 않고 있다. 이들의 조상이 지금의 원생동물과 비슷한, 음식물을 섭취하는 단세포 미생물이었다는 점에는 의심의 여지가 거의 없다. 많은 생물학자는 어느 시점에서 이 단세포 미생물들이 영구적인 공생 관계를 형성하기 시작했다고 생각한다. 이런 일이 일어났을 때, 동물 생명이 시작되었다.

| 어휘 |

invertebrate n. 무척추동물 **backbone** n. 척추 **overlook** v. 간과하다 **vertebrate** n. 척추동물 **phylum** n. 〈생물〉문(門, 동식물 분류의 단위) **arthropod** n. 절지동물 **conceivable** a. 상상할 수 있는 **habitat** n. 서식지 **extant** a. 현존하는 **protozoan** n. 원생동물 **microorganism** n. 미생물 **symbiotic partnership** 공생 관계 **extinct** a. 멸종한 **give rise to** 낳다

26 내용일치   ⑤

| 분석 |

⑤ 원생동물은 무척추동물의 조상과 유사하다고 했지, 이들이 최초의 생명체라고는 말하지 않았다.

다음 중 틀린 진술은?
① 절지동물이 지구에서 가장 많은 생물일 가능성이 있다.
② 무척추동물은 척추동물보다 수가 훨씬 많다.
③ 무척추동물의 조상은 아마도 단세포 생물이었을 것이다.
④ 무척추동물은 지구 전역에서 발견될 수 있다.
⑤ 원생동물은 최초의 생명체였다.

27 내용추론   ②

| 분석 |

무척추동물의 조상이 단세포 미생물이고 마지막 문장에서 단세포 미생물들이 공생하면서 동물이 생겨났다고 했으므로, 이 동물은 무척추동물이다. 따라서 ② "미생물 간의 공생이 무척추동물을 탄생시켰다"가 추론할 수 있는 내용이다. ⑤ 무척추동물이 척추동물로 진화했다.

다음 중 이 글에서 추론할 수 있는 것은?
① 척추동물은 한때 무척추동물보다 훨씬 많았다.
② 미생물 간의 공생이 무척추동물을 탄생시켰다.
③ 무척추동물은 특정 서식지에서만 생존한다.
④ 많은 무척추동물이 멸종하고 있다.
⑤ 척추동물이 최초의 무척추동물을 탄생시켰다.

28~30

1960년대 후반, 컴퓨터가 거의 과학적 또는 산업적 용도로만 사용되던 시기에, 하니웰은 세상에 대담한 새로운 비전을 제시했다. 무려 10,600달러라는 엄청난 가격이 매겨진 하니웰 키친 컴퓨터는 '레시피 선택기'로 광고되었고, 모든 미래 가정주부의 꿈으로 여겨졌다.
하지만 현실은 '우주 시대'보다는 '마케팅 전략'에 가까웠다. 이 컴퓨터는 대량 생산을 목표로 만들어진 것이 아니라, 완전히 새로운 가정용 컴퓨터에 대한 소비자의 관심을 측정하려는 목적이었다. 판매 실적은 미미했고 대단히 비실용적이었지만, 키친 컴퓨터는 더 큰 무언가를 촉발했다. 고든 벨 같은 기술 비전가는 이 제품을 하나의 지침으로 받아들였으며, 이들의 상상력은 일상생활 속에서의 컴퓨터의 잠재력에 의해 불붙여졌다. 그들은 가정이 학습, 조직, 엔터테인먼트, 심지어 자동화를 통해 변화하는 모습을 떠올렸다. 하니웰 키친 컴퓨터는 상업적으로 실패했지만, 그것은 중요한 전환점을 의미했다.

| 어휘 |

exclusively ad. 독점적으로 **application** n. 용도 **audacious** a. 대담한, 혁신적인 **staggering** a. 엄청난, 경이로운 **recipe selector** 레시피 선택기 **marketing stunt** 마케팅 전략, 홍보 수단 **gauge** v. 측정하다, 평가하다 **impractical** a. 비현실적인, 실용적이지 않은 **spark** v. 점화하다 **tech visionary** 기술 비전가(기술 혁신을 예측하고 이끄는 사람들) **beacon** n. 지침, 길잡이 **ignite** v. 불을 붙이다 **potential** n. 가능성 **flop** v. 실패하다 **crucial** a. 중요한 **turning point** 전환점 **culinary** a. 요리의 **potent** a. 강력한 **optimism** n. 낙관주의 **gamble** n. 도박 **compromise** v. 훼손하다 **device** n. 장치 **gimmick** n. 고안, 속임수

28 글의 제목 ①

| 분석 |

하니웰 키친 컴퓨터는 마케팅 전략이라는 원래의 목적에 맞게 상업적 성공은 이루지 못했지만, 결국 가정용 컴퓨터라는 혁명을 가져왔다는 내용이다. 마케팅 전략으로 시작했다는 말도 옳은 말이므로 정답은 ①이다. ⑤ 공정한 가격이 아니라 엄청난 가격이고, 메인프레임이 아니라 가정용 컴퓨터이다.

이 글의 제목은?
① 하니웰 키친 컴퓨터: 혁명을 촉발한 마케팅 전략
② 키친 컴퓨터: 요리 자동화의 개척자
③ 기술적 돌파구: 키친 컴퓨터가 요리 준비에 미친 영향
④ 키친 컴퓨터: 1960년대 낙관주의의 강력한 상징
⑤ 하니웰의 대담한 도박: 메인프레임 성능을 공정 가격에 가정으로 가져오기

29 내용추론 ④

| 분석 |

키친 컴퓨터는 대량 생산을 목표로 만들어진 것이 아니라, 완전히 새로운 가정용 컴퓨터에 대한 소비자의 관심을 측정하려는 목적이었다고 했으므로, 애초에 많이 팔리리라 기대하지 않았을 것이다. 따라서 ④를 추론할 수 있다. ① 고든 벨이 가정용 컴퓨터를 발명했다는 말은 없다. ② 하니웰의 명성에 대한 언급은 없다. ③ 목표가 마케팅이었기에, 제조와 홍보에서 많은 돈을 잃었다고 볼 근거는 없다.

이 글에서 추론할 수 있는 것은?
① 키친 컴퓨터는 고든 벨에게 최초의 진정한 가정용 컴퓨터를 발명할 영감을 주었다.
② 키친 컴퓨터의 '마케팅 전략'은 하니웰의 명성을 심각하게 손상시켰다.
③ 하니웰은 키친 컴퓨터를 제조하고 홍보하는 과정에서 많은 돈을 잃었다.
④ 하니웰은 '우주 시대' 키친 컴퓨터가 잘 팔릴 것이라고 기대하지 않았다.
⑤ 고든 벨은 하니웰이 자신의 가정용 컴퓨터 비전을 훼손했다고 믿었다.

30 뒷내용 추론 ①

| 분석 |

마지막 문장에서 키친 컴퓨터는 가정용 컴퓨터로 가는 중요한 전환점이 되었다고 했으므로, 가정용 컴퓨터라는 혁신, 기술적 발전 이야기가 이어지는 게 가장 자연스럽다. 따라서 '혁신'을 이야기하는 ①이 정답이다.

마지막 문단을 볼 때 이 다음에는 어떤 내용이 이어지겠는가?
① 키친 컴퓨터가 혁신을 촉진한 사례
② 하니웰이 어떻게 명성을 회복했는지에 대한 설명
③ 고든 벨의 중요성을 지지하는 주장
④ 키친 컴퓨터와 유사한 기기의 비교
⑤ 마케팅 전략과 판매 속임수에 대한 부정적인 의견

SOGANG UNIVERSITY | 2024학년도 1차

TEST p. 44~56

01	④	02	①	03	③	04	⑤	05	②	06	④	07	①	08	②	09	②	10	⑤
11	①	12	④	13	①	14	⑤	15	③	16	④	17	④	18	⑤	19	②	20	④
21	①	22	⑤	23	③	24	③	25	②	26	④	27	④	28	①	29	④	30	①

01 논리완성 ④

| 분석 |

but 이하에서 '되살려냈다(revived)'고 한 것은 반대로 그 이전에는 사멸이나 중단(abeyance) 상태에 있었다는 말이므로 빈칸에는 ④가 적절하다.

| 어휘 |

enduring a. 지속적인, 영속적인 **fountain** n. 분수; 원천, 근원 **outpouring** n. 흘러나옴, 유출 **distinction** n. 구별, 차별; 탁월 **location** n. 장소, 위치 **affluence** n. 풍부함, 풍요 **abeyance** n. 중지, 정지 **fall[go] into abeyance** (법률·규칙·제도 등이) 일시 정지되다 **aberration** n. 상궤를 벗어남, 탈선

| 해석 |

문학의 유토피아는 수천 년 전 성(聖) 아우구스티누스 시대 이후 잠시 중단되었지만, 토머스 모어(Thomas More)경의 불멸의 고전이 출판되어 그 장르의 운명을 되살려 놓았고, 우리가 유토피아라고 부르는 것이 솟아나는 원천이 되었다.

02 논리완성 ①

| 분석 |

유리가 부서지고 파일이 흩어진 것은 폭도들이 정부 건물을 약탈한(ransack) 데 따른 결과로 보는 것이 타당하다.

| 어휘 |

enraged a. 격분한 **mob** n. 폭도 **trail** n. 자국, 지나간 흔적 **in one's wake** ~의 여파로 **ransack** v. 샅샅이 뒤지다; 약탈하다 **goldbrick** v. 속이다 **barrack** v. 막사에 수용하다 **bushwhack** v. 덤불을 베어 헤치다 **leapfrog** v. 앞지르다, 뛰어넘다

| 해석 |

격분한 폭도들이 정부 건물을 약탈했고, 그 여파로 부서진 유리와 흩어진 파일의 흔적만이 남아있었다.

03 논리완성 ③

| 분석 |

절망이 자신을 압도하도록 내버려 두지 않았다는 것은 슬픔이나 좌절을 내비치지 않았다는 것이며, 이는 곧 냉정 혹은 평정(composure)의 태도를 보여주었다는 것이다.

| 어휘 |

tragedy n. 비극 **exude** v. 발산시키다 **overwhelm** v. 압도하다, 제압하다; 궤멸시키다 **foreclosure** n. 폐쇄, 폐지 **conjecture** n. 추측, 억측 **composure** n. 침착, 냉정 **imposture** n. 사기, 협잡 **discomfiture** n. 좌절; 당황

| 해석 |

비극을 맞이해서도 그녀는 조용한 평정의 태도를 발산하여, 절망이 자신을 압도하도록 내버려 두지 않았다.

04 논리완성 ⑤

| 분석 |

"표범은 자신의 얼룩무늬를 바꿀 수 없다"는 '고정 불변성'을 의미하는데, 앞에 contrary to가 있으므로 빈칸에는 '가변성'의 의미를 내포하고 있는 ⑤의 malleable(유연한)이 들어가야 한다.

| 어휘 |

anthropologist n. 인류학자 **assure** v. 납득시키다, 확신시키다; 보장하다 **psyche** n. 영혼, 정신 **spot** n. 반점, 얼룩 **alchemical** a. 연금술의 **omniscient** a. 무엇이든지 알고 있는 **monolithic** a. 이질적인 것이 없는, 획일적인 **ostentatious** a. 과시하는 **malleable** a. 적응성이 있는, 유연한

| 해석 |

심리학자들과 인류학자들은 인간의 정신이 유연하다고 우리에게 확신시키는데, 이는 "표범은 자신의 얼룩무늬를 바꿀 수 없다"라는 일반적인 개념과 상반되는 것이다.

05 논리완성　②

| 분석 |
담배의 포장에 불쾌한 색상을 사용하고 병든 장기의 이미지를 동반하게 하는 것은 흡연을 깎아내리거나(disparage) 좋지 않게 보이도록 하는 의도를 가지고 있다고 봐야 한다.

| 어휘 |
portray v. 그리다, 묘사하다　**associate** v. 관련시키다, 결합하다　**enact** v. 법령화하다; (법률을) 제정하다　**off-putting** a. 혐오를 느끼게 하는　**accompany** v. ~에 동반하다　**disenthrall** v. 해방하다　**disparage** v. 헐뜯다, 나쁘게 말하다　**disinterest** v. ~에 무관심하게 하다　**disincline** v. 싫증나게 하다　**disinherit** v. 상속권을 박탈하다

| 해석 |
수년간의 정부 연구는 제품이 포장을 통해 보여주는 이미지에 의해 젊은 사람들이 흡연에 이끌린다는 사실을 확실하게 증명한다. 수년에 걸쳐 담배 회사들은 그들의 브랜드 이미지를 긍정적이고 성공적인 라이프스타일과 연결시키는 공격적인 광고에 수십억 달러를 지출했다. 이를 깨달은 금연 운동가들은 담배 포장이 가능한 한 매력적이지 않게 만들어지도록 정부에 로비를 벌였다. 궁극적으로, 젊은 사람들에게 흡연이 좋지 않은 것으로 보이게 하기 위해, 담배 회사들로 하여금 불쾌한 색상을 사용하고 병든 장기의 이미지를 동반하게 하여 가능한 한 매력적이지 않게 담배를 포장하도록 강제하는 법이 제정되었다.

06 논리완성　④

| 분석 |
투자자들에게 그 지역의 경제 지형에 대한 포괄적인 개요를 제시하고자 한다면, 다양한 출처의 정보를 종합하여(aggregate) 상황을 보다 명확하게 파악해야 할 것이다.

| 어휘 |
analyze v. 분석하다　**assess** v. 평가하다, 사정하다　**fluctuation** n. 동요; 오르내림, 변동　**reveal** v. 드러내다, 밝히다　**facilitate** v. 용이하게 하다, 촉진하다　**informed** a. 정보에 근거한　**propagate** v. 번식시키다; 전파하다　**abnegate** v. 포기하다　**variegate** v. 얼룩덜룩하게 하다; 변화를 주다　**aggregate** v. 모으다, 집합시키다　**denigrate** v. 모욕하다

| 해석 |
그 경제학자는 다양한 출처의 데이터를 분석하여 그 지역의 전반적인 경제성과를 평가했다. 개별 부문에 변동이 있긴 했지만, 수치는 안정적인 성장 추세를 보여주었다. 다양한 데이터 세트를 나란히 연구하는 것이 중요하다고 이해하고 있었던 그 연구원은 잠재적인 투자자들에게 그 지역의 경제 지형에 대한 포괄적인 개요를 제시하는 것을 목표로 했다. 다양한 출처의 정보를 종합함으로써 상황 파악이 보다 명확하게 이뤄졌고, 이로 인해 그의 고객의 미래 투자 전략과 관련하여 보다 자세한 정보에 근거한 의사 결정을 원활히 내릴 수 있게 되었다.

07 어법　①

| 분석 |
현재완료시제는 last week 같은 명확한 과거를 나타내는 표현과는 함께 쓰지 못한다. 그러므로 ①에서 I've finished를 I finished로 고쳐야 한다.

| 해석 |
A: 논문은 어떻게 되어가고 있니?
① B: 아주 좋아. 지난주에 마무리했어.
② A: 잘됐네! 예정보다 훨씬 빠르구나.
③ B: 그렇지는 않아. 다른 수업에서는 뒤쳐졌어.
④ A: 걱정하지 마. 조만간 따라잡을 수 있을 거야.
⑤ B: 그러겠지. 하지만 지금 당장은 불가능해 보여.

08 어법　②

| 분석 |
인상된 것은 대중교통의 요금으로 ②에서 Every public transportation을 Every public transportation fare로 고쳐야 한다.

| 해석 |
A: 들었어? 버스 요금이 또 오르네.
① B: 말도 안 돼! 불과 6개월 전에 인상되었지 않니?
② A: 그랬어. 모든 대중교통 요금이 인상되었지.
③ B: 하지만 이번에는 버스 요금만이야. 아, 이건 끔찍한 일이야!
④ A: 아, 이것 참. 살기가 점점 힘들어지는 시대잖아.
⑤ B: 나도 알아. 하지만 어떻게 맞춰 나가야 할지 모르겠어.

09~10

오스트리아의 건축가 아돌프 로스(Adolf Loos)는 장식을 원시인들이나 정신이상 범죄자들만이 행하는 것처럼 여겨지게 만들었다. 그러나 역사를 대충 살펴봐도, 고대 그리스의 사원에서든, 고딕 양식의 대성당에서든, 르네상스 시대의 궁전에서든, 워싱턴 DC의 의사당에서든, 장식이 항상 건축에 중요한 역할을 해왔다는 것을 알 수 있다. 사실, 장식의 성격에 의해 서로 다른 역사시대가 구분되는 경우가 많다.

건축에서 장식이 지속되는 이유는 장식이 불필요하기는커녕, 몇 가지 유용한 기능을 수행하기 때문이다. 장식이 있으면, 건축가는 건물 내부에서 일어나는 일들과의 명확한 관련성을 건축에 통합시킴으로써 뿐만 아니라 건물 장식의 강도를 단지 올리거나 내림으로써도 건물에 의미를 부여할 수 있을 것이다. 예를 들어, 필라델피아 교육위원회 건물의 주 출입구는 업무용 출입구보다 더 클 뿐 아니라 보다 더 정교하게 장식돼 있는데, 날개 달린 두 여성의 조상(彫像)과 문장(紋章)처럼 보이는 것이 들어 있는 원형의 양각(陽刻)이 그 위에 놓여 있다. 독특한 장식이 없으면, 건물은 미묘한 차이가 드러나지 못할 위험이 더 크지만, 의미 있는 장식이 없으면, 무의미해질 위험이 있다.

| 어휘 |

architect n. 건축가 **ornamentation** n. 장식 **deviant** n. 비정상적인 사람, 괴짜; a. 이상 성격자 **cursory** a. 되는 대로의, 피상적인 **palazzo** n. 궁전, 전당 **distinguish** v. 구별하다 **persistence** n. 고집, 영속 **far from** 결코 ~이 아닌 **superfluous** a. 남는, 여분의, 불필요한 **incorporate** v. 통합하다; 구체화하다 **reference** n. 관계, 관련; 참조 **intensity** n. 강렬; 강도 **elaborately** ad. 정교하게 **medallion** n. 대형 메달; (초상화 등의) 원형의 양각 **coat of arms** 문장(紋章) **distinctive** a. 독특한, 특이한 **nuance** v. 미묘한 차이를 덧붙이다

09 동의어 ②

| 분석 |

cursory는 '되는 대로의', '피상적인'이라는 의미이므로 '깊이가 없는', '피상적인'이라는 뜻의 superficial이 동의어로 적절하다. ① 무형의 ③ 진짜의 ④ 일상의 ⑤ 고안하는

10 내용일치 ⑤

| 분석 |

건축에서 장식은 몇 가지 유용한 기능을 수행하며 지속되고 있다고 했으므로 장식을 포기하면, 지금까지 익숙해져 있는 장식의 효과를 경험할 수 없게 되어 불필요한 혼란을 야기할 것이다. 따라서 ⑤가 옳은 진술이다. ① 장식을 원시인이나 정신이상 범죄자의 것으로 여겼다. ②, ④ 본문에 언급이 없다. ③ 미국 국회의사당이 아니라 필라델피아 교육위원회 건물이다.

위 글에 의하면 다음 중 옳은 것은?
① 아돌프 로스는 건축에서 장식을 사용하는 것에 대해 열광했다.
② 건축에서 장식은 항상 원시 문화를 나타낸다.
③ 미국 국회의사당은 장식이 돼 있는 출입구로 유명하다.
④ 건축의 장식은 점점 더 유행을 타지 않고 있다.
⑤ 건축에서 장식을 포기하는 것은 불필요한 혼란을 야기한다.

11 문의 구성 ①

| 분석 |

Ⓐ는 접속사 as가 이끄는 절의 동사인데, 분사는 정동사의 역할을 할 수 없으므로 Ⓐ를 과거시제 동사 precipitated로 고쳐야 한다.

| 어휘 |

transformation n. 변형, 변화 **cuisine** n. 요리, 요리법 **precipitate** v. 재촉하다, 촉진시키다 **staple** n. 주요 산물, 중요 상품; 주요[기본] 식품 **maize** n. 옥수수 **prominently** ad. 두드러지게, 현저하게 **resurgence** n. 부활, 소생 **revivalist** n. 부흥운동가, 회복주의자 **reclaim** v. (분실하거나 빼앗긴 물건 등을) 되찾다[돌려 달라고 하다] **culinary** a. 요리의, 요리용의 **push back against** (잘못이라고 생각하는 것에 대해) 반박하다 **heritage** n. 유산, 세습재산 **sustainability** n. 지속가능성; (자원 이용이) 환경이 파괴되지 않고 계속될 수 있음

| 해석 |

1521년에 스페인 사람들이 멕시코에 도착한 것은 그 지역의 요리법에 변화가 시작될 것임을 보여주는 것이었는데, 이는 가축, 특히 소와 돼지의 전래가 이 지역의 전통적인 채식 중심 식단의 쇠퇴를 촉진시켰기 때문이다. 자신들의 뿌리와 다시 연결되기 위해, 점점 더 많은 멕시코인들과 멕시코계 미국인들은 "채식을 지향하는" 전통적인 식습관을 다시 받아들이고 있다. 예를 들어, 예전에 주식으로 삼았던 — 세 자매로 알려져 있는 — 옥수수, 콩, 스쿼시가 이제 일상적인 가정의 식사에서 더 두드러지고 있다. 이러한 요리가 소생함에 따라, 회복주의자들은 그들이 전통적인 요리를 되찾고 있으며 유산과 지속 가능성에 대한 이야기를 상기시킴으로써 식민주의를 밀쳐내고 있다고 느낀다.

12 명사를 수식하는 형용사 ④

| 분석 |

명사를 수식하는 역할을 하는 것은 부사가 아닌 형용사이므로 Ⓓ를 endless consumption으로 고쳐야 한다.

| 어휘 |

abundance n. 풍부, 부유 **arena** n. (고대 로마의) 투기장; (일반적) 경기장; 활동 장소 **iconography** n. 도해(법); 초상[조상(彫像)] 연구, 초상화(집) **catchy** a. 사람의 마음을 끄는, 매력 있는 **consumption** n. 소비 **gaudy** a. 화려한, 야한

| 해석 |

비록 그것에 대항하는 몇몇의 강한 목소리들이 등장했지만, 풍요라는 자본주의의 이념은 새로운 문화적 공간을 만들어내는 데 도움을 주고 있었다. 그것은 상업적인 상징들과 사람의 마음을 끄는 슬로건들로, 상품과 끝없는 소비라는 비전으로, 패션쇼

와 화려한 상점의 진열장으로, 도시의 거리 위에 우뚝 솟아있는 거대한 전기 광고판과 기계화된 화면 등으로 가득 채워지고 있는 무대였다.

13~14

마르쿠스 유니우스 브루투스(Marcus Junius Brutus)가 율리우스 카이사르의(Julius Caesar) 암살 계획에 가담하기로 한 것은 그 자신의 혈통에 아로새겨져 있는 유산과 분리될 수 없다. 그의 뛰어난 조상이었던 루키우스 주니우스 브루투스(Lucius Junius Brutus)로부터 공화주의의 이상과 폭정에 대한 단호한 저항의 물결이 거세게 흘렀다. 이 로마 공화정의 창시자는 마지막 왕을 쫓아내고 자유와 공유된 권력에 기초한 체제를 구축하는 데 중추적인 역할을 했다. 그가 이런 가치관을 지키고 다른 군주의 등장을 허락하지 않겠노라고 맹세하며 원로원 의원들 사이에서 했던 서약은 여러 세대에 걸쳐 울려 퍼졌고, 그의 후손의 마음에도 깊은 울림을 남겼다.

따라서 카이사르에 대항하는 음모에 가담한 행위는 브루투스에게 있어서 결코 로마에 대한 배신이 아니었으며 로마 공화정과 그것이 오랫동안 지켜온 자유에 대한 필사적이지만 꼭 필요한 방어 행위였다. 자유를 위한 투사들의 혼령과 자랑스러운 그의 혈통의 속삭임에 이끌린 손으로, 그는 친구를 쓰러뜨린 것이 아니라 잠재적인 폭군을 쓰러뜨린 것이었다. 그 운명의 순간, 브루투스는 자신을 위해서가 아니라 가장 뛰어난 로마의 정신을 위해 행동하고 있었으며, 수세기 전에 자신의 조상이 독재자가 공화정의 통치권을 다시 갖게 되어 자유롭고 독립적인 국민들을 노예로 삼는 것을 결코 용납하지 않겠다며 만든 서약을 다시금 울려 퍼지게 하고 있었던 것이다.

| 어휘 |

assassinate v. 암살하다 **divorce** v. 이혼시키다; 분리시키다
legacy n. 유산, 물려받은 것 **etch** v. 뚜렷이 새기다[아로새기다]
bloodline n. 혈통, 혈족 **illustrious** a. 뛰어난, 이름난, 저명한
unflinching a. 굽히지 않는, 움츠리지 않는, 단호한 **tyranny** n. 포학, 폭정, 전제정치 **founding father** 창시자 **pivotal** a. 중추적인, 중요한 **expel** v. 쫓아내다; 추방하다 **oath** n. 맹세, 서약
senator n. 원로원 의원 **swear** v. 맹세하다, 선서하다 **monarch** n. 군주 **resonate** v. 공명하다, 울리다 **descendant** n. 자손, 후예 **conspiracy** n. 음모 **betrayal** n. 배신 **forefather** n. 조상, 선조 **enslave** v. 노예로 만들다

13 글의 주제 ②

| 분석 |

브루투스가 카이사르의 암살에 가담한 것은 공화주의의 이상을 추구하고 폭정에 저항했던 그의 혈통, 즉 집안의 내력과 무관하지 않음을 이야기하고 있는 내용이다.

위 글은 주로 무엇에 관한 것인가?
① 로마 왕정과 로마 공화정의 주된 차이점
② 브루투스의 혈통이 암살 음모에 대한 그의 대응에 미친 영향
③ 율리우스 카이사르의 통치가 로마 공화정의 이상에 제기한 위협
④ 브루투스가 카이사르만큼 폭군으로 여겨진 이유들
⑤ 카이사르 암살이 로마제국에 미친 장기적인 영향

14 내용일치 ③

| 분석 |

브루투스는 로마 공화정의 창시자였던 루키우스 주니우스 브루투스의 후손이었으므로 ③이 옳은 진술이다.

위 글에 의하면 다음 중 옳은 것은?
① 브루투스는 카이사르를 암살하려는 음모를 제국에 대한 배신으로 여겼다.
② 브루투스와 카이사르는 로마 공화정의 창시자들이었다.
③ 브루투스는 로마 공화정의 창시자의 후손이었다.
④ 브루투스는 개인적인 이유로 카이사르를 암살할 동기를 가지고 있었다.
⑤ 브루투스는 카이사르를 암살함으로써 로마의 황제가 되기를 바랐다.

15~16

공상과학영화는 이성을 중시하지만, 인간에 기반을 두지 않은 합리성, 다시 말해 인간의 인식 안에서 더 이상 생겨나지 않는 합리성을 두려워한다. "터미네이터(1984~2009)"의 스카이넷이나 "캡틴 아메리카: 윈터 솔져(2014)"의 아르님 졸라와 같은 슈퍼컴퓨터가 등장하는 공상과학영화에서 인간은 과학기술로 대체될 위험에 처해 있으며, 컴퓨터는 지식의 초대형 저장소 혹은 지식의 궁극적인 구현체를 상징한다. 그러나 비록 분명하긴 해도, 이것은 오늘날 살아가는 "실제" 세계의 삶을 반영한다. 정보가 점점 더 인간이 아닌 것에서 나오게 됨에 따라, 인간이 역할을 다하기 위해서는 부득이 기계에 접속해야 한다. 그 결과, "인간"의 전통적인 개념은 사람들이 "포스트 인간"이 됨에 따라 쓸모없는 것이 되고 만다. 이것은 인간이라는 것이 인공지능 기계와의 상호작용이라는 새로운 맥락의 관점에서 정의된다는 것을 의미한다. 포스트휴먼 세계에서, 인간은 사이보그나 컴퓨터와 구별이 힘들게 되었다. 컴퓨터, 인터넷, 그리고 사이버 공간으로 이뤄진 현대의 풍경 속에서, 공상과학영화는 점점 덜 허구적인 것이 되었다.

| 어휘 |

prize v. 높이 평가하다, 존중하다   rationality n. 합리성   grounding n. 토대, 기초지식   cognition n. 인식, 인지   replace v. 대체하다   embodiment n. 구체화, 체현   writ large 뚜렷한, 역력한; 대대적인   disembodied a. 육체에서 분리된, 실체가 없는   interface v. 접속하다   obsolescence n. 노후화, 진부화   posthuman n. 포스트휴먼(인간과 로봇 및 기술의 경계가 사라져 현존하는 인간을 넘어선 신인류)   define v. (성격·내용 따위를) 규정짓다, 정의하다   interaction n. 상호작용   distinguishable a. 구별할 수 있는   contemporary a. 동시대의; 현대의

15 동의어   ③

| 분석 |

obsolescence는 '노후화', '쓸모없음'이라는 의미인데, 인간(human)이었던 사람들이 posthuman이 되고 나면 human은 이제는 쓸모없이 남아도는 여분의 것이 될 것이다. 따라서 '과잉', '여분'이라는 의미의 redundancy를 개념적 동의어로 선택할 수 있다. ① 결핍 ② 진화 ④ 부활 ⑤ 불멸

16 글의 제목   ⑤

| 분석 |

인간이 부득이 기계에 접속해야만 하게 된 결과, 인간은 인공지능 기계와 상호작용하는 인간이라는 의미의 포스트휴먼이 되었고 이런 포스트휴먼 세계에서 공상과학영화는 점점 덜 허구적인 것, 즉 더욱 현실적인 것이 되었다고 했으므로 ⑤가 제목으로 적절하다.

위 글의 제목으로 가장 적절한 것은?
① 문화적 불안의 근원: 사이보그와 컴퓨터
② 합리성에 대한 두려움: 문화적 종말론자로서의 공상과학영화
③ 인간 대 동물: 인간 대 인공지능
④ 공상과학영화의 현실과 환상: 가장 새로운 미개척지
⑤ 실현된 공상과학영화: 우리는 어떻게 포스트휴먼이 되었는가

17~18

음모론자들은 "스트랫퍼드 출신의 그 남자"를 다른 사람의 행세를 하는 사기꾼으로 치부한다. 그들은 그가 어떤 더 고귀한 사람의 말을 그대로 떠들어댄 문맹의 배우였으며, 무식했지만 그럭저럭 대사를 외울 수 있었을 것으로 가정한다. 저자 진위 논쟁의 실체는 18세기 말과 19세기 초에 낭만주의 운동과 함께 등장한 셰익스피어 숭배의 파생물이다. 그 이전까지만 해도 윌리엄 셰익스피어의 희곡들의 저자로서의 셰익스피어의 정체에 대해 의심하는 사람은 아무도 없었다. 하지만 그가 신(神)으로 변하게 되자, 자연스럽게 그를 허물어뜨리고자 하는 종파와 이교도들이 등장하게 되었다.

하지만 사실대로 보자면, 윌리엄 셰익스피어는 대단한 귀족도 아니었고, 이중간첩 같은 화려한 두 가지 역할 수행자도 아니었다. 실제로, 그는 영국 중부의 <신의 뜻에 의한> 마을 출신이었고, 그는 거기서 문법학교를 다녔다. 자라면서, 그의 주된 관심사는 고생에서 벗어나서 자신과 가족을 더 나은 삶으로 이끄는 것이 되었다. 아마도, 그가 전혀 특별한 것이 없는 배경 출신이라는 점이 가장 특별한 점일 것이다. 셰익스피어가 모든 사람이 될 수 있었던 것은 그가 보잘것없는 사람이었기 때문일지도 모른다. 그는 인간이라는 것이 무엇인지를 이해하고 있었기 때문에, 모든 시대의 모든 종족들과 이야기한다. 그는 제멋대로 하는 귀족의 삶을 살지 않았다. 그는 일하는 장인(匠人)이었고, 매일 생계를 유지해야 했으며 일하는 사람들이 매일 마주치는 문제와 마주해야 했다. 그의 삶은 평범했으며, 그의 정신은 비범했다. 그의 상상력은 환상과 꿈을 통해 멀리 떨어진 나라와 지나간 시대로 비약했지만, 항상 현실에 뿌리를 두고 있었다.

| 어휘 |

conspiracy n. 음모   imposter n. (이름·주소·나이·직업 따위를) 사칭하는 사람, (다른 사람 행세를 하는) 사기꾼   mouth v. (소리는 내지 않고) 입 모양으로만 말하다; (실제 믿거나 이해하지 못하는 것을 입으로만) 떠들다   line n. (연극의) 대사   offshoot n. 파생물, 파생적인 결과   cult n. 예배, 제사; 숭배   sect n. 종파(宗派)   heretic n. 이교도; 반대론자   pull down 허물어뜨리다, 떨어뜨리다   fabulous a. 전설적인; 엄청난, 대단한   aristocrat n. 귀족   flamboyant a. 화려한, 현란한   double agent 이중간첩   providential a. 섭리의, 신에 뜻에 의한   nobody n. 보잘것없는 사람, (특히 사회적으로) 이름 없는 사람   pampered a. 제멋대로 하는, 방자한   craftsman n. 장인(匠人)

17 글의 흐름상 적절하지 않은 단어 고르기   ④

| 분석 |

Ⓓ를 포함하고 있는 문장은 셰익스피어가 평범한 사람이었음 이야기하고 있으므로 '섭리의', '신에 뜻에 의한'이라는 의미의 providential은 적절하지 않다. 글의 흐름에 맞게 '지방의', '시골의'라는 의미의 provincial로 고치는 것이 자연스럽다.

18 글의 제목 ⑤

| 분석 |

셰익스피어가 실제로는 다른 사람이었을 수도 있다는 저자 진위 논란에 대해, 그는 평범한 사람이었지만 비범한 정신을 가진 사람이었고, 그렇기에 위대한 작품들을 남길 수 있었다는 의견을 제시하고 있는 글이다. 그러므로 제목으로는 ⑤가 적절하다.

위 글의 제목으로 가장 적절한 것은?
① 셰익스피어와 낭만주의 운동과의 관계
② 셰익스피어 숭배: 저자 진위에 대한 사회적 통념
③ 훌륭한 배우가 되는 것의 중요성: 음유시인으로부터의 조언
④ 우리가 셰익스피어를 존경해야 하거나 혹은 존경하지 말아야 하는 이유
⑤ 셰익스피어의 저자 진위 논란: 비범한 보통 사람

19~21

21세기에, 우리는 "디지털"이라는 단어를 계산과 연관 짓는 경향이 있지만, 그 단어의 기원은 고대로 거슬러 올라간다. 그 용어는 고전 라틴어로 "손가락"을 의미하는 'digitus'에서 유래했으며, 나중에는 손가락이나 발가락뿐만 아니라 10 미만의 정수를 지칭하는 'digit'에서 유래되었다. 우리는 초기의 많은 장치나 시스템을 디지털 원리를 이용하여 작동한 것으로 이해할 수도 있기 때문에, 디지털 절차는 전자 컴퓨터의 개발보다 훨씬 더 <시기가 뒤진다.> 예를 들어, 주판은 기원전 300년에 만들어진 간단한 디지털 계산기이며, 뿐만 아니라 모스 부호와 점자는 보다 최근에 이뤄진 디지털 기술의 활용을 대표한다. 이러한 각각의 예들의 공통점은 별개의 요소들 혹은 분리된 숫자들을 나타내기 위해 "디지털"이라는 단어를 사용했다는 것이다. 분리되고 개별적인 것에 초점을 맞추는 것은 오늘날의 디지털 전자기기의 작동에서 가장 중요한데, 기본적인 수준에서, 이 기기들은 0과 1의 두 값을 구별함으로써 작동하기 때문이다.

디지털이 계산보다 먼저 있었지만, 오늘날 이 두 용어는 밀접하게 연결되어 있으며, 형용사 "디지털"은 일반적으로 계산의 토대가 되는 이진법 체계를 축약하여 표현하는 것으로 사용된다. 따라서 우리는 "디지털 혁명"을 겪으며 살고 있고, 늘어나는 "디지털 격차"의 위험에 처해 있으며, "디지털 오디오"를 재생하고 "디지털 사진"을 저장하는 "디지털 장치"에 연결되어 있다. 우리 중 일부는 심지어 "디지털 인문학"을 실천하기도 한다. 디지털과 컴퓨테이션이라는 두 용어 사이의 미끄러지듯 교차사용 되는 정도가 너무나도 완벽해 보여서(혼용되는 빈도가 매우 흔하다는 의미) 두 용어가 동의어이고 항상 동의어였던 것으로 추정하기 쉽다.

| 어휘 |

computation n. 계산, 컴퓨터 사용[조작]   **hark back to** ~을 상기하다[떠올리다]; ~로 거슬러 올라가다   **derive from** ~에서 유래[파생]하다   **postdate** v. (시간적으로) ~의 뒤에 오다   **abacus** n. 주판   **discrete** a. 별개의, 분리된   **distinguish** v. 구별[식별]하다   **anticipate** v. 예기하다, 예상하다; 앞지르다, 선수 치다, ~보다 앞서다   **shorthand** n. 속기, 약어(略語)   **binary system** 이진법 체계   **underpin** v. 기초를 보강하다; ~을 떠받치다; ~에 근거를 주다   **humanities** n. 인문학   **slippage** n. 미끄러짐; 불이행   **assume** v. 추정하다, 가정하다   **synonymous** a. 동의어의, 같은 뜻의

19 글의 흐름상 적절하지 않은 단어 고르기 ②

| 분석 |

ⓑ를 포함하고 있는 문장에서, 초기의 많은 장치들과 시스템들이 디지털 원리를 사용하여 작동한 것으로 이해할 수 있다면, 디지털 절차는 전자 컴퓨터의 개발보다 훨씬 '늦게' 일어난 게 아니라 훨씬 '먼저' 일어난 것이라 할 수 있다. 그러므로 ⓑ는 '(시기적으로) ~에 앞서다', '~보다 먼저 일어나다'라는 의미의 antedate여야 한다.

20 글의 주제 ④

| 분석 |

본문에서는 "디지털"이라는 용어의 기원과 현재까지의 사용에 대해 주로 다루면서 "디지털"이라는 용어의 의미가 시간이 지남에 따라 변화해 왔음을 이야기하고 있다. 그러므로 ④가 정답으로 적절하다.

① 디지털이라는 용어는 빠르게 쓸모없어지고 있다.
② 전자 컴퓨터는 곧 디지털 시스템을 능가할 것이다.
③ 컴퓨팅의 기원은 주판까지 거슬러 올라간다.
④ 디지털이라는 용어의 의미는 시간이 지나면서 변화해 왔다.
⑤ 디지털 이진법 체계는 전자 컴퓨터와 함께 등장했다.

21 내용추론 ①

| 분석 |

마지막 문장은 디지털이라는 용어와 계산이라는 용어의 경계가 모호해졌고 둘 사이의 차이나 구분이 희미해졌음을 이야기하고 있는데, 이를 통해 앞으로도 디지털이라는 용어와 계속해서 연관 지어질 것임을 추론할 수 있다.

위 글을 바탕으로, 용어로서의 '디지털'의 미래에 대해 추론할 수 있는 것은?
① 그것은 계산과 계속해서 연관 지어질 것이다.
② 그것은 다시금 손가락과 발가락을 지칭하는 데 사용될 것이다.

③ 그것은 기술이 발전함에 따라 새로운 의미를 갖게 될 것이다.
④ 그것은 사용되지 않게 되어 사람들이 쓰는 어휘에서 사라질 것이다.
⑤ 고정된 의미가 생겨나 점진적 변화를 중단할 것이다.

22~24

미국의 저명한 언어철학자인 존 설(John Searle)은 인간 사유의 근본적인 성격을 언어와의 관계에서 상정하는 "표현가능성의 원리"라는 개념을 도입했다. 이 원리에서는 한 언어로 표현될 수 있는 그 어떤 생각도 다른 언어로 똑같이 간결하게 표현될 수 있다고 주장한다. 이 개념의 핵심은 생각이 특정 언어의 제약을 초월하여 추상적이고 보편적인 영역에서 작동한다는 것이다.

설의 개념은 언어결정론이 강제하는 경계에 도전하며, 우리가 말하는 언어의 기저에 단어와는 별개로 작용하는 사고의 공통된 기반이 존재한다는 것을 시사한다. 이 생각의 언어는 순전히 개념적이며, 관념과 개념의 추상적 영역에 있어서 언어적 구조에 의해 강제된 제약이 없다.

설의 관점에서, 우리가 말하는 언어는 우리의 생각을 구체화하고 전달하는 수단의 역할을 한다. 그것들은 생각의 언어 안에서 형성된 추상적 관념의 풍부한 혼합물을 전달하는 도구로서의 역할을 한다. 따라서 생각의 언어 자체는 접근할 수 없고 설명할 수 없는 상태로 남아 있지만, 우리가 말하는 언어는 매우 복잡한 우리의 내적, 정신적 풍경을 전달하고 표현하고자 하는 통로의 역할을 한다.

| 어휘 |

eminent a. 저명한, 유명한   **expressibility** n. 표현할 수 있음, 표현가능성   **posit** v. (주장·논의의 근거로 삼기 위해 무엇을) 사실로 상정하다[받아들이다], 긍정적으로 가정하다   **fundamental** a. 기초의, 근본적인   **assert** v. 단언하다, 강력히 주장하다   **articulate** v. (생각·감정을) 분명히 표현하다[설명하다]   **succinctly** ad. 간결하게, 간명하게   **transcend** v. (범위·한계를) 넘다; 초월하다   **specific** a. 일정한, 특정한   **realm** n. 영역   **boundary** n. 경계; 한계, 범위   **impose** v. 강제하다; 부과하다   **linguistic** a. 언어의, 언어학의   **determinism** n. 결정론   **substrate** n. 하층, 기저   **independently of** ~와는 별개로   **reside** v. 살다; 존재하다   **devoid of** ~이 없는[결여된]   **constraint** n. 강제, 압박; 구속, 억제   **vehicle** n. 매개체   **embody** v. 구체화하다, 구현하다   **tapestry** n. 태피스트리(여러 가지 색실로 그림을 짜 넣은 직물; 벽걸이 융단   **formulate** v. 공식화하다; 명확하게 말하다   **ineffable** a. 말로 나타낼 수 없는, 이루 말할 수 없는   **conduit** n. 도관(導管); 수로

22 동의어   ⑤

| 분석 |

succinctly는 '간결하게', '간단명료하게'라는 의미인데, 생각을 언어로 간결하게 표현한다는 것은 많은 말로 복잡하게 표현하는 것에 비해 적은 노력을 들인다는 말이므로 '효율적[능률적]으로'라는 의미의 efficiently를 개념적 동의어로 선택할 수 있다. ① 심오하게 ② 추상적으로 ④ 무관심하게

23 글의 주제   ③

| 분석 |

본문은 한 언어로 표현된 생각이 다른 언어로도 동일하게 표현될 수 있다고 주장하는 존 설의 "표현 가능성의 원리"를 소개하면서 언어의 기저에 단어와는 별개로 작용하는 사고의 공통된 기반이 존재함을 이야기하고 있다. 그러므로 본문은 언어와 추상적 사고의 관계에 대한 철학적 개념을 다루고 있다고 할 수 있다.

위 글은 주로 무엇에 관한 것인가?
① 모든 언어가 생겨난 보편적인 언어에 대한 탐구
② 특정 관념과 개념이 한 언어에서 다른 언어에서보다 더 잘 표현되는 이유
③ 추상적인 생각이 모든 언어의 기저에 있다는 철학적 개념
④ 언어가 추상적인 개념과 구체적인 생각 사이의 간극을 어떻게 메울 수 있는가
⑤ 생각의 언어를 진실에 대한 보다 명확한 표현으로 옮기는 것

24 부분이해   ③

| 분석 |

ineffable은 '말로 나타낼 수 없는', '이루 말할 수 없는'의 의미이므로 ③이 정답으로 적절하다.

다음 중 밑줄 친 ineffable의 의미를 가장 잘 전달하는 표현은?
① 말로 생각되어질 수 있는
② 말 없이 전달할 수 있는
③ 말로 표현할 수 없는
④ 모든 단어에 대해 근본적인
⑤ 말로 분명하게 표현할 수 있는

25~26

선구적인 정신의학자이자 범죄심리학의 권위자인 칼 메닝거 박사는 미국 형사 사법제도의 근간이 되는 전통적인 "범죄에 대한 처벌" 모델을 뒤집어엎을 것을 제안한다. 범죄에 대한 처벌을 강조하는 보복적 형사 사법제도와 달리, 메닝거는 범죄자에 초점을 맞춰, 단순히 범죄에 맞는 처벌을 가하는 것 대신 치료와 갱생을 옹호했다.

메닝거는 총체적인 건강을 진정한 갱생의 길로 상정하는 전체론적 복지 관점에 이끌려, 인도적인 치료를 옹호했고 개인을 "정신이상"으로 낙인찍는 것을 거부했다. 자신의 저서 『처벌의 범죄』에서, 그는 투옥과 사형을 포함하는 모든 형태의 처벌을 잔인하면서도 비효과적이라고 비난했다. 그는 특히 처벌이 죄수들의 정신건강에 대한 요구를 무시함으로써, 개인과 사회 모두에게 도움이 되지 않는다고 믿었다.

메닝거의 접근법은 수감자들에게 반향을 일으키면서 형사 사법제도 개혁에 대한 요구를 지속적으로 알리고 있다. 그의 철학은 오로지 범죄에 근거한 경직된 처벌 대신, 개인에게 맞춰진 치료와 갱생 계획을 요구하며 복수심보다는 공감과 이해를 장려한다. 이러한 관점의 전환은 갱생 당사자 개인이 고유하게 필요로 하는 것을 우선시함으로써, 우리가 범죄를 다루는 방식을 다시 생각하게 만든다.

| 어휘 |

psychiatrist n. 정신병 의사, 정신의학자　**upend** v. (위아래를) 거꾸로 하다[뒤집다]　**punishment** n. 형량, 처벌　**underlying** a. 기초가 되는, 근원적인　**retributive** a. 보복의, 응보의　**emphasize** v. 강조하다　**advocate** v. 옹호하다; 주장하다　**rehabilitation** n. 사회 복귀; (범죄자 등의) 갱생　**holistic** a. 전체론적인　**posit** v. (주장ㆍ논의의 근거로 삼기 위해 무엇을) 사실로 상정하다[받아들이다]　**champion** v. 옹호하다　**humane** a. 자비로운, 인도적인　**label** v. ~에 명칭을 붙이다, 분류하다　**insane** a. 미친, 발광한, 정신이상의　**condemn** v. 비난하다, 나무라다　**imprisonment** n. 투옥, 감금　**capital punishment** 사형　**fail** v. ~에게 쓸모가 없다　**neglect** v. 무시[경시]하다; 간과하다　**resonate with** ~에게 반향을 일으키다　**inmate** n. 수감자, 재소자　**push for** 요구하다　**empathy** n. 공감　**vengeance** n. 복수, 앙갚음　**prioritize** v. (계획ㆍ목표)에 우선순위를 매기다; 우선시키다

25　글의 제목　②

| 분석 |

본문은 "처벌을 강조하는 사법제도를 개선하여, 범죄자에 대한 처벌에 초점을 맞추는 대신 치료와 갱생을 지향할 것"을 주장하는 칼 메닝거 박사의 견해를 소개하는 내용이므로 제목으로는 ②가 적절하다.

위 글의 제목으로 가장 적절한 것은?
① 징벌에 대한 재고: 어떻게 처벌은 이미 범죄에 적합한가
② 처벌을 넘어서: 범죄자들에게 복수가 아닌 치료가 필요한 이유
③ 보복적 사법제도: 메닝거가 원칙으로 회귀하다
④ 인간 잠재력의 봉인 해제: 범죄자의 정신 이상에 권한을 부여하는 것
⑤ 눈에는 눈: 정말로 해야 할 일은 반드시 해야 한다

26　내용추론　④

| 분석 |

첫 문단의 "칼 메닝거(Karl Menninger) 박사는 미국 형사 사법제도의 근간이 되는 전통적인 '범죄에 대한 처벌' 모델을 뒤집어엎을 것을 제안한다."라는 내용을 통해 ④를 추론할 수 있다.

위 글에서 추론할 수 있는 것은?
① 형사 사법제도에 대한 메닝거의 접근방식은 수감자들에게 인기가 없다.
② 메닝거의 철학은 현재 주류로 간주되고 있다.
③ 메닝거의 프로그램은 범죄자들이 정신질환을 극복하는 데 도움이 되지 않는다.
④ 메닝거의 제안은 현행 형사 사법제도에 도전장을 던졌다.
⑤ 메닝거의 명성은 그의 이론으로 인해 타격을 입었다.

27~29

18세기 말과 19세기 초에, 콜롬보의 갈레 페이스(Galle Face)와 싱가포르의 래플스(Raffles) 호텔에 있는 것들과 같은 유럽 스타일의 고급 호텔의 바(bar)는 영국의 식민지 생활에서 중요한 역할을 했다. 전성기에 이 시설들은 손님들에게 본국의 맛을 제공하기 위해 노력했다. 그러나 오늘날 우리는 그들에게서 그러한 호텔 바(bar)가 번창했던 시대의 변화를 나타내는 보다 광범위한 제국주의 이야기의 축소판을 볼 수 있다.

당시에, 전통적인 성(性) 규범은 영국과 서구세계에서 진행 중이던 사회적 역학 관계 변화에 자리를 내주고 있었다. 예를 들어, 래플스 호텔에 ― 겉으로 보기에는 작은 변화인 ― "싱가포르 슬링" 칵테일이 등장함으로써 바(bar)는 남성전용 공간이라는 식민지의 전통이 깨지게 되었다. 당시에 칵테일은 여성에게는 적절하지만 남성에게는 어울리지 않는 음료로 여겨졌기 때문에, 이 변화는 아마도 오랜 사회적 금기를 무시하고 여성 고객을 바(bar)로 받아들이기 위한 기대로 도입되었을 것이기 때문이다.

나아가, 식민지의 고급 호텔에 있던 바(bar)는 식민지 시기의 인종적 긴장 상태를 드러나게 했다. 겉으로는 포용을 내세우고 있었지만, ― 또한 실제로 아랍계, 유대계, 아르메니아계 기업가들이 소유와 운영을 맡고 있었지만 ― 식민지의 호텔 바(bar)에서, 복잡한 양상이긴 해도, 인종에 따른 차별은 지속되고 있었다. 왜냐하면, 표면적으로는 다양한 고객을 환영하고 아무런 제한을 주장하지 않았지만, 그럼에도 불구하고 고급 호텔의 바(bar)들은 조심스럽게 오랜 인종적 위계질서를 고수했기 때문이다. 다시 말해, 인종적 제한은 노골적으로 가해진 것이 아니라 암암리에 이루어졌다. 예를 들어, 유라시아인의 고객들은 보통 좌석이나 서비스의 질 등에 있어서 대개 미묘한 형태의 차별을 받았다.

결론적으로, 식민지의 호텔들은 진보적이면서도 배타적이며, 인종 무차별적이면서도 인종차별적이었으며, 그 시대의 역설과 위선을 압축해서 보여주었다. 이들은 역사의 목격자로서 존속하면서, 세계가 서서히 변화하던 시기에 존재하던 성(性) 규범과 인종적 분열을 둘러싼 당시의 지속적인 노력을 드러낸다.

| 어휘 |

heyday n. 전성기 **establishment** n. (사회) 시설, (공공 또는 사설의) 시설물 **microcosm** n. 소우주 **norm** n. 기준; 규범 **underway** a. (계획 따위가) 진행 중인 **in defiance of** ~을 무시하여 **taboo** n. 금기 **veneer** n. 겉치장, 허식 **inclusion** n. 포함, 포괄 **entrepreneur** n. 기업가 **distinction** n. 차별 **superficially** ad. 피상적으로 **clientele** n. 고객, 단골손님 **restriction** n. 제한, 한정 **discreetly** ad. 분별 있게, 신중하게 **adhere to** ~을 고수하다 **hierarchy** n. 계급제도 **overtly** ad. 명백하게, 공공연하게 **impose** v. 강제하다; 부과하다 **covertly** ad. 암암리에, 은밀하게 **patron** n. 고객, 단골손님; 후원자 **segregation** n. 분리, 격리, 차단; 인종차별(대우) **exclusionary** a. 배제의, 제외의 **integrated** a. 통합된; 인종 무차별 대우의 **discriminatory** a. 차별적인 **encapsulate** v. (사실·정보 따위를) 간약하다, 요약하다 **hypocrisy** n. 위선 **ongoing** a. 전진하는, 진행하는

27 글의 제목 ③

| 분석 |

영국 식민지 호텔 바에서 여성을 받아들이는 노력을 하는 등 당시의 사회적 금기를 깨려는 노력을 하기도 했지만, 한편으로는 인종차별이 암암리에 남아있었음을 이야기하고 있다. 전자는 '진전' 후자는 '배제'로 표현할 수 있으므로, 제목으로는 ③이 적절하다.

위 글의 제목으로 가장 적절한 것은?
① 문화의 혼합, 술의 혼합: 식민지의 다양성 찬양
② 의식과 세련됨: 식민지 호텔 바의 스타일
③ 배제 속의 진전: 영국 식민지의 호텔 바
④ 사회 변화에 대한 환호: 성(性) 역할과 칵테일 문화
⑤ 고급 호텔: 과거의 길인가? 혹은 미래를 위한 꿈인가?

28 내용일치 ①

| 분석 |

식민지의 호텔들은 세계가 서서히 변화하던 시기에 존재하던 성(性) 규범과 인종적 분열을 둘러싼 지속적인 당시의 노력을 드러냈을 뿐이며, 사회적 진보를 이끌어냈다는 것은 지나치다. 아무리 좋게 평가하더라도 식민지에서의 사회적 진보이지 영국의 사회적 진보를 이끌었다고는 결코 말할 수 없다.

위 글에 의하면 다음 중 옳지 않은 것은?
① 영국 식민지 시대의 호텔 바 문화는 영국의 사회적 진보를 이끌었다.
② 콜롬보의 갈레 페이스와 싱가포르의 래플스 호텔은 "고급 호텔"로 불렸다.
③ 식민지 시대의 고급 호텔의 바는 그들의 차별적인 관행을 감추려고 시도했다.
④ 처음에 "싱가포르 슬링"은 래플스의 바를 다니는 남성들을 위해 만들어진 것은 아니었을 것이다.
⑤ 식민지의 고급 호텔은 그 시대의 사회 변화 방식에 동참했다.

29 내용추론 ④

| 분석 |

영국 식민지의 바에서 '싱가포르 슬링' 칵테일을 판매한 것은 바를 남성전용 공간에서 벗어나게 하는 사회적 변화를 나타냈다. 그러나 표면적으로는 포용적인 것처럼 보이지만, 식민지 호텔 바에서는 여전히 인종적 긴장과 계급이 존재했다. 따라서 좋은 것과 나쁜 것이 뒤섞인 결과를 가져왔다고 볼 수 있다.

위 글에서 추론할 수 있는 것은?
① '싱가포르 슬링' 칵테일은 오로지 수익 증대를 위해 만들어졌다.
② 콜롬보와 싱가포르의 유라시아인들은 호텔 바의 인종차별에 항의했다.
③ 칵테일은 식민지에서처럼 영국에서도 남성들에게 인기가 없었다.
④ 영국 식민지의 바에서 받아들인 변화는 좋은 것과 나쁜 것이 뒤섞인 결과를 낳았다.
⑤ 고급 호텔 체제로의 회귀는 사회 발전에 도움이 될 것 같다.

30 문장배열 ①

| 분석 |

베를린의 기원에 대한 불확실성을 소개한 ⑩, 초기의 역사적 증거와 기록이 부재한 것에 관한 내용인 ⓒ와 Ⓐ, 베를린이 수도로 선정된 과정과 베를린의 역사적 중요성을 확인하는 Ⓑ와 ⓒ의 순서로 배열하는 것이 가장 자연스럽다.

| 어휘 |

declare v. 선언하다, 발표하다, 공표하다 **millennium** n. 천년간, 천년기 **currently** ad. 일반적으로, 널리; 현재 **settle** v. 정착시키다 **evidence** n. 증거

| 해석 |

⑩ 베를린은 현재 독일의 수도이지만, 언제 처음 정착했는지는 아무도 알지 못한다.

ⓔ 1100년대 후반까지 그 곳에 몇 개의 건물이 존재했었다는 증거가 있다.
ⓐ 그러나 1240년대까지 베를린이라는 이름의 도시에 대한 실제 기록은 없다.
ⓑ 게다가, 그것은 1701년에 프로이센의 프레데릭(Frederick) 1세가 수도로 선포하고 샬롯텐부르크 궁전을 건설하기 전까지는 수도가 되지 못했다.
ⓒ 어떤 경우든, 그 도시는 역사의 상당 기간 동안 존재했으며, 수백 년 동안 독일 문화의 중심지였다.

SOGANG UNIVERSITY | 2024학년도 2차

TEST p. 58~71

01	③	02	④	03	③	04	③	05	④	06	②	07	⑤	08	①	09	②	10	⑤
11	⑤	12	②	13	①	14	②	15	②	16	⑤	17	⑤	18	④	19	⑤	20	④
21	①	22	④	23	④	24	④	25	④	26	④	27	①	28	④	29	③	30	④

01 3형식 문형에 쓰이는 동사 explain   ③

| 분석 |

explain은 3형식 동사로 쓰이며, 'explain A to B'의 형태를 취해 'A를 B에게 설명하다'라는 의미를 나타낸다. 목적어 the presentation project에 to us가 이어진 ③이 적절하다.

| 해석 |

A : 오늘 수업 시작 때 선생님이 무엇에 관해 이야기하셨니?
B : 우리가 정확히 무엇이 필요한지를 이해하도록 우리에게 발표 프로젝트를 설명해 주셨어.

02 시제   ④

| 분석 |

by 1915 같은 'by 과거시점'은 과거완료와 함께 쓰인다. 따라서 과거완료 시제인 ④가 빈칸에 들어가야 한다.

| 어휘 |

transformation n. 변형, 변화   **undergo** v. (영향·변화·검사 따위를) 받다, 입다; (시련 등을) 경험하다, 겪다

| 해석 |

역사학자 캐롤라인 웨어(Caroline Ware)는 자신의 저서 『그리니치 빌리지』에서 1915년에는 이미 미국 문화가 중요한 변화를 겪었다고 주장했다.

03 의문부사 why   ③

| 분석 |

be sure 다음에는 that절이나 간접의문절이 오는데, ① 빈칸 다음의 it이 an explosion을 가리키므로 '폭발이 일어난 것이 분명했다'고 한 다음 '폭발이 일어난 것을 아무도 확신하지 못했다'고 하는 것은 모순이다. ②, ⑤ 간접의문절이 되지만 it happened가 '주어+1형식동사'로 완결된 절을 이루므로 의문대명사 which와 what의 역할이 없어서 부적절하다. ④ 명사절이 아니라 부사절을 이루어 부적절하다. ③ 의문부사여서 완결된 절을 이끌 수 있으므로 정답이다.

| 어휘 |

explosion n. 폭발, 폭발음   **basement** n. 지하층, 지하실   **clue** n. 단서, 실마리

| 해석 |

도서관 지하실에서 폭발이 일어난 것은 분명했지만, 왜 폭발이 일어났는지 아무도 확신하지 못했고, 어디에서도 단서를 찾을 수 없었다.

04 주장·요구의 동사가 이끄는 that절 속의 동사 형태   ③

| 분석 |

주장·제안·요구의 동사가 이끄는 that절 속의 동사는 '(should) 동사원형'이어야 한다. require가 '요구'의 동사이므로 ③이 정답이 되며, 이때 be 앞에는 should가 생략돼 있다.

| 해석 |

모든 직원들은 늦어도 오전 6시 30분까지는 유니폼을 입고 업무를 시작할 준비가 되어 있어야 한다.

05 논리완성   ④

| 분석 |

두 번째 문장은 첫 번째 문장에 대한 부연설명에 해당하는데, '지구의 자전 속도가 시속 1마일만 빨라져도 물을 극지로부터 이동하게 만들어 적도 주변의 해수면을 상승시키는 것'은 '급격한' 변화의 예라 할 수 있으므로, 빈칸에는 ④가 적절하다.

| 어휘 |

for starters 우선 첫째로[먼저] **in store** ~에게 닥치려 하고 있는 **rotation** n. 회전, (지구의) 자전 **migrate** v. 이주하다, 이동하다 **pole** n. 극(極), 극지 **equator** n. 적도 **replicable** a. 반복 가능한; 〈유전학〉 복제 가능한 **adhesive** a. 점착성의 **squelchy** a. 질척거리는 **drastic** a. 과감한, 극단적인; 급격한 **exonerating** a. 무죄임을 밝히는

| 해석 |

만약 지구가 갑자기 현재 속도보다 훨씬 더 빨리 회전한다면, 몇 가지 급격한 변화가 닥쳐오게 될 것이다. 우선 먼저, 지구의 자전 속도가 시속 1마일만 빨라져도, 그로 인해 물이 극지(極地)로부터 이동하게 되어, 적도 주변의 해수면을 몇 인치 상승시킬 것이다.

06 논리완성   ②

| 분석 |

바로 뒤에서 부연 설명하고 있는 '키가 크고, 근육이 발달돼 있으며, 힘도 센' 모습과 호응하는 표현이 빈칸에 들어가야 할 것이므로, '장엄한', '위엄 있는'이라는 의미의 ②가 들어가는 것이 가장 자연스럽다.

| 어휘 |

medieval a. 중세의 **warhorse** n. 군마(軍馬); 노병 **muscular** a. 근육질의, 근육이 발달한 **atop** a. 꼭대기에, 정상에 **steed** n. 말, 군마(軍馬) **minuscule** a. 아주 작은, 하잘 것 없는 **majestic** a. 장엄한, 위엄 있는 **infinitesimal** a. 극소의, 극미의 **imbalanced** a. 불균형한 **slight** a. 약간의, 작은; 사소한

| 해석 |

대중문화는 중세 시대의 군마(軍馬)들을 번쩍이는 기사가 올라타고 있는 키 크고, 근육이 발달돼 있으며, 힘도 센 위풍당당한 동물로 그리고 있다. 하지만 새로운 연구는 중세 시대의 군마들이 아마도 우리가 기대하는 것보다 훨씬 더 작았을 것이라는 것을 보여준다.

07 논리완성   ⑤

| 분석 |

경찰이 처음에는 용의자의 유죄를 확신했지만 자신감을 잃고 수사를 더 하기로 한 것은 '이후에' 용의자가 범인이 아닐 수도 있다는 정보가 입수됐기 때문일 것이다. 따라서 '처음에'와 반대되는 의미의 ⑤ '이후의'가 정답이다.

| 어휘 |

initially ad. 처음에, 시초에 **suspect** n. 용의자 **confidence** n. 확신, 자신감 **recumbent** a. 기댄, 가로누운 **subordinate** a. 종속하는 **inordinate** a. 과도한, 터무니없는 **consequent** a. 결과로서 일어나는 **subsequent** a. 차후의; 다음의, 계속해서 일어나는

| 해석 |

경찰은 처음에는 용의자의 유죄를 확신했지만, 목격자의 형태로 들어온 이후의 정보로 인해 자신감을 잃고 더 수사해보기로 했다.

08 논리완성   ①

| 분석 |

확실한 증거가 여전히 부족한 상태에서 새로운 입자가 존재한다고 보는 것은 '추정하는' 것에 불과하다.

| 어휘 |

particle n. 미립자, 분자 **observe** v. 관찰하다, 관측하다 **anomaly** n. 변칙, 이상; 변칙적[예외적]인 것[일] **tangible** a. 실체적인; 명확한, 확실한 **presume** v. 추정하다, 상상하다 **resume** v. 다시 차지하다, 다시 시작하다 **subsume** v. 포함하다 **plume** v. 자랑하다 **consume** v. 소비하다, 소모하다

| 해석 |

그 연구팀은 관찰된 이상 현상에만 기초해 새로운 입자의 존재를 추정하고 있고, 입자 자체에 대한 확실한 증거는 여전히 부족하다.

09 논리완성   ②

| 분석 |

뒤에서 언급한 "포도밭에 줄지어 선 포도나무를 돌보지 않은 채로 두는 것이 유익하다"와 호응하는 내용이 빈칸에 들어가야 하므로 ②가 정답으로 적절하다.

| 어휘 |

conservation n. (자연·자원의) 보호, 보존 **consensus** n. (의견·증언 따위의) 일치, 합의; 여론 **fly in the face of** (기존 통념에) 반대되다, 위배되다 **conventional** a. 전통적인; 인습적인, 관습적인 **weed** n. 잡초 **bramble** n. 가시나무, 들장미 **pest** n. 해충 **pose a threat** 위협이 되다 **vulnerable** a. 취약한, 약점이 있는 **yield** n. 산출고; 수확(량) **untended** a. 간호[시중]받지 않는, 아무도 상관하지 않는 **vineyard** n. 포도밭 **disorderly** a. 무질서한 **untidiness** n. 단정하지 못함

| 해석 |

자연보호 전문가들 사이에서 야생동물 친화적인 포도 재배에 관한 일치된 의견은 포도밭을 너저분한 상태로 통제하는 것이 유익한 것으로 드러날 수 있다는 것이다. 이는 밭의 경계에 잡

초와 가시나무가 지나치게 자라면 해충을 불러들이게 돼서, 결과적으로 취약한 포도에게 위험이 되고, 궁극적으로는 수확량에 위험이 된다고 가르치는 농부들의 통념에 정면으로 위배된다. 그러나 뉴질랜드의 특정 포도 재배업자들의 관행은 포도밭에 줄지어 선 포도나무들을 돌보지 않은 채로 두는 것이 무질서한 공간에서 번성하는 유용한 나비의 활동을 촉진하여 유익하다는 것을 보여준다. 점점 더 많은 스위스 포도 재배업자들이 사용하는 유사한 종류의 "너저분함"은 그렇지 않으면 취약할 포도에 자연적인 해충 방제를 제공하는 새들을 먹여 살린다.

① 환경을 위해 수확량을 희생하는 것이 이제는 필수적이다
② 포도밭을 너저분한 상태로 통제하는 것이 유익한 것으로 드러날 수 있다
③ 유기농 해충 방제는 농부들에게 괴로운 문제이다
④ 지속가능성은 특정 지역에서만 실용적이다
⑤ 많은 포도 품종들이 곧 멸종될 것이다

10 논리완성   ⑤

| 분석 |
'바위들이 널브러져 있고 바위 턱이 좁은 길', '위험한 지대' 등과 호응할 수 있는 표현이 필요하므로, 빈칸에는 ⑤의 '험한'이 들어가는 것이 적절하다.

| 어휘 |
ledge n. (절벽에서 튀어나온) 암붕(岩棚), 바위 턱 **treacherous** a. 믿을 수 없는, 방심할 수 없는; (안전한 것 같으면서도) 위험한 **terrain** n. 지대, 지세; 지형 **assess** v. 평가하다, 판단하다 **relieve** v. 안도하게 하다 **presumptuous** a. 주제넘은, 뻔뻔한 **precocious** a. 조숙한 **pretentious** a. 자만하는, 허세부리는 **propitious** a. 순조로운, 형편이 좋은 **precipitous** a. 험한, 가파른

| 해석 |
그 등산가들은 널브러진 바위들과 좁은 바위 턱들이 점점 더 자주 나타나면서 길이 점점 더 위험해지는 지점에 도달했다. 경험에도 불구하고, 그들은 한 걸음만 잘못 디뎌도 치명적인 추락을 초래할 수 있다는 것을 알고 있었기에 그 위험한 지대를 지나가면서 불안함을 느꼈다. 상황을 평가한 그들은 어려운 여건에 맞서 가능한 모든 안전 조치를 취하면서 조심스럽게 나아가기로 결정했다. 마침내, 그들은 험한 길을 성공적으로 지나갔고, 더 안전한 땅에 도달하여 안도감을 느꼈다.

11 문장배열   ⑤

| 분석 |
지시대명사나 인칭대명사가 없는 ⓒ가 가장 먼저 오고, ⓒ에서 언급한 무대를 통합된 '3차원 공간'으로 재인식한 것에 대해 '다차원 무대'라고 부연 설명하고 있는 Ⓐ가 그 뒤에 오고, 그 배경에 대한 설명인 Ⓔ가 그다음에 오고, Ⓔ에서 언급한 '현대성의 도입'에 대한 부연 설명인 Ⓓ가 그다음에, 이러한 개념을 다른 분야에 응용했다는 내용인 Ⓑ가 마지막에 오도록 하는 것이 가장 자연스러운 순서이다.

| 어휘 |
multidimensional a. 다차원의 **vicariously** ad. 대리로, 대리로서 **inhabit** v. ~에 살다, ~에 존재하다 **theatrical** a. 극장의, 연극의 **forge** v. 구축하다; 위조하다 **décor** n. 실내장식, 인테리어 **prominent** a. 현저한, 두드러진; 저명한 **reconceive** v. 새로운 방식으로 생각하다, 다시 생각하다 **integrate** v. 통합하다, 완전하게 하다 **dispense with** ~없이 지내다, ~을 배제하다 **emphasize** v. 강조하다 **streamlined** a. 능률화[간소화]된, 최신식의 **dramatic sweep** 극적인 전환(한 장면에서 다른 장면으로의 웅장한 전환) **expressive** a. 표현이 풍부한

| 해석 |
ⓒ 미국의 다른 저명 무대 디자이너들과 함께, 조셉 어번(Joseph Urban)은 무대를 통합된 3차원 공간으로 재인식했다.
Ⓐ 그러한 다차원 무대를 창출해내는 이러한 혁신으로 인해 관객들은 이 극장 공간에 대리로 존재할 수 있게 되었다.
Ⓔ 그는 19세기 후반의 혼잡한 무대 "사실주의"를 거부하고, 연극적 깊이와 극적인 전환, 그리고 더욱 표현적인 무대 분위기를 가진 간소화된 "현대성"을 도입했다.
Ⓓ 이러한 현대적인 효과를 얻기 위해 그는 그림으로 그린 무대 배경을 배제하고 그 대신에 색깔 있는 조명, 스포트라이트, 간접 조명을 강조했다.
Ⓑ 빛과 색, 공간과 사물의 극화, 분위기의 조성 등에 대해 알게 된 후 그는 이것들을 다른 소비자 시설의 실내 장식으로 가져왔다.

12~13

1660년은 영국 연극에 있어서 매우 중요한 해였다. 이는 획기적인 연극이나 유명한 극작가 때문이 아니라, 마가렛 휴스(Margaret Hughes)라는 이름의 여성 때문이었다. 그녀의 혁명적인 행위는 무엇이었을까? 그것은 바로 셰익스피어의 『오셀로』에서 데스데모나(Desdemona)역을 맡아 전문 배우로서 무대에 발을 내딛은 것이다. 이것은 단순히 전형적이지 않은 역할을 캐스팅한 것에 지나지 않는 것이 아니었으며, 여성의 역할이 오랫동안 남성과 소년들의 전유물이었던 세계에 지각변동을 일으킨 것이었다.
그러나 이것이 완전히 미지의 영역이었던 것은 아니었다. 오랫동안 여성은 사적인 가정 공연과 개인적인 모임에서 청중들을 매료시키며 무대를 빛내어왔다. 그들은 여왕을 구현했고, 소네트를 속삭였으며, 공적인 영역에서는 그들

에게 금지돼 있던 등장인물에 생명을 불어넣었다. 이러한 "아마추어" 공연들은 시시하기는커녕, 여성의 예술적 수완이 자라나서 더 큰 무대에서 꽃피기를 기다리고 있던 비옥한 토대였다.

휴스의 대담한 움직임은 그저 공연에 그치는 것이 아니었다. 그것은 도전이었다. 그것은 예술 표현에서 여성들을 부차적인 역할에 국한시키는 엄격한 관행에 저항하는 것이었다. 그녀의 데스데모나는 등장인물에 그치지 않고 진보의 상징이 되었으며, 전문성의 문을 열고 여러 세대의 여성들이 따라 갈 길을 닦아주었다. 그녀의 발자취의 울림은 영국 연극계 전반으로 퍼져나갔으며, 장벽을 깨고 스포트라이트를 받을 올바른 자리를 요구하게 되었다.

| 어휘 |

pivotal a. 중추적인, 중요한 **groundbreaking** a. 신기원을 이룬, 획기적인 **renowned** a. 유명한, 명성이 있는 **playwright** n. 극작가 **tectonic shift** 구조적인 변화 **domain** n. 영토, 영역 **uncharted territory** 미지의 영역, 미개척 영역 **grace** v. 우아하게 하다, 아름답게 꾸미다 **captivate** v. 매혹시키다, 현혹시키다 **intimate** a. 친밀한; 사사로운, 개인적인 **far from** 결코 ~이 아닌 **frivolous** a. 보잘것없는, 시시한 **defy** v. 도전하다, 반항하다 **confine** v. 제한하다 **shatter** v. 산산이 부수다, 박살내다 **barrier** n. 장벽, 울타리

12 저자의 어조

| 분석 |

저자는 마가렛 휴스를 영국 연극사에서 중요한 이정표를 남긴 인물로 긍정적으로 평가하고 있으며 그녀의 업적을 매우 열렬히 찬양하며 기술하고 있다. 그러므로 어조로는 ②가 적절하다.

다음 중 위 글의 저자의 전체적인 어조를 가장 잘 나타내는 것은?
① 무관심하고 흥미를 갖지 않는
② 열의가 넘치고 열정적인
③ 비난하면서도 책망하지 않는
④ 비판적이면서도 매혹된
⑤ 냉소적이고 풍자적인

13 글의 제목

| 분석 |

'오랫동안 여성은 가정 내에서의 공연과 개인적인 모임에서 연극 활동을 했는데, 마가렛 휴즈가 전문 배우로서 처음으로 무대에 오름으로써 여성들이 연극 무대에 오르게 되는 계기와 기틀을 마련했다'는 내용이므로 제목으로는 ①이 적절하다.

위 글의 제목으로 가장 적절한 것은?
① 거실에서 각광(脚光)까지: 여성들이 영국의 연극무대를 요구하다
② 여장(女裝)을 하는 근거: 남성이 때때로 여성의 역할을 더 잘하는 이유
③ 모두를 위한 셰익스피어: 대중이 즐길 수 있게 음유시인을 민주화하기
④ 모든 무대는 세상이다: 극장에 대한 셰익스피어의 포괄적인 비전
⑤ 마가렛 휴즈의 흥망성쇠: 경고를 들려주는 이야기

14~16

현대의 미국인들이 자신과 타인의 심리를 분석하는 빈도와 능력은 매우 흥미로운 역사적 발전이다. 그들은 상대적으로 새로운 마음의 과학인 심리학을 이용하고 있으며, 심리학은 자신을 상상하는 새로운 방법을 제공하고 있다. 예를 들어, 20세기로의 전환기에, 지그문트 프로이트(Sigmund Freud)는 "승화"의 심리학적인 개념을 "추악한 충동을 수용할 수 있는 경로로 방향 전환하는 것"이라 정의했다. 그것은 교육 받은 미국인들이 여전히 서로의 행동에 적용시키고 있고 또 역사가들이 프로이트보다 훨씬 이전에 살았던 사람들에게 적용시키고 있는 개념이다. 그러나, 사람들은 승화가 1900년 이전에도 존재했는지, 다시 말해, 그것이 발견된 것인지 아니면 만들어진 것인지를 궁금해 할지도 모른다.

어떤 심리적인 조건들, 또는 적어도 그것들에 대한 논의는 시간이 지나면서 나타났다가 사라졌다. 19세기에 의사들은 불안해하는 중산층 여성들을 흔히 "신경쇠약증"으로 진단했고, 20세기에는 비슷한 상태의 여성들을 "신경쇠약"을 앓았다고 말했다. 두 증후군 모두, 적어도 미국에서는, 유행한 시기가 있었고, 그런 다음 갑자기 나타났던 것처럼 갑자기 사라졌다. 미국에서 등장한 '우울힌' 성격 진단도 똑같은데, 이것은 남북전쟁 전에 미국에서 등장하여 전국을 휩쓸었다가 마찬가지로 빨리 사라졌다.

미국인들은 학교에서 ─ 1990년대에만 수백만 명이 대학 심리학 강좌를 들었다 ─ 그리고 대중매체에서 '조이스 브라더스 박사(Dr. Joyce Brothers)'나 '필 박사(Dr. Phil)'와 같은 프로그램을 통해 심리학을 배웠다. 그렇다면, 미국인들이 자신과 타인의 임상병리에 대해 경각심을 갖고 있다는 것은 전혀 놀라운 일이 아닐 것이다. 그러한 "진단"의 정확성이나 부정확성과는 관계없이, 전문가들이나 일반인들 사이에 심리와 관련된 생각이나 논의가 풍부하게 일어나고 있다는 것은 정신 상태에 대해 이야기해 온 역사가 있다는 것을 의미한다.

| 어휘 |

frequency n. 빈번함; 횟수 **dissect** v. 해부하다; 분석하다 **draw on** (근원을) ~에 의존하다, ~에 의하여 얻다 **relatively** ad. 비교적

상대적으로 novel a. 신기한, 새로운 define v. (성격·내용 따위를) 규정짓다; (말의) 정의를 내리다, 뜻을 밝히다 sublimation n. 승화 divert v. (딴 데로) 돌리다, (물길 따위를) 전환하다 sordid a. 더러운, 지저분한 impulse n. 자극, 충동 invent v. 발명하다; (이야기 따위를) 상상력으로 만들다 diagnose v. 진단하다 troubled a. 난처한, 당황한, 걱정스러운 neurasthenia n. 신경쇠약증 nervous breakdown 신경쇠약, 노이로제 syndrome n. 증후군 in vogue 유행하고 있는 melancholic a. 우울한, 우울증의 antebellum a. 전쟁 전의; 남북전쟁 전(前)의 alert a. 방심 않은, 정신을 바짝 차린 clinical a. 임상의 pathology n. 병리학 profusion n. 대량, 풍부 lay a. 속인의, 평신도의

14 내용파악 ②

| 분석 |

"미국인들은 학교에서 심리학 강좌를 통해 그리고 대중매체에서 '조이스 브라더스 박사(Dr. Joyce Brothers)' '필 박사(Dr. Phil)'와 같은 프로그램을 통해 심리학을 배웠다."와 "전문가들이나 일반인들 사이에 심리와 관련된 생각이나 논의가 풍부하게 일어나고 있다"라는 내용을 통해 ②가 정답이 됨을 알 수 있다.

위 글에 의하면, 대중의 심리학 이해에 대중매체가 어떻게 영향을 미쳤는가?
① 전문적인 토론을 위한 플랫폼을 만듦으로써
② 심리학적 개념과 논의를 대중화함으로써
③ 심리학적 개념의 역사를 추적함으로써
④ 정확한 과학적 정보를 제공함으로써
⑤ 심각한 정신 질환에만 집중함으로써

15 내용파악 ②

| 분석 |

본문에서 '신경쇠약증'에서 '신경쇠약'으로의 전환은 "어떤 심리적인 조건들이나 그것들에 대한 논의가 시간이 지나면서 나타났다가 사라졌다."는 언급에 대한 예로 제시됐다. 즉, 이것은 시간이 지남에 따른 정신건강 문제에 대한 사회적 이해의 변화를 나타낸다고 할 수 있다.

"신경쇠약증"에서 "신경쇠약"으로의 전환은 무엇을 의미하는가?
① 정신건강에 대한 인식의 감소
② 정신건강 문제에 대한 이해에 있어서의 사회적 변화
③ 의학적 진단 방법에 대한 반감 증가
④ 심리 상태에 대한 관심 부족
⑤ 심리학적 관행에 대한 불신

16 내용추론 ⑤

| 분석 |

"'승화'의 심리학적인 개념은 교육 받은 미국인들이 여전히 서로의 행동에 적용시키고 있고 또 역사가들이 프로이트보다 훨씬 이전에 살았던 사람들에게 적용시키고 있는 개념이다.", "정신 상태에 대해 이야기해 온 역사가 있다"라는 내용을 통해 ⑤를 추론할 수 있다.

위 글에서 "승화"에 대해 추론할 수 있는 것은?
① 그것은 사람들로 하여금 자가 진단을 과소평가하도록 잘못 인도했다.
② 프로이트 이전까지 항상 하나의 개념으로 존재했지만 이름이 붙여지지 않은 채로 있어왔다.
③ 심리학의 미래에 있어서 그것의 역할은 아직 알려지지 않았다.
④ 프로이트가 미국인을 연구하는 과정에서 우연히 발견한 것이다.
⑤ 그 존재는 정신건강 담론에서 여전히 의미를 갖는다.

17~18

심장병은 전 세계의 주요 사망 원인이자 미국의 최대 사망 원인이다. 세계보건기구에 따르면, 2019년에 약 1,790만 명의 사람들이 심장병으로 목숨을 잃은 것으로 추정되는데, 이는 전 세계 사망자의 32%에 해당한다. 그러나 모든 심장병이 같은 것은 아니다. 그것은 심장이나 뇌로 가는 혈관, 심장 근육과 판막, 그리고 몸의 다른 부분에 영향을 줄 수 있다. 심혈관 질환은 장기간의 치료가 필요할 수도 있고, 갑작스럽고 심각하게 발생할 수도 있다. 예를 들어, 엘비스 프레슬리(Elvis Presley)의 딸인 리사 마리 프레슬리(Lisa Marie Presley)는 심정지 상태에 빠져 병원으로 급히 이송된 후 54세의 나이로 사망했다. 마찬가지로, 버팔로 빌스의 세이프티(최후방 수비수) 다마르 햄린(Damar Hamlin, 24세)은 빌스와 신시내티 벵골스의 경기 도중 심정지 상태에 빠져 경기장에서 쓰러졌다. 무엇이 프레슬리나 햄린의 심정지를 일으켰는지는 명확하지 않다. 그러나 심장 질환에 걸릴 위험이 있는지의 여부를 알 수 있는 방법이 있다. 그것은 의사에게 연락하여 완벽한 건강검진을 받도록 일정을 잡는 것이다.

| 어휘 |

estimate v. 어림잡다, 견적하다 affect v. ~에게 영향을 주다; ~에게 악영향을 미치다 valve n. 〈의학〉 판막 cardiovascular disease 심혈관 질환 cardiac arrest 심장마비, 심정지 safety n. 세이프티(미식축구에서 상대 팀과 멀리 떨어져 있는 수비수) collapse v. 무너지다, 붕괴하다; (사람이 과로·병 등으로) 쓰러지다 [주저앉다] trigger v. (일련의 사건·반응 등을) 일으키다, 유발하다 physical examination 건강검진

17 동의어 ①

| 분석 |
trigger가 '(일련의 사건·반응 등을) 일으키다[유발하다]'라는 의미로 쓰였으므로 '(특히 나쁜 일을) 촉발시키다'라는 뜻의 precipitate가 동의어로 적절하다. ② 증발시키다 ③ (건강 따위를) 회복하다 ④ 원기[활기]를 돋구다 ⑤ 소환하다

18 내용일치 ④

| 분석 |
"심혈관 질환은 장기간의 치료가 필요할 수도 있고, 갑작스럽고 심각하게 발생할 수도 있다."고 했는데, 장기간의 치료가 필요한 경우는 경미하게 시작한 후 서서히 악화되어 장기 치료가 필요한 경우를 말하므로 ④가 옳지 않은 진술이다.

위 글에 의하면 다음 중 옳지 않은 것은?
① 심장병은 2019년 미국에서 사망 원인 1위였다.
② 리사 마리 프레슬리는 심장마비로 54세의 나이로 사망했다.
③ 다마르 햄린은 축구 경기 도중에 심정지를 경험했다.
④ 심혈관 질환은 항상 갑작스럽고 심각하게 발생한다.
⑤ 프레슬리와 햄린의 심장마비의 원인은 무엇인지 알려지지 않았다.

19 동의어 ⑤

| 분석 |
arbitrary가 '임의적인'이라는 의미로 쓰였으므로 '우연적인,' '우발적인'이라는 뜻의 accidental이 동의어로 적절하다. ① 질서정연한, 방법론적인 ② 불변의 ③ 회유적인 ④ 총명한

| 어휘 |
by necessity 필연적으로 **arbitrary** a. 임의의 **lawn** n. 잔디, 잔디밭

| 해석 |
어떤 언어에서든, 그 언어의 사용자들이 세상의 물체나 개념을 지칭하기 위해 사용하는 소리의 집합을 의미하는 "기호"는 필연적으로 임의적이다. 다시 말해, 어떤 단어와 그 단어가 지칭하는 대상 사이에는 당연한 연관성이 전혀 없다. 예를 들어, 잔디밭에서 자라고 있는 큰 식물을 영어 사용자들은 "tree"라는 단어를 사용하여 지칭하지만, 스페인어로는 똑같이 쉽게 "arbol"이 될 수도 있는 것이다.

20~21

전후(戰後)의 미국이 낙관주의가 만연해 있고 축제 분위기에 젖어 있는 상황 속에서, 테네시 윌리엄스(Tennessee Williams)의 희곡 작품들은 이와 명확하게 정반대인 균형추로서 두드러진다. 나라가 2차 세계대전에서 힘겹게 얻어낸 승리를 한껏 즐기면서 끝없는 번영을 상상하고 있는 동안, 윌리엄스의 희곡 작품들은 주로 소외되고, 따돌림 받고, 감정적으로 표류하고 있던 사람들의 종종 간과되고 있던 경험들에 초점을 맞췄다.

사회 전반의 활기찬 분위기와 윌리엄스가 선택한 주제영역 사이의 거리는 예술과 그 역사적 상황 사이의 관계에 대해 의문을 제기한다. 이 시대의 지배적인 낙관주의와 윌리엄스의 희곡 작품이 가진 비관주의 사이에 분명한 거리가 있었음에도 불구하고, 이 드라마들은 의심의 여지없이 관객들에게 반향을 일으켰고, 관객들은 그 작품들을 엄청난 브로드웨이 히트작으로 만들어주었다. 『욕망이라는 이름의 전차』의 블랑슈 뒤부아(Blanche DuBois)와 『유리 동물원』의 로라 윙필드(Laura Wingfield)와 같은 등장인물들은, 완전히 추방되기 직전에 국외자(局外者)가 된 것과 사투를 벌이고 있었지만, 관객들과 마음이 통했는데, 이는 전후의 호황이라는 겉보기에 희망찬 분위기 속에서도 그들의 경험이 보편적인 인간의 관심사에 반향을 일으켰기 때문이다.

이 겉으로 보기에 의외인 동일시는 특정한 역사적 순간의 서사를 초월하여 공감, 이해, 공유된 인간성 의식에 대한 근본적인 인간 욕구와 연결될 수 있는 예술의 지속적인 힘을 확증해준다. 내부의 악마와 싸우면서 적대적이고 무관심한 세계를 탐색하는 윌리엄스의 등장인물들은, 표면적으로는 "승자"처럼 보이지만 실제로는 자신의 불안, 그리고 소속, 수용, 온전함에 대한 갈망을 인식했던 관객들에게 거울이 되어주었다.

| 어휘 |
context n. 문맥; 배경, 상황 **postwar** a. 전후(戰後)의 **pervasive** a. 널리 퍼지는, 침투하는 **optimism** n. 낙관주의 **celebratory** a. 기념하는, 축하하는 **distinct** a. 별개의; 뚜렷한 **counterpoint** n. 평형추; 균형 **revel in** ~에 열중하다; ~을 한껏[대단히] 즐기다 **marginalize** v. 사회에서 소외하다, 사회적으로 무시하다 **ostracize** v. (사람을) 외면하다[배척하다] **adrift** a. 표류하여, 정처 없이 헤매어 **prevailing** a. 우세한, 주요한 **exuberance** n. 풍부, 윤택; 충일(充溢); 무성 **thematic** a. 주제의 **terrain** n. 지대, 지역 **apparent** a. 명백한; 외견상의, 겉보기에는 **pessimism** n. 비관주의 **resonate with** ~에게 반향을 일으키다 **smash** a. 대단한, 굉장한 **on the verge of** ~에 직면하여, 바야흐로 ~하려고 하여; ~직전에 **displace** v. 쫓아내다, 추방하다 **connect with** ~와 마음이 통하다, ~와 연결되다 **identification** n. 동일시, 일체화 **transcend** v. 초월하다 **empathy** n. 공감 **grapple with** 맞붙어 싸우다; 완수하려고 애쓰다, 해결하려고 고심하다 **speak to** ~을 확증하다

20 내용파악   ③

| 분석 |

미국이 2차 세계대전에서의 승리를 즐기면서 끝없는 번영을 상상하고 있는 동안, 윌리엄스의 희곡 작품들은 주로 소외되고, 따돌림 받고, 감정적으로 표류하고 있던 사람들의 종종 간과되고 있던 경험들에 초점을 맞췄고, 그의 작품에 등장하는 인물들의 경험은 보편적인 인간 관심사에 대한 것으로 큰 반향을 일으켜서 관객들로부터 호응을 얻었다는 내용이다. 그러므로 ③이 정답으로 적절하다.

위 글은 테네시 윌리엄스에 대해 주로 무엇을 말하고 있는가?
① 그의 희곡 작품은 전후의 미국에 낙관주의를 낳는 데 도움이 되었다.
② 그의 등장인물들은 주로 배척당한 패배주의자들과 버림받은 사람들에게 호소한다.
③ 그의 희곡 작품들은 보편적인 주제로 인해 관객들에게 반향을 일으키고 있다.
④ 예술과 그 역사적 배경에 대한 그의 이론들은 획기적이었다.
⑤ 그의 활기는 연극 관람객들이 어려운 시기에 위안을 얻는 데 도움을 주었다.

21 내용추론   ①

| 분석 |

"전후 미국 사회는 낙관주의가 만연해 있고 축제 분위기에 젖어 있었지만, 그런 가운데에서도 소외되고, 따돌림 받고, 감정적으로 표류하고 있던 사람들이 있었으며, 관객들 또한 불안, 그리고 소속, 수용, 온전함에 대한 갈망을 인식하고 있었다."는 내용을 통해 ①을 추론할 수 있다.

위 글에서 추론할 수 있는 것은?
① 1940년대 미국의 활기찬 분위기의 기저에는 걱정과 절망의 기류가 있었다.
② 테네시 윌리엄스는 연합국이 2차 세계대전에서 승리한 방식에 대해 비판적이었다.
③ 1940년대에 성공을 거두기 위해서는 희곡 작품이 비관적이고 우울해야 했다.
④ 테네시 윌리엄스의 희곡 작품은 1950년대에 훨씬 덜 영향력을 갖게 되었다.
⑤ 미국의 전후 극작가들은 낙관적이지 않으면 전쟁과 관련된 주제를 피했다.

22~23

히로시마와 나가사키에 원자폭탄이 투하되어 2차 세계대전이 막을 내리게 된 후, 언론에는 소름끼치는 침묵이 내려앉았고 원자 무기의 전체 파괴력에 대한 대중의 의식을 둔하게 했다. 처음에는, 원자폭탄 투하의 여파에 대한 상세한 보도가 거의 없었는데, 이는 다양한 행동가들에 의해 선동된 의도적인 혼란에 막혀버린 결과였으며, 특히 미국 언론이 그러했다. 항상 풍부하고 직설적인 전쟁 보도로 높은 평가를 받았던 『뉴욕타임스』조차도 민간인들 사이에 퍼지고 있던 방사능 질병의 공포에 침묵을 지켰다. 반박할 수 없는 새로운 정보는 조심스럽게 걸러지거나 억압되었으며, 이는 이야기를 만들어내려는 목적과 함께 원자폭탄의 여파라는 섬뜩한 현실을 대중이 접하지 못하게 하기 위한 것이었다.

그러나 나가사키에 대한 뉴스 보도에서는 이러한 정책에 마지못한 변화가 있었다. 예를 들어, 『뉴욕타임스』는 마침내 방사능이 문제라는 사실을 인정했다. 그러나 그것도 간접적으로 하는 한편, 그 중요성도 축소했다. 하지만 그 틈새로 부인할 수 없고 반박할 수 없는 진실이 새어 나오기 시작했다. 뇌리를 떠나지 않는 생존자들의 고통스러운 현실, 방사능 질병의 망령, 방사능에 노출된 사람들의 끔찍한 운명이 검열을 뚫고 나오면서, 대중들은 핵전쟁의 재앙적인 결과를 직시하게 되었다.

| 어휘 |

bring ~ to a close ~을 결판내다   **chilling** a. 냉랭한, 냉담한   **descend** v. 내리다, 내려가다[오다]   **muffle** v. (소리를) 지우다, 둔탁하게 하다   **devastate** v. 유린하다, 황폐시키다   **aftereffect** n. 여파(餘波), 영향   **choke** v. 질식시키다, 숨 막히게 하다   **deliberate** a. 계획적인, 의도적인; 신중한   **obfuscation** n. 혼미, 혼동   **gin up** 선동하다, ~을 만들어내다   **esteem** v. 존경하다, 존중하다   **prolific** a. 다산의, (토지가) 비옥한; (작가가) 다작의; 풍부한   **hard-hitting** a. 직설적인   **unfold** v. (이야기 · 사태 따위가) 전개되다; (의중 · 생각 등을) 나타내다, 표명하다   **radiation** n. 방사선, 방사능   **irrefutable** a. 반박할 수 없는   **suppress** v. 억압하다, 억누르다, (증거 · 사실 · 성명 따위를) 감추다, 발표하지 않다   **craft** v. ~을 정교하게 만들다, 공들여 만들다   **gruesome** a. 소름끼치는, 섬뜩한   **aftermath** n. (전쟁 · 재해 따위의) 결과, 여파, 영향   **grudging** a. 인색한   **acknowledge** v. 인정하다, 승인하다   **obliquely** ad. 비스듬히, 완곡하게, 간접적으로   **downplay** v. ~을 중시하지 않다, 경시하다   **seep** v. 스며나오다, 새다   **haunting** a. 자주 마음속에 떠오르는, 뇌리를 떠나지 않는   **specter** n. 유령, 망령   **grim** a. 냉혹한, 엄한   **pierce** v. 꿰뚫다, 관통하다   **censorship** n. 검열   **catastrophic** a. 파국적인

22 글의 주제 ③

| 분석 |
원자폭탄 투하에 따른 민간인의 피해와 고통에 대해 미국 주류 언론이 대체로 침묵하고 은폐하려는 행동을 했음을 이야기하고 있는 글이다.

위 글은 주로 무엇에 관한 것인가?
① 일본에 대한 원자폭탄 투하에 따른 2차 세계대전의 갑작스러운 종전
② 방사능 낙진의 파괴적인 힘에 대한 암울한 발견
③ 미국 언론의 방사선 피폭 후유증 은폐
④ 원자폭탄 폭발에 대한 뉴욕 타임즈의 직설적인 보도
⑤ 정부 고위 당국자의 비리를 폭로하는 언론의 역할

23 내용추론 ①

| 분석 |
"『뉴욕타임스』조차도 민간인들 사이에 퍼지고 있던 방사능 질병의 공포에 침묵을 지켰고, 반박할 수 없는 새로운 정보는 조심스럽게 걸러지거나 억압되었으며, 이는 이야기를 만들어내려는 목적과 함께 원자폭탄의 여파라는 섬뜩한 현실을 대중이 접하지 못하게 하기 위한 것이었다."라는 내용을 통해 ①을 추론할 수 있다.

위 글에서 추론할 수 있는 것은?
① 『뉴욕타임스』는 편견과 이야기 조작을 회사 내의 풍조로 받아들였다.
② 주류 언론은 전시(戰時)에 일반적으로 편견이 없고 객관적이다.
③ 『뉴욕타임스』는 원자폭탄 투하에 대한 사실을 은폐한 것에 대해 수치심을 느꼈다.
④ "진실"의 상대성은 사건에 대한 모든 기술이 똑같이 타당하다는 것을 의미한다.
⑤ 『뉴욕타임스』는 보도를 통해 미국을 부정적으로 묘사하려 했다.

24~25

대학은 그 어떤 방해나 위협도 용납해선 안 되지만, 다만 말에 관한 한, 그것에 대한 감시를 자신들의 소관 안에 있는 것으로 여기지 말아야 한다. 대학은 학생들이 (도서관이나 기숙사와 같은) 비정치적 공간을 가질 수 있는 권리를 보호해야 하며, 대학은 정치적 간섭 없이 공부하고 연구할 기회를 제공하는 것이 대학이 존재하는 이유 가운데 큰 부분을 차지한다는 것을 잊지 말아야 한다. 대학은 인구통계나 이념에 관계없이 교수진을 승진시키고 학생을 평가해야 하고, 최근에 있었던 차별철폐조치에 대한 대법원 판결을 비롯해서, 차별금지 법률의 내용과 정신을 준수하도록 노력해야 하며, 만약 자유민주의의 사회에서 (대학 같은) 강력한 기관이 그들이 어쩌다가 반대하는 법률의 측면들을 회피할 방법을 찾는 것이 매우 유해하다는 사실이 그렇게 하기에(차별금지 법률을 준수하기에) 충분히 설득력 있는 이유가 되지 않는다면, 그들은 이러한 차별적인 정책이 모든 인종 집단에서 매우 평판이 좋지 않다는 것을 기억해야 한다.

| 어휘 |
tolerate v. 관대히 다루다, 묵인하다 **disruption** n. 분열, 붕괴, 와해 **intimidation** n. 위협, 협박 **supervision** n. 감독, 감시 **remit** n. 소관 **dorm** n. 기숙사 **intrusion** n. 강요, 방해; 침입 **faculty** n. (대학의) 학부; 교수진 **evaluate** v. 평가하다 **demography** n. 인구(통계)학 **abide by** (약속·결의·규칙 등을) 지키다; (협정·결정·결과 따위에) 따르다 **nondiscrimination** n. 차별이 없음, 차별대우를 하지 않음 **affirmative action** 차별철폐 조처 **corrosive** a. 부식성의; (정신적으로) 좀먹는, 유해한 **compelling** a. (너무나 흥미로워서) 주목하지 않을 수 없는[설득력 있는] **discriminatory** a. 차별적인

24 동의어 ①

| 분석 |
remit가 '소관(所管, 맡아 관리하는 바, 또는 그 범위), 책임이나 권한의 영역'이라는 의미로 쓰였으므로 '범위', '권한'이라는 뜻의 purview가 동의어로 적절하다. ② 확대 ③ 과식, 과다 ④ 정점 ⑤ 최저점

25 글의 목적 ⑤

| 분석 |
본문은 "대학이 학생들에게 정치적이지 않은 환경을 제공하고, 표현의 자유와 다양성을 존중해야 한다"는 주장을 제기하고 있다.

위 글의 주된 목적은 다음 중 무엇인가?
① 교내 활동에 대한 감독 강화를 추진하는 것
② 교내 징계규정의 시행을 제안하는 것
③ 대학 정책에 대한 사회적 압력의 중요성을 강조하는 것
④ 대학 캠퍼스가 정치적인 공간이라는 생각을 지지하는 것
⑤ 캠퍼스에서의 표현의 자유와 다양성에 대한 대학의 입장을 확인하는 것

26~28

재계의 우려스러운 관행인 그린워싱(greenwashing)은 기업들이 탈탄소화와 생물다양성 상실과 같은 문제에 대한 헌신을 오해의 소지가 있도록 보여주는 것이다. 그것은 한편으로는 지속가능성에 대한 노력을 주장하면서 다른 한편으로는 비윤리적인 관행을 은폐하는 허울에 불과해서, 신뢰를 훼손하고 환경 목표를 향한 실질적인 진전을 지연시킨다. 기업들은 이윤을 해치지 않으면서 윤리적인 책임을 보여줘야 한다는 압박에 직면할 때 종종 그린워싱에 의존한다. 이러한 관행은 그들이 환경에 미치는 영향에 대해 오해의 소지가 있는 주장을 제시함으로써 진정한 지속가능성 노력을 회피할 수 있도록 해준다.

그린워싱의 사례는 다양한데, 일부 기업은 실제로는 더 많은 폐기물을 발생시키지만 겉보기에는 친환경적인 대안으로 플라스틱 빨대를 대체하는 것 같은 피상적인 변화를 선택하고 있다. 다른 기업들은 진정한 지속가능성 관행을 무시하면서도 준수하는 것처럼 보일 수 있도록 자체적으로 희석시킨 기준을 만들거나 약한 인증을 찾아 나선다. 심지어 투자 부문 내에서조차 그린워싱에 대한 비난이 발생하면서, 지속가능한 투자 계획의 진정성에 의문을 제기하고 있다.

그러나 사례를 정확히 구분하는 것이 매우 중요하다. 때로는 그린워싱에 대한 비난이 기업의 실제 노력과 일치하지 않을 수도 있다. 한 예로, 투자 회사 Baillie Gifford는 화석연료 산업과 관련되어 있다는 비판을 받았지만, 그러한 분야에 대한 실제 투자는 업계 평균보다 현저히 낮았다. 이것은 행동을 그린워싱으로 분류할 때 균형 잡힌 판단이 필요하다는 것을 잘 나타내준다. 그린워싱에 대처하기 위해서는 주의 깊은 검토와 함께 오해의 소지가 있는 주장의 명확한 사례를 공개하는 것이 요구된다. 소비자들은 단순한 마케팅 전략보다 환경적 책임을 우선시하는 진정으로 헌신적인 기업들에게 (그 진정성에) 의문을 제기하고 또 지지해 줌으로써 매우 중요한 역할을 하고 있다. 신뢰를 높이고 지속가능한 미래를 향한 진정한 전진을 촉진하기 위해서는 그린워싱 관행을 밝혀내는 집단적 노력이 필수적이다.

| 어휘 |

greenwashing n. 그린워싱(실제로는 친환경적이지 않지만 마치 친환경적인 것처럼 홍보하는 '위장환경주의') **showcase** v. 전시[진열]하다; 두드러지게 나타내다 **commitment** n. 헌신; 약속 **decarbonization** n. 탄소제거, 탈(脫)탄소 **biodiversity** n. 생물다양성 **facade** n. (건물의) 정면; (사물의) 겉, 외관 **conceal** v. 숨기다, 감추다 **unethical** a. 비윤리적인 **sustainability** n. (자원 이용이) 환경이 파괴되지 않고 계속될 수 있음, 지속가능성 **undermine** v. (명성 따위를) 음험한 수단으로 훼손하다, 몰래 손상시키다 **stall** v. 교묘하게 속여 지연시키다 **resort to** ~에 의지하다 **compromise** v. (명예·평판·신용 따위를) 더럽히다, 손상하다; 위태롭게 하다 **abound** v. (동물·물건·문제 등이) 많이 있다 **superficial** a. 피상적인 **replace** v. 대체하다 **alternative** n. 대안 **watered-down** a. 약화시킨 **certification** n. 증명, 보증 **neglect** v. 무시하다, 경시하다; 간과하다 **accusation** n. 비난 **authenticity** n. 확실성, 신빙성; 진정(眞正) **crucial** a. 결정적인, 중대한 **vigilant** a. 부단히 경계하고 있는; 방심하지 않는, 주의 깊은 **scrutiny** n. 조사, 감시, 감독 **pivotal** a. 중추적인 **prioritize** v. 우선시하다 **unveil** v. 정체를 드러내다, (비밀 따위를) 밝히다

26 빈칸완성 ④

| 분석 |

"그린워싱은 지속가능성에 대한 노력을 주장하면서 다른 한편으로는 비윤리적인 관행을 은폐하는 허울에 불과해서, 신뢰를 훼손하고 환경 목표를 향한 실질적인 진전을 지연시킨다"라고 했으므로, 이러한 보여주기 식의 관행은 진정한 지속가능성 노력을 회피할 수 있게 해줄 것이다. 그러므로 '(책임 따위를) 회피하다'라는 의미의 sidestep이 정답이다. ① (사람들이) 좁은 간격으로 발맞추어 걷기 ② 뒤를 쫓다 ③ 곁길로 빠지게 하다 ⑤ 허튼소리

27 내용파악 ①

| 분석 |

본문에서는 그린워싱을 환경에 도움이 되지 않은 우려스러운 관행으로 평가하면서도 친환경을 지향한다는 기업의 태도나 실천을 섣불리 예단해선 안 된다고 추가적으로 언급하고 있다. 그러므로 이를 종합하고 있는 ①이 정답으로 적절하다.

위 글에서 "그린워싱"에 대해 주로 말하고 있는 것은?
① 그것은 신중하게 분별해야 할 심각한 문제이다.
② 그것은 거의 모든 산업을 부패시키고 있는 널리 퍼져 있는 문제이다.
③ 그것은 더 이상의 피해를 입지 않도록 지구를 보호하기 위해 노력하고 있다.
④ 그것은 자금 지원을 정부에 의존하고 있다.
⑤ 그것은 현대 경제에서 피할 수 없는 현실이다.

28 내용추론 ④

| 분석 |

"기업들은 이윤을 해치지 않으면서 환경에 대한 윤리적인 책임을 보여줘야 한다는 압박에 직면할 때 종종 그린워싱에 의존한다."라고 했는데, 이는 곧 기업이 환경에 대한 노력을 자신들의 이미지 관리, 넓게 보면 홍보, 선전, 광고의 수단으로 사용하고 있다는 것이다.

위 글에서 추론할 수 있는 것은?
① 언론은 기업의 훌륭한 행동을 홍보하지 못하고 있다.
② 기업들은 그린워싱을 막기 위해 홍보 전문가를 고용하고 있다.
③ 부패한 언론이 규정을 준수하는 회사를 공격하고 있다.
④ 기업들은 환경에 대한 헌신을 광고로서 사용하고 있다.
⑤ 대중들은 더 높은 가격을 지불하는 것보다 그린워싱을 선호한다.

29~30

20세기 중반에는 주관적인 정신병 경험과 환각 약물로 인한 마음 상태가 추가적인 연구를 정당화시킬 만큼 유사하다는 과학적 신념이 널리 퍼져 있었다. 그러나 1960년대에는 환각 약물과 관련된 도덕적 공황상태가 확고히 자리를 잡았다. 동시에 의학의 증거 요건이 더욱 엄격해져, 환각제 연구에 대한 장벽이 더 높아졌다. 환각 약물과 관련된 연구를 위한 자금, 접근 및 허가가 서서히 줄어들면서 이러한 물질에 대한 연구는 대체로 정신의학에 의해 잊혀졌다. 그러나 그 이후 수십 년 동안 정신병과 환각제에 관련된 연구가 재개되었고, 비록 다소 방향이 바뀌긴 했지만 거의 방해받지 않은 채 진행되고 있다. 정신분석학 교육을 받은 정신과 의사들이 환각 약물을 통해 얻고자 했던 정신병 경험의 자세한 서술에 대한 주류의 관심도 많이 없어졌다. 대신, 정신병과 환각제에 관한 연구는 다른 나머지 정신의학과 함께 종종 신경생물학적·유전적 연구에 특별히 집중하고 있다.

| 어휘 |

psychosis n. 정신병, 정신이상 **psychedelic** a. 환각을 일으키는, 도취적인 **warrant** v. 보증하다, 정당화하다 **rigorous** a. 준엄한; 가혹한 **psychiatry** n. 정신병학, 정신의학 **unfettered** a. 속박 받지 않은, 제한받지 않는, 규제가 없는 **albeit** conj. 비록 ~이지만 **psychiatrist** n. 정신병의사 **neurobiological** a. 신경생물학의 **genetic** a. 유전의

29 빈칸완성 ③

| 분석 |

환각 물질에 대한 연구가 정신의학에 의해 잊혀진 것은 그 약물과 관련된 제반 여건이 좋지 않아졌기 때문일 것이므로, 빈칸에는 '자금, 접근 및 허가가 서서히 줄어들었다'는 의미를 만드는 ③이 정답으로 적절하다. ① 치솟다 ② 파내다 ④ 착수하다 ⑤ 윙윙거리다

30 글의 주제 ④

| 분석 |

본문은 1960년대에 환각제에 대한 연구가 방해받았으나, 그 후 연구가 부활하고 그 방향이 조금 바뀌었다는 내용을 다루고 있다.

위 글은 주로 무엇에 관한 것인가?
① 정신병과 환각 경험 사이의 유사점
② 정신병과 환각제에 대한 연구 결과
③ 증거에 대한 요구 증가와 그것이 연구에 미치는 영향
④ 정신의학 연구에 있어서 환각제의 역할 변화
⑤ 여전히 환각제에 대한 연구를 괴롭히는 도덕적 딜레마

SOGANG UNIVERSITY | 2023학년도 일반편입

TEST p. 74~85

01	④	02	②	03	④	04	⑤	05	③	06	④	07	①	08	①	09	②	10	③
11	①	12	③	13	②	14	①	15	③	16	②	17	④	18	⑤	19	④	20	⑤
21	②	22	⑤	23	④	24	⑤	25	②	26	①	27	⑤	28	④	29	①	30	③

01 수여동사 ④

| 분석 |

offer는 4형식 동사로 뒤에 '사람+사물'이 와야 한다. 직접 목적어 the chance가 마지막에 와야 빈칸 다음의 'to부정사(to win)'로 잘 이어질 수 있다.

| 어휘 |

upcoming a. 다가오는 **drive** n. 추진력; 운동; 특가 판매 **brand-new** a. 새로운 **raffle ticket** 추첨권 **for the price of** ∼의 가격으로

| 해석 |

그 자동차 딜러는 다가오는 판매 촉진 행사에 대한 인지도를 높이기 위해, 추첨권 한 장 가격으로 잠재 고객에게 신형 링컨 컨티넨탈을 받을 기회를 제공한다.

02 be composed of ②

| 분석 |

compose는 타동사로 '∼을 구성하다'는 의미이다. '∼으로 구성되다'는 의미를 위해서는 'be composed of'로 써야 한다.

| 어휘 |

purist n. 순수주의자 **chili pepper** 고추 **bean** n. 콩

| 해석 |

칠리 순수주의자들에 따르면 "진정한" 칠리는 (아무 종류의) 고기, 홍고추, 향신료 외에는 다른 어떤 것도 들어가지 않아야 한다. 그리고 가장 중요한 것은 콩이 절대 들어가지 않아야 한다!

03 동의어 ④

| 어휘 |

suspect n. 용의자 **corroborate** v. (소신·진술 등을) 확실히 하다, 확증하다(= confirm) **overestimate** v. 과대평가하다 **exonerate** v. 사면하다 **prevaricate** v. 얼버무리다

| 해석 |

두 명의 살인 용의자가 경찰서로 연행되었을 때 그들의 진술이 얼마나 잘 일치하는지 확인할 수 있도록 그들은 즉시 분리 심문을 받았다.

04 동의어 ⑤

| 어휘 |

hostile a. 적대적인, 반대하는 **aggressive** a. 공격적인, 공세의; 호전적인(= truculent) **erroneous** a. 잘못된, 틀린 **arduous** a. 몹시 힘든, 고된 **fortuitous** a. 우연한 **dissenting** a. 반대하는

| 해석 |

재난을 경험함으로 인해, 사람들은 적대적으로 되어 다른 사람들에게 공격적인 행동을 취했다.

05 문맥상 적절한 형용사 ③

| 분석 |

exhaustive는 '고갈시키는'의 의미에서 파생된 것으로 '철저한, 완전한'의 의미를 가진다. 문맥상 비잔틴 제국과 사산 제국이 '국력이 고갈된 상태가 되었다'는 흐름이 되어야 하므로 ③을 exhausted로 바꿔야 한다.

| 어휘 |

be susceptible to ∼에 취약하다, ∼에 영향을 받기 쉽다 **third-party** n. 제삼자 **nomadic** a. 유목의

| 해석 |

아라비아의 7세기 초는 비잔틴-사산 전쟁의 가장 길고도 파괴적인 시기로 시작되었는데, 그 전쟁으로 인해 비잔틴과 사산 제국은 모두 국력이 고갈되었고, 제삼자의 공격, 특히 새롭게 형성된 종교 아래 통일된 유목민 아랍인들의 공격으로부터 취약해졌다.

06 문의 구성 ④

| 분석 |

관계대명사는 '접속사+대명사'이므로, 뒤의 절이 완전하지 않아야 한다. ⓓ의 뒤에 주어 difference와 동사 is가 있는 완전한 절이 왔으므로 관계대명사는 적절하지 않다. 따라서 이것을 접속사 and로 바꿔야 한다.

| 어휘 |

sandy a. 모래가 많은   **pore** n. 흡수공   **margin** n. 가장자리

| 해석 |

마른 모래 토양의 표면은 빨리 데워지지만, 공기가 적고 흡수공에 상당한 양의 물이 있는 질감이 촘촘한 점토 토양은 천천히 따뜻해진다. 따라서 기후학적 논의에서 매우 중요한 해양성 기후와 대륙성 기후 사이의 구분이 생긴다. 겨울과 여름의 기온 차는 산악 지역보다 대륙의 가장자리에서 훨씬 더 적다.

07 부대상황의 분사구문 ①

| 분석 |

Ⓐ 앞에 전치사 with가 있으므로 정동사 came을 현재분사 coming으로 고쳐야 'with+목적어+보어(분사)'의 부대상황 분사구문이 된다.

| 어휘 |

come to a close 끝맺다   **look forward to** 기대하다   **bet** v. ~에 틀림없다, 분명하다   **speculate** v. 추측하다

| 해석 |

2022년이 끝나가고 있는 가운데, 지금은 미래의 일에 대해 흥분되는 시간이다. 2023년에 내가 이미 일어날 것으로 기대하는 10가지 사건을 소개한다. 무슨 일이 일어날지 나와 함께 추측해 보겠는가?

08 과거분사 ①

| 분석 |

Ⓐ는 앞의 the prices를 수식하는 분사인데, 가격은 '지불되어지는' 것이므로 수동적 의미 관계이다. 따라서 과거분사를 써서 Ⓐ를 paid for로 고쳐야 한다. 'the prices which is paid'에서 which is가 생략된 형태이다.

| 어휘 |

drastic a. 급격한   **agricultural crop** 농작물   **coupled with** ~와 더불어   **keep pace with** ~와 보조를 맞추다   **in search of** ~을 찾아   **in terms of** ~의 측면에서   **irrigation** n. 관개   **pest** n. 해충   **predator** n. 포식자   **availability** n. 가용성   **strain** n. 품종

| 해석 |

제1차 세계대전 이후 농작물 가격이 급격히 하락하고 다른 비농산품 가격이 꾸준히 상승하자, 미국 농부들은 수입이 지출을 따라가지 못한다는 것을 알게 되었다. 많은 사람이 빠르게 돈을 벌고자 서부로 이주했다. 그러나 농부들이 새로운 땅으로 이주했을 때, 그들은 운송, 관개, 병해충 방제, 포식자 제어, 농자재 공급 비용, 적절한 작물 품종의 가용성 측면에서 새로운 상황의 도전에 직면하게 되었다.

09~10

윌리엄 셰익스피어의 연극을 가득 채우고 있는 등장인물들의 주목할 만한 특징은 그들은 개성이 대단히 특별하면서도 보편적인 매력을 지니고 있다는 점이다. 물론 셰익스피어의 인물은 독특하고 남다른 사람들이며, 완전히 원숙하고 복합적이다. 그들은 결코 과장된 희화적 인물이 아니어서, 완전히 고결하지도 전혀 사악하지도 않다. 사실 셰익스피어는 인류의 공통된 저장고에서 도출된 완전히 원숙한 인간과 미묘한 성격을 보여 준다고 말해도 좋다. 셰익스피어의 등장인물들이 단순히 특별한 사람을 뛰어넘어 인류를 그 모든 결함 있는 장엄한 모습으로 시대를 초월하여 대표할 수 있는 것은 바로 그들이 이러한 점에서 매우 잘 도출된 인물들이라는 사실에 기인한다.

| 어휘 |

noteworthy a. 주목할 만한   **feature** n. 특징   **people** v. 가득 채우다   **particular** a. 특수한   **individuality** n. 개성   **universal** a. 보편적인   **rounded** a. 원숙한, 세련된   **exaggerate** v. 과장하다   **caricature** n. 희화적 인물   **virtuous** a. 고결한   **wicked** a. 사악한   **showcase** v. 보여주다   **nuanced** a. 미묘한 차이가 있는   **in this regard** 이러한 점에서   **transcend** v. 초월하다; 능가하다   **flawed** a. 결함이 있는   **grandeur** n. 위대함   **amoral** a. 비도덕적인   **villain** n. 악한

09 글의 목적

| 분석 |

첫 번째 문장이 글의 주제문이다. 셰익스피어의 연극의 등장인물들이 매력적인 이유를 설명하고 있다.

이 글의 목적은 무엇인가?
① 셰익스피어가 적절치 않다는 것을 독자들에게 설득하기 위해
② 셰익스피어 등장인물의 시대를 초월한 매력을 설명하기 위해
③ 셰익스피어의 인물 묘사 방식을 비난하기 위해
④ 셰익스피어의 생애와 시대를 독자들에게 처음부터 가르치기 위해
⑤ 셰익스피어의 등장인물의 단순함을 증명하기 위해

10 내용추론 ③

| 분석 |

'그들(셰익스피어의 인물)은 결코 과장된 희화적 인물이 아니어서, 완전히 고결하지도 완전히 사악하지도 않다', '인류의 공통된 저장고에서 도출된 완전히 원숙한 인간' 등의 표현은 셰익스피어가 등장인물을 있는 그대로 사실적으로 그렸다는 말이다. ① 너무 지나치게 복잡하다(too complex)면 관객들에게 매력적이지 못할 것이다. ② amoral하다는 말은 없다. ④ villain에 대한 특별한 언급은 없지만 이들도 등장인물인 이상 역시 rounded하고 complex할 것이다. one-dimensional한 것은 단순하고 깊이 없고 피상적이라는 말이다.

이 글의 저자가 동의할만한 내용은?
① 오늘날 관객들은 셰익스피어의 등장인물이 너무 복잡하다고 생각한다.
② 셰익스피어의 인물은 비도덕적인 인물에 가깝다.
③ 셰익스피어의 인간 조건에 대한 묘사는 사실적이다.
④ 관객은 셰익스피어의 악당들이 일차원적일 것으로 기대한다.
⑤ 셰익스피어는 문학 비평가들에게 널리 오해받고 있다.

11 논리완성 ①

| 분석 |

우파와 좌파의 토론자를 모두 똑같은 수로 배정한 것은 편파적이라는 비판을 '누그러뜨리고 달래기' 위함일 것이다.

| 어휘 |

allay v. 달래다   **renounce** v. 포기하다, 단념하다   **forgo** v. 보류하다, 그만두다   **deprecate** v. 비난하다   **implicate** v. 함의하다; 관련시키다

| 해석 |

토론이 정치적으로 편향됐다는 비판을 달래기 위해, 우파와 좌파 대표들은 모두 토론장에 똑같은 수로 등장할 것이다.

12 논리완성 ③

| 분석 |

전통적인 기사를 우스꽝스러운 익살로 표현한 것은 기사를 풍자적으로 표현한 '패러디'에 해당하므로 ③이 정답이다.

| 어휘 |

knighthood n. 기사도, 〈집합적〉 기사   **ridiculous** a. 우스꽝스러운   **antics** n. 익살   **knack** n. 요령   **rupture** n. 파열   **impulse** n. 충동   **elan** n. 기백

| 해석 |

독자들이 『돈키호테』에서 얻는 즐거움의 상당 부분은 소설의 두 주인공, 돈키호테와 산초 판자의 우스꽝스러운 익살에서 발견되는 전통적인 기사의 패러디에서 비롯된다.

13 논리완성 ②

| 분석 |

앞선 세대에서 일어난 변화가 미래 세대에서 새로운 유형이 되려면 우선 먼저 미래 세대가 그 변화를 물려받아야 할 것이므로, ②가 빈칸에 적절하다.

| 어휘 |

theory of evolution 진화론   **alteration** n. 변화   **constant** a. 일관성 있는   **lasting** a. 지속적인   **clone** v. 복제하다   **inherit** v. 유전으로 물려받다   **confirm** v. 확인하다   **halt** v. 중단하다

| 해석 |

최초의 완전한 진화론은 장 드 라마르크(Jean de Lamarck)의 이론이었는데, 그는 환경으로 인한 변화가 일관성 있게 지속될 경우, 미래 세대가 물려받고 결국 새로운 유형이 만들어진다고 생각했다.

14 논리완성 ①

| 분석 |

모든 사람이 갖고 있는 자신만의 관점은 주관적인 것이므로 이것은 객관성 혹은 형평성을 불가능하게 할 것이다.

| 어휘 |

academic a. 학계의   **impartiality** n. 공정성   **objectivity** n. 객관성   **susceptivity** n. 민감성   **accountability** n. 책임감

incompatibility n. 비호환성 **commensurability** n. 비례성

| 해석 |

나는 오늘날의 학술적 역사 저술에서 문제가 되는 주제인 소위 '현재주의'에 대해 이야기하고 싶다. 이것은 학계 역사가들이 과거에 대해 글을 쓸 때 자신의 현재의 정치적 견해가 결론을 형성하도록 허용하는 것이다. 물론 모든 사람은 자신만의 관점을 가지고 있으며, 이것이 완벽한 객관성을 불가능하게 만든다. 하지만 '현재주의'는 공정성이라는 가치를 전적으로 거부하는 것 같다.

15~16

우리는 우리와 매우 밀접한 관계에 있는 침팬지가 침팬지 불복종의 기원에 대해 추측하지 않고, 오랑우탄은 고도의 지능을 갖고 있지만 왜 오랑우탄은 죽을 운명인지에 대해 고민하지 않으며, 쾌락을 좋아하는 보노보가 서로를 손질하면서 최초의 보노보 수컷과 암컷이 어떻게 교미했는지에 대해 이야기하지 않는다는 것을 알고 있거나, 안다고 생각한다. 우리는 개미와 벌, 말벌의 사회적 복잡성에 경외감을 느낄 충분한 이유가 있고, 청백돌고래의 고도의 언어 이해 능력에 감탄하며, 고래의 노래를 둘러싸고 사실상 종교적 열기의 숭배를 하게 되었다. 하지만 이러한 생물 중 그 어떤 생물도 기원 이야기를 만들어내지는 않았다고 우리는 믿는다.

| 어휘 |

speculate v. 추측하다 **brood** v. 곰곰이 생각하다 **groom** v. 손질하다 **mate** v. 짝짓기하다 **be in awe of** ~에 탄복하다 **paper wasp** 벌목 말벌과의 곤충 **marvel** v. 놀라다, 경탄하다 **bottlenose** n. 청백돌고래

15 빈칸완성   ②

| 분석 |

ⓑ 다음에서 오랑우탄은 자신의 죽음에 대해 고민하지 않는다고 했다. 이러한 고민은 고도의 정신 활동이므로, 전후의 내용을 역접으로 연결하는 접속사가 필요하다. 따라서 ⓑ에는 to which와 같은 의미의 whereto 대신 접속사 whereas나 though가 들어가야 한다.

16 내용일치   ②

| 분석 |

이야기, 특히 기원에 관한 이야기인 신화를 만드는 재주는 인간에게만 국한된 것이라는 내용이다. 침팬지도 스토리텔링은 하지 못한다. 따라서 ②가 정답이다. 참고로 '침팬지 불복종의 기원'은 헨리 데이빗 소로우의 저서 『시민의 불복종』과 영화 『혹성탈출』을 맥락으로 가지고 하는 패러디이다. ① 본문에는 '고래의 노래'라고만 했지만, 앞에서 cult(비밀종교, 숭배)라고 한 것에 비추어볼 때 이 노래는 '신비스러운 소리'라고 할 수 있다.

이 글의 내용에 일치하지 않는 것은?
① 고래는 신비로운 소리를 내는 능력으로 숭배받고 있다.
② 침팬지는 스토리텔링과 수다로 유명하다.
③ 오랑우탄은 죽음과 죽음의 본질에 대해 고민하지 않는다.
④ 수컷과 암컷 보노보는 쾌락을 위해 서로를 손질하는 것을 좋아한다.
⑤ 개미와 벌은 공동체의 복잡성으로 인해 종종 높이 평가받는다.

17~18

1789년 4월 1일, 프레드릭 뮬렌버그(Frederick Muhlenberg)는 초대 하원의장으로 선출되었다. 두 번의 하원의장 임기 동안 뮬렌버그는 최초로 권리장전에 서명한 사람이었지만, 논란이 되었던 제이(Jay) 조약에 대한 캐스팅 보트는 그가 파멸하게 된 원인으로 드러났다. 그 후 뮬렌버그는 재선 도전에서 패배했고, 이에 따라 전국적인 정치 경력은 끝이 났다. 그러나 독일어가 미국의 공용어로 채택되는 것을 막은 그의 '전설적인' 역할은 세월이 지나면서 더욱 중대하게 인식되었다.

독일 학자 빌리 아담스(Willi Adams)는 뮬렌버그가 독일어를 국어로 채택하려는 의회 결의안을 방해하는 행동을 했다고 믿는 사람들이 많은 이유를 설명한다. "독일인들에게는 흥미로운 이 가상의 결정은 1840년대 이래로 독일 여행 문학 작가들에 의해 대중화되었고, 미국 역사에 대해 잘 알지 못하는 일부 미국인 독일어 교사와 독일인 영어 교사들에 의해 전파되었다"라고 아담스는 말한다. "사실 이 추정된 제안은 의회에 상정된 적도 없고 표결에 부쳐진 적도 없다. 식민지 시대 영어 사용자들은 오로지 정치적 독립을 위해 싸웠다. 그들은 영어와 영국 문화에 반대하는 혁명을 일으킬 만한 동기가 없었다"라고 아담스는 덧붙인다. 일리노이 대학교의 영어 및 언어학 교수인 데니스 바론(Dennis Baron)도 비슷한 이야기를 들려준다. "1795년 1월 13일, 의회는 독일어에 공식적인 지위를 부여하자는 제안이 아니라 그냥 별 이유 없이 연방법을 영어와 함께 독일어로도 인쇄하자는 제안을 고려했다. 토론 중에 휴회 동의안이 한 표 차이로 부결되었다. 연방법 번역을 거부하는 최종 표결은 기록되지 않았다"라고 바론은 말했다. 영국과의 제이 조약을 통과시키는 과정에서 뮬렌버그가 했던 역할은 그가 독일어를 거부하는 데 관여했다고 하는 주장보다 훨씬 더 논란이 많았다.

| 어휘 |

speaker n. 의장 House of Representatives 하원 terms n. 임기 Bill of Rights 권리장전 tie-breaking vote 동수를 깨는 표결, 캐스팅 보트 controversial a. 논란이 되는 undoing n. 파멸, 파멸의 원인 bid n. 입찰기회, 노력, 시도, 경쟁 terminate v. 끝내다 adoption n. 채택 hinder v. 방해하다 resolution n. 결의안 propagate v. 널리 퍼뜨리다 secure a. 정통한 presumed a. 추정된 proposition n. 제안 chord n. 감정, 생각 status n. 지위 motion n. 동의안 adjourn v. 휴회하다 allege v. 근거 없이 주장하다 enshrine v. 안치하다 paltry a. 미미한 spread out 펼치다 tawdry a. 저속한 gain steam 힘을 얻다 implicit a. 암시적인

17 빈칸완성 ④

| 분석 |

But로 시작되는 문장에 있는 Ⓐ는 앞 문장에서 뮬렌버그의 정치 생명은 끝났다는 부정적인 내용이 있으므로, 긍정적인 내용이 와야 한다. 뒤에 '세월이 갈수록'이라는 의미의 over the years가 있으므로 '소중하게 모셔지다'는 의미의 was enshrined는 답이 될 수 없고 won popularity나 gained steam이 적절하다. Ⓑ의 경우, 이제까지의 모든 내용이 그가 독일어가 공용어로 채택되는 것을 거부하는 데 크게 관여했다는 것은 별로 근거 없는 주장임을 말하고 있으므로 alleged밖에 답이 될 수 없다.

18 글의 요지 ⑤

| 분석 |

독일어가 미국의 공식 언어가 될 뻔한 것을 뮬렌버그가 막았다는 이야기는 아무런 근거도 없다는 내용이다.

주로 무엇에 관한 글인가?
① 독일어가 미국의 공식 언어가 되지 못한 이유
② 미국의 공식 언어로서 독일어에 대한 의회의 거부
③ 뮬렌버그의 제이 조약에 대한 논란의 여지가 있는 캐스팅 보트
④ 19세기 미국에서 공식 언어로 독일어에 찬성하는 선전이 번성했던 이유
⑤ 미국의 언어 논란에서의 뮬렌버그의 잘못 전해져온 역할

19~21

크메르 제국의 수도였던 캄보디아의 고대 도시 앙코르는 600년 동안 도시가 성장하면서 배수의 부족을 처리하기 위한 운하, 해자, 제방, 저수지로 이루어진 광대한 네트워크를 조금씩 발전시켰다. 복잡하고 위험할 정도로 서로 연결된 이 시스템은 농작물 관개와 주기적인 홍수 문제를 처리하는 데 사용되었다. 하지만 이 시스템은 워낙 미묘한 균형을 이루고 있었기 때문에 예를 들어 네트워크의 한 구간의 가동 중단과 같은 아주 작은 문제라도 발생하면 전체 시스템에 파급되는 문제를 낳아, 큰 혼란을 초래할 수 있었다. 실제로 15세기에 평소보다 더 심한 몬순으로 인해 전례 없는 가뭄이 수십 년 동안 지속되자, 앙코르의 배수 시스템은 원래부터 결함이 있는 설계로 인해 더 이상 환경의 스트레스를 감당하지 못하고 심각한 손상을 입었다. 역사학자들은 전성기 때 세계에서 가장 큰 대도시였던 앙코르가 갑자기 주민들에게 버림받고, 주민들이 현재 캄보디아의 수도인 프놈펜 인근 지역으로 이주한 것은 바로 이러한 이유 때문이라고 추측하고 있다.

| 어휘 |

capital n. 수도 bit by bit 조금씩 canal n. 운하 moat n. 해자 embankment n. 제방 reservoir n. 저수지 distribution n. 배급 intricate a. 복잡한 irrigation n. 관개 delicate a. 섬세한 difficulty n. 문제 outage n. 운행 중지 initiate v. 시작하다 ripple v. 퍼져나가다 disruption n. 파괴 unfettered a. 자유로운 extravagant a. 사치스러운 erratic a. 일정하지 않은 inadequate a. 부적절한

19 동의어 ④

| 분석 |

선례, 혹은 전례가 없다는 말은 세상에 하나 밖에 없다는 말이므로 ④ unique가 정답이다.

20 글의 요지 ⑤

| 분석 |

한때 세계에서 가장 큰 대도시였던 앙코르가 갑자기 주민들에게 버림받은 이유를 환경변화의 견지에서 설명하고 있다.

이 글은 주로 무엇에 관한 글인가?
① 앙코르가 세계 최대의 대도시가 된 이유
② 앙코르의 배수 문제 해결 방법
③ 15세기 캄보디아의 극심한 기후 조건
④ 특별한 날씨를 예상하기 위한 앙코르의 계획
⑤ 어떻게 환경이 앙코르의 붕괴를 초래했나

21 내용추론   ②

| 분석 |

둘째 단락에서, 가뭄이 수십 년 동안 지속되자 앙코르의 배수 시스템은 더 이상 환경의 스트레스를 감당하지 못하고 심각한 손상을 입었고 결국 주민들이 떠나게 되었다고 했으므로, 앙코르의 배수 시스템이라는 인프라를 바로잡을 수 없었다는 ②를 추론할 수 있다. ① 이 도시는 조금씩 성장했다. ③ 15세기 더 이전의 크메르 제국 시대에 배수 시스템이 설계될 때부터 결함이 있었다고 했으므로 15세기 지도자들의 죄라고 할 수 없다. ④ 전례 없는 가뭄이 수십 년 동안 지속되자 앙코르의 배수 시스템은 심각한 손상을 입었다.

이 글에서 추론할 수 있는 것은?
① 앙코르의 최초 설계자들은 이 도시의 빠른 성장을 계획했다.
② 앙코르는 결함 있는 인프라를 바로잡을 수 없었다.
③ 15세기 앙코르의 지도자들은 도시를 파괴한 죄가 있다.
④ 앙코르는 극한의 몬순이라는 조건에 잘 대비되어 있었다.
⑤ 캄보디아 사람들은 오랫동안 수도를 앙코르로 되돌리기를 희망해 왔다.

22~23

1974년에 노벨 경제학상을 수상했지만 프리드리히 하이에크(Friedrich Hayek)는 위대한 경제학자라기보다는 위대한 사상가였다. 그는 스스로를 '실수쟁이'라고 불렀다. 경제 이론을 세우려는 그의 시도는 어려움을 겪었다. 그의 주된 공헌은 경제 지식의 한계와 그로 인한 경제 유토피아 건설 노력의 불가피한 좌절을 강조한 것이었다. 그의 이론은 추상적이었지만 목적은 실용적이었는데, 그 목적은 두 차례의 세계대전, 대공황, 파시즘과 공산주의의 흥망성쇠 등 그가 살았던 시대의 정치적·경제적 사악함과 광기에 대한 반증이 되어줄 자유주의 경제 질서를 주장하는 것이었다.

| 어휘 |

muddler n. 말도 안 되는 생각[행동]을 하는 사람 **contribution** n. 공헌 **inevitable** a. 불가피한 **frustration** n. 좌절 **abstract** a. 추상적인 **make a case** 주장하다 **proof** n. 보호책 **Great Depression** 대공황 **persevere** v. 인내하다 **fumigate** v. 그을리다 **excoriate** v. 피부를 벗기다; 혹평하다 **obviate** v. 제거하다 **more than anything else** 무엇보다도 **blunderer** n. 실수를 저지르는 사람 **unswerving** a. 확고한 **zeal** n. 열정 **in favor of** ~을 찬성하는

---

22 동의어   ⑤

| 분석 |

flounder는 '버둥거리다, 허우적거리다'라는 뜻이므로, ⑤ struggled가 정답이다. 즉, 그의 시도가 뜻대로 되지 않고 어려움을 겪었다는 의미이다.

23 내용일치   ③

| 분석 |

하이에크는 스스로를 '실수쟁이'라고 불렀고 경제 이론을 세우는 데 있어서도 버둥거리며 실수하고 어려움을 겪었으므로, 그를 완벽주의자라고 할 수는 없다. 따라서 ③이 정답이다.

글의 내용과 일치하지 <u>않는</u> 진술을 고르시오.
① 하이에크는 무엇보다도 위대한 지식인이었다.
② 하이에크는 자신을 일종의 실수꾼이라고 생각했다.
③ 하이에크는 변함없는 열정을 가진 완벽주의자였다.
④ 하이에크는 경제적 자유주의에 찬성했다.
⑤ 하이에크는 학문적이면서도 실용주의자였다.

24~26

사탕수수는 유럽인들의 식민지 개척이 시작된 이래로 카리브해 섬들을 정의해왔지만, 잘 알려지지 않은 아프리카 종(種)인 기니아그라스는 안에서부터 설탕 농장을 침범했다. 원래 설탕 생산을 늘리기 위해 재배되었던 기니아그라스는 아이러니하게도 농장의 잡초가 되었지만, 노예로 끌려와 고립된 아프리카인과 그 후손들에게 물질적이며 정신적인 자원을 제공했다. 오늘날 카리브해의 설탕 재배가 줄어들면서 기니아그라스는 다른 수입된 아프리카 목초와 함께 설탕 산업이 떠난 자리를 대체하고 있다.
어떤 면에서 설탕과 기니아그라스는 정반대다. 사탕수수는 오스트로네시아(태평양 중부·남부의 여러 섬)에서 수입되었던 반면, 기니아그라스는 아프리카 서해안에서 자란다. 설탕은 많은 카리브해 농장의 주요 작물이었지만, 기니아그라스는 밭에서 일하는 소와 농장주의 먹이가 되는 소의 사료로 수입되었다. 기니아그라스는 17세기에 서인도 제도에 처음 도입되었으며, 아마도 노예선을 통해 바베이도스에 처음 도입된 후 자메이카와 군도의 다른 섬들로 전파되었을 것으로 추정된다. 일부 보고에 따르면 납치된 아프리카인들을 아메리카 대륙으로 데려오는 배에서 조잡한 침구 대용으로 사용되었다는 주장도 있다.
하지만 겉보기에 공생 관계로 보이는 이 관계의 역사에서 이상한 일이 일어났다. 기니아그라스는 짐을 나르는 짐승의 먹이가 되어 설탕 경제에 도움을 주었지만, 아이러니하게도 사탕수수에 치명적인 잡초가 되어 버렸다. 1977년까

지 기니아그라스는 쿠바에서 사탕수수에 가장 큰 피해를 주는 잡초로 평가되었다. 2012년 쿠바 국립식물원 저널은 쿠바에서 가장 해로운 100대 잡초 중 하나이자 가장 우려되는 침입종으로 기니아그라스를 선정했다.

이렇게 수입된 두 풀은 빛, 물, 토양 영양분을 놓고 매일 경쟁을 벌이는 적대자가 되었다. 그러나 두 풀의 문화적 의미는 이미 오래전에 갈라졌다. 사탕수수가 유럽 농장주들의 경제적 이익을 뒷받침했다면, 기니아그라스는 카리브해 전역의 노예화되고 고립된 아프리카인들이 실용적이고 종교적 목적으로 이용했다. 버진 아일랜드의 디아스포라 아프리카인들은 카니발과 기타 축제를 위한 가면무도회 의상을 만드는 데 말린 풀을 사용했다. 쿠바에서는 사제들이 아프리카-쿠바 종교인 레글라 데 오차(Reglá de Ochá) 교(敎)의 성수인 오미에로(omiero)를 만드는 데 이 풀을 사용했다. 또한 사탕수수 수확하는 일을 했던 노예들 가운데 일부는 서아프리카의 고대 기술을 사용하여 진흙 오두막을 지을 때 기니아그라스로 지붕을 씌웠다. 노예가 돼서 사탕수수와 억지로 친밀해진 과거를 떠올리며, 이 노예들은 이 침입종 풀(기나아그라스)에게서 친구를 발견했다(친근감을 느꼈다).

| 어휘 |

sugarcane n. 사탕수수　**onset** n. 시작　**species** n. 종(種), 종류　**invade** v. 침략하다　**intensify** v. 강화하다　**weed** n. 잡초　**maroon** v. 고립시키다　**descendant** n. 후손　**shrink** v. 줄어들다　**along with** ~와 더불어　**import** v. 수입하다　**pasture grass** 목초　**take over** 인수하다　**hail** v. 소리쳐 부르다　**fodder** n. 사료　**via** prep. ~을 경유하여　**archipelago** n. 군도　**crude** a. 조잡한　**substitute** n. 대체물　**bedding** n. 침구　**kidnap** v. 납치하다　**ostensibly** ad. 겉으로 보기에　**symbiotic relationship** 공생관계　**beast of burden** 짐을 나르는 동물　**virulent** a. 해로운　**noxious** a. 해로운　**stalky** a. 줄기가 많은　**invasive** a. 침략하는　**concern** n. 걱정거리　**diverge** v. 갈라지다　**diasporic** a. 자의적이나 타의적으로 살던 땅을 떠나 다른 지역에서 살며 집단을 형성하는　**masquerade** n. 가장무도회　**thatch** v. (지붕을) 짚[억새, 이엉]으로 이다　**encroach** v. 침해하다　**eradicate** v. 뿌리뽑다　**accustom** v. 익숙하게 하다　**natural enemy** 천적　**natural sweetener** 천연 감미료

24　빈칸완성　⑤

| 분석 |

앞에서 사탕수수는 유럽인들에게 도움이 되었다고 하였으므로, 빈칸에는 (반대로) 기니아그라스가 아프리카계 사람들에게 도움이 되었다거나, 아프리카계 사람들이 사용했다는 의미가 되도록 ⑤가 들어가는 것이 적절하다. appropriate는 '전유하다, 전용하다(take something for one's own use)'라는 의미이다.

25　내용파악　③

| 분석 |

'겉으로 보기에 어떻다'는 말은 사실은 그렇지 않다는 의미이다. '겉으로 보기에 공생적'이라면 사실은 공생 관계가 아니라 적어도 하나가 다른 하나에 해를 끼치고 있다는 의미가 된다. 사탕수수 농장의 가축 사료로 수입된 기니아그라스가 실제로는 사탕수수에게 피해를 주는 잡초로 변했다고 했으므로 ③이 정답이다.

사탕수수와 기니아그라스 사이의 관계는 왜 '겉으로 보기에 공생적'이라고 묘사되었는가?
① 기니아그라스와 사탕수수는 아무런 문제없이 함께 존재하며 서로에게 유익한 역할을 한다.
② 사탕수수는 더 가치 있는 작물로 선호되지만, 기니아그라스보다 유용성이 적다.
③ 기니아그라스는 사탕수수 농사를 돕기 위한 것이었지만, 실제로는 사탕수수 농사에 해를 끼친다.
④ 한때 천적이었던 사탕수수와 기니아그라스는 이제 나란히 살 수 있게 되었다.
⑤ 사탕수수와 기니아그라스 모두 천연 감미료로 사용할 수 있다.

26　글의 목적　①

| 분석 |

사탕수수와 기니아그라스의 관계 변화에 대해 설명하고 있다. 처음에는 공생관계처럼 보였던 둘의 관계는 갈등을 보이며 완전히 갈라지게 되었다.

이 글의 목적은?
① 사탕수수와 기니아그라스의 생물 문화적 갈등을 설명하기 위해
② 사탕수수 재배자들에게 기니아그라스의 위험성을 경고하기 위해
③ 카리브해의 설탕 산업이 서서히 사양 산업이 되고 있는 이유를 설명하기 위해
④ 사탕수수가 그 가치에도 불구하고 침입종이라는 것을 증명하기 위해
⑤ 사탕수수 농사에 기니아그라스를 더 많이 사용하도록 제안하기 위해

27~29

카우보이는 미국 영웅의 신전에서 신성한 자리를 차지하고 있다. 하지만 오늘날 우리가 알고 있는 카우보이는 널리 알려진 것처럼 미국 서부에서 온전히 생겨난 것이 아니라

유럽에 더 오래된 뿌리를 두고 있다. 예를 들어, 스페인에서는 수 세기 동안 승마를 높이 평가해 왔으며, 그러다 보니 실제로 말을 잘 타는 능력이 높은 사회적 지위를 상징하기도 했다. 그 이유는 15세기 스페인에서 급성장하던 축산 경제에서 말이 핵심적인 역할을 했기 때문이다. 당시 스페인 사람들이 신대륙으로 항해를 떠나며, 가축 목장 경영과 승마 문화를 가져왔다. 따라서 북미 최초의 '카우보이'는 히스파니올라(오늘날 아이티와 도미니카공화국)에서 활동하던 스페인 사람들이었으며, 이들은 플로리다를 거쳐 멕시코로 건너갔다. 그곳에서부터 카우보이는 많은 사람이 미국 '카우보이'의 원형 이미지가 시작되었다고 생각하는 텍사스에 도착했다.

| 어휘 |

sacred a. 신성한 pantheon n. 신전 esteem v. 존중하다 so much so that 워낙 그렇다 보니 그 결과 be synonymous with ~와 일치하다 social status 사회적 지위 play a key role 중요한 역할을 하다 livestock n. 가축 burgeoning a. 싹트는 cattle ranching 가축 목장 경영 prototypical a. 원형의 memorial n. 기념비 oracle n. 예언 lifeblood n. 활력, 생명의 근원

27 동의어 ⑤

| 분석 |

pantheon은 고대 그리스 신들이 모여 사는 ⑤ shrine(신전, 만신전)이라는 의미이다.

28 내용일치 ④

| 분석 |

오늘날 우리가 알고 있는 카우보이는 유럽에 더 오래된 뿌리를 두고 있다고 하면서 15세기 스페인에서 비롯되었음을 설명하고 있으므로, 카우보이는 미국의 창작물이라 할 수 없다. 따라서 ④가 정답이다.

이 글에 따르면 다음 중 옳지 않은 것은?
① 신대륙 최초의 진짜 카우보이는 히스파니올라에서 발견되었다.
② 15세기 스페인에서는 승마를 매우 중요하게 여겼다.
③ 스페인의 축산 경제는 승마의 위상을 높였다.
④ 카우보이의 이미지는 무엇보다도 미국의 창작물이다.
⑤ 소를 기르는 문화는 스페인에서 미국으로 전해졌다.

29 글의 제목 ①

| 분석 |

두 번째 문장이 글의 주제이다. 사람들이 잘 모르고 있는 미국 카우보이의 유럽 기원을 설명하고 있다.

글의 제목으로 가장 적절한 것은?
① 아메리칸 카우보이: 아이콘의 잘 알려지지 않은 기원
② 히스파니올라의 소 목장: 지켜야 할 가치가 있는 전통
③ 카우보이와 소 산업: 함께 성장하기
④ 스페인 카우보이와 텍사스 소: 완벽한 조합
⑤ 가축과 말: 신대륙의 생명줄

30 문장배열 ③

| 분석 |

시간의 흐름에 따른 역사적인 사건 서술 방식이므로, 1920년의 금주법 제정으로 시작해서 1933년 12월의 금주법 폐지로 끝나면 된다.

| 어휘 |

prohibition n. 금주법 amendment n. 수정안 constitution n. 헌법 ban v. 금지하다 manufacture n. 제조 intoxicating liquor 술 go into effect 발효되다 enforce v. 집행하다 bootlegging n. 불법 밀주 proliferation n. 확산 speakeasy n. 무허가 술집 organized crime 조직폭력 waning a. 줄어드는 resolution n. 결의안 repeal v. 폐지하다 ratify v. 비준하다

| 해석 |

Ⓐ 금주법 시대는 1920년 미국 수정헌법 제18조에 따라 알코올성 주류의 제조, 운송 및 판매를 금지하는 볼스테드 법이 통과되면서 시작되었다.
Ⓓ 새로운 법안에도 불구하고 금주법을 집행하기는 어려웠다.
Ⓒ 밀주 판매의 증가, 무허가 술집의 확산, 이에 따른 갱단 폭력 및 조직범죄의 증가로 1920년대 말에는 이미 금주법에 대한 지지가 약화되었다.
Ⓔ 1933년 초, 의회는 수정헌법 제18조를 폐지하는 수정헌법 제21조를 제안하는 결의안을 채택했다.
Ⓑ 수정헌법 제21조는 1933년 12월 5일 비준되어 금주법이 폐지되었다.

SOGANG UNIVERSITY | 2023학년도 학사편입

TEST p. 86~97

01	①	02	④	03	⑤	04	④	05	③	06	⑤	07	③	08	②	09	②	10	①
11	④	12	①	13	⑤	14	②	15	①	16	③	17	③	18	④	19	②	20	①
21	④	22	③	23	⑤	24	⑤	25	⑤	26	⑤	27	②	28	①	29	②	30	④

01 가정법 과거완료 ①

| 분석 |
'might not have pp'의 형태이므로 가정법 과거완료이다. If절에는 'had pp' 형태가 필요하다. If he had followed에서 if가 생략되고 had와 주어가 도치된 ①이 빈칸에 적절하다.

| 어휘 |
surgery n. 수술 **knee** n. 무릎 **tackle football** 미식축구

| 해석 |
티모시는 미식축구를 그만두라는 의사의 충고를 따랐더라면 무릎 수술이 필요하지 않았을지도 모른다.

02 원급 비교 ④

| 분석 |
비교대상의 동등함을 나타내는 원급 비교 'as ~ as'는 형용사나 부사의 기본형과 함께 as를 사용해서 표현한다. 'as 형용사(affordable) as' 형태로 된 ④가 빈칸에 적절하다.

| 어휘 |
insurance n. 보험 **comprehensive** a. 포괄적인 **affordable** a. 싼, (값이) 알맞은

| 해석 |
보험 회사에서 포괄적인 만큼 싸기도 한 특별 패키지를 제공하고 있다.

03 동의어 ⑤

| 어휘 |
behoove v. 이익이 있다, ~에 걸맞다, 어울리다(= befit) **replenish** v. 채우다 **stakeholder** n. 이해관계자, 출자자 **dispense** v. 분배하다 **stipulate** v. 규정하다 **relegate** v. 추방하다

| 해석 |
여행을 장려하는 서비스를 개발하는 데 더욱 창의적이게 되는 것은 당연히 출자자들에게 걸맞은 일이다.

04 동의어 ④

| 어휘 |
work v. 발생시키다, 가져오다 **detriment** n. 손해, 손실(= damage) **mediocrity** n. 평범함 **eminence** n. 저명함 **boon** n. 혜택 **turpitude** n. 혼탁; 비열한 행동

| 해석 |
지나치게 많은 교육이 오히려 손해를 발생시키는 그런 일이 드물지 않게 있다.

05 주어와 동사의 수일치 ③

| 분석 |
첫 문장에서 대시와 대시 사이는 삽입된 표현이고, 주어의 핵심 명사가 단수인 spread이므로 동사인 ③을 is posing으로 고쳐야 한다. ④ 서수 앞에는 원칙적으로 정관사 the를 사용하지만 second only to는 관용적 표현이므로 second 앞에 the를 쓰지 않는다.

| 어휘 |
invasive species 침입종 **due to** ~때문에 **pose a threat** 위협을 제기하다 **biodiversity** n. 생물다양성 **second only to** ~ 바로 다음으로 **habitat** n. 서식지 **migration** n. 이주 **crisis** n. 위기

| 해석 |
인간의 활동으로 인해 비토착 서식지를 부정적으로 지배하게

된 종(種)을 의미하는 침입종의 확산은 생물다양성에 심각한 위협이 되고 있는데, 서식지 파괴의 위협 바로 다음으로 큰 위협이 되고 있다. 그러한 확산은 역사가 시작된 이래 인류 이동의 특징이었지만, 오늘날 발생하는 이동의 양은 이 문제를 위기 상황으로 몰아가고 있다.

06　자동사　⑤

| 분석 |

consist는 자동사이므로 수동태로 나타낼 수 없다. 따라서 ⑤를 능동태인 consists of로 고쳐야 한다.

| 어휘 |

deliver v. 전달하다　**digestion** n. 소화　**neurotransmitter** n. 신경 전달 물질　**up to** ~까지　**consist of** ~으로 구성되어 있다

| 해석 |

클리블랜드 클리닉에 따르면 물은 산소 전달, 소화 촉진, 호르몬 및 신경 전달 물질 생성 등, 몸의 여러 기능에 필수적이라고 한다. 게다가 성인 신체의 60%가 물로 구성되어 있다.

07　접속사와 전치사의 구분　③

| 분석 |

because는 접속사이므로 다음에 주어와 동사가 있는 절이 필요하다. ③을 전치사인 Because of로 고쳐야 한다.

| 어휘 |

devastate v. 파괴하다　**plague** n. 전염병　**ravage** v. 파괴하다, 황폐하게 하다　**labor force** 노동력　**shortage** n. 부족　**landowner** n. 영주　**peasant** n. 농민　**in demand** 수요가 있는, 필요한　**leverage** n. 권력

| 해석 |

14세기 유럽을 황폐화시킨 파멸적인 전염병인 흑사병은 세상을 크게 변화시켰다. 예를 들어, 불과 몇 년 만에 노동력의 3분의 1이 사라졌다. 노동력 부족 때문에, 지주와 농민의 관계가 갑자기 바뀌었고, 권력이 전자에서 후자로 이동했다. 처음으로 농민들은 자신들에 대한 수요가 있음을 알게 되었고, 이것이 항상 부족했던 권력을 어느 정도 그들에게 확보해주었다.

08　현재분사와 과거분사의 구분　②

| 분석 |

'~에 비해'는 과거분사를 사용하여 compared to ~로 나타내므로 ②의 comparing을 compared로 고쳐야 한다.

| 어휘 |

substantially ad. 상당히　**reduced** a. 줄어든　**mortality** n. 사망　**evidence** n. 증거　**to date** 이제까지　**cohort** n. 통계적 동일성을 공유하는 집단　**observational cohort study** 코호트 관찰 연구　**over time** 오랜 시간에 걸쳐

| 해석 |

일반적으로 커피를 마시는 사람은 커피를 마시지 않는 사람에 비해 사망 위험이 상당히 감소하는 경향이 있다. 현재까지 주요 증거는 연구자들이 커피를 마시는 사람과 커피를 마시지 않는 사람을 오랜 시간을 두고 비교한 코호트 관찰 연구에 주로 기반하고 있다.

09~10

피로는 현대인의 강박관념 같은 것이 되었지만, 피로가 '가시화'될수록 스트레스와 실존적인 불편을 가중시킬 수 있다. 높은 수준의 '성과'를 내는 자율적인 개인이라는 현대의 이상은 소외되고 정신적·육체적으로 탈진해서 어디에도 기여할 수 없는 개인이라는 필연적인 결과를 낳는다. 따라서 피로는 그 어느 때보다 우리를 위협하고 자아개념을 위태롭게 하기 때문에, 오늘날에는 더 일상적이고, 더 사소하면서도, 더 강렬하게 느껴진다. 코로나-19 팬데믹이 많은 사람을 불안하게 하는 이유 중 하나는 피로가 어떻게 '우리 각자의 내면에 숨어 있는 존재'인가를 상기시켜 주었기 때문이다.

| 어휘 |

fatigue n. 피로　**obsession** n. 강박　**visibility** n. 가시성　**add to** 증가시키다　**existential** a. 실존적인, 존재에 관한　**corollary** n. 당연한 결과　**autonomous** a. 자율적인　**perform** v. 성과를 내다　**alienated** a. 소외된　**exhaust** v. 고갈시키다　**unsettling** a. 불안한　**lurk** v. 숨어있다　**accrue** v. 쌓이다　**extricate** v. 구출하다　**abrogate** v. 취소하다　**be prone to** ~하는 경향이 있다　**at risk** 위기에 처한　**alert** v. 경계하게 만들다

09　동의어　②

| 분석 |

jeopardize는 '위험하게 하다, 위태롭게 하다'는 뜻으로 imperil이 같은 의미의 동사이다.

10　내용일치　①

| 분석 |

피로의 위험에 관한 내용이지, 피로의 치료에 대한 내용은 없다. ②의 with increased awareness는 본문에서 '가시성'이 높아

진다는 말과 같다.

이 글에 따르면, 다음 중 사실이 아닌 것은?
① 미국 의사들은 피로에 대한 새로운 치료법을 개발했다.
② 자각이 증가할수록 사람들은 더 쉽게 피로를 느낄 수 있다.
③ 자율적인 개인이라는 이상은 높은 수준의 피로를 유발한다.
④ 피로는 위험에 처한 자아를 나타내는 흔하고 분명한 신호가 되었다.
⑤ 코로나-19 팬데믹은 우리에게 피로라는 위험한 현실에 대한 경각심을 일깨워주었다.

11 논리완성 ④

| 분석 |

사형이 집행된 사람들이 나중에 무죄로 밝혀졌다는 것은 사형제도에 결함이 있다는 말이다. until은 전후에 태도가 바뀌었음을 알려주는 지시어로 보아야 한다. 사형제도에 결함이 있다는 사실을 알기 전까지는 사형을 지지했을 것으로 볼 수 있으므로 ④가 정답이다.

| 어휘 |

staunch a. 확고한 **capital punishment** 사형 **case** n. 사례
execute v. 사형집행하다, 처형하다 **innocent** a. 무죄의
opponent n. 반대자 **contestant** n. 경쟁자 **censor** n. 검열관
proponent n. 찬성하는 사람, 지지자 **adversary** n. 적, 상대

| 해석 |

숀은 사형이 집행된 사람들이 나중에 무죄로 밝혀진 많은 사례를 알기까지는 사형제도에 대한 확고한 지지자였다.

12 관계대명사 ①

| 분석 |

finalist는 사람이므로 다음에 사람을 선행사로 하는 주격 관계대명사 who가 와야 한다. ④는 whom을 who로 고쳐야 한다.

| 어휘 |

accounting n. 회계 **look for** 찾다 **auditor** n. 감사관 **applicant** n. 지원자 **official aptitude test** 직무적성검사 **finalist** n. 결승전 출장 선수, 최종심사 대상자

| 해석 |

그 회계법인은 어제 직무적성검사를 치른 지원자 중에서 새로운 감사관을 찾고 있었다. 당연히 가장 높은 점수를 받은 사람이 최종 합격자로 선발되었다.

13 수동 분사구문 ⑤

| 분석 |

expose는 'expose A to B'의 구문으로 쓰이는 타동사이다. 주절의 주어가 packages이므로 '~에 노출되다'는 수동태 'be exposed to'로 써야 하고, recall된(회수된) 것에 비해 expose된(노출된) 것이 한 시제 앞서므로, 빈칸은 ⑤처럼 완료 분사구문을 써야 한다. Because they had been exposed to tree nuts ~를 분사구문으로 만든 것이다.

| 어휘 |

manufacture v. 제조하다 **recall** v. 리콜하다

| 해석 |

제조 과정에서 나무 견과류에 노출되었기 때문에, 수천 개의 인스턴트 오트밀 패키지들이 견과류 알레르기가 있는 사람들에게 심각한 건강 위험을 초래할 수 있어서 회수되어야만 했다.

14 논리완성 ②

| 분석 |

역접의 의미가 있는 rather가 있고, 다음에 social과 cultural이라는 낱말이 나온다. '사회적, 문화적'이라는 말은 후천적으로 갖게 되는 가변적인 환경을 의미하므로, 반대로 '선천적'이라는 의미의 ②가 빈칸에 적절하다.

| 어휘 |

race n. 인종 **coherent** a. 일관성 있는 **rather** ad. 오히려
reiterate v. 되풀이하다 **innate** a. 선천적인

| 해석 |

인종은 일관된 이데올로기나 안정적인 경험, 또는 선천적 특성이 아니라, 오히려 사회문화 역사의 맥락에서 그 작용과 표현이 반복되고, 되풀이되고, 재창조되는 것이다.

15~16

러시아가 우크라이나 인근에서 군사 기동작전과 훈련을 시행하고, 미국이 수일 내에 일어날 수도 있는 가능한 침공에 대해 경고하는 가운데, 냉전의 냉기가 다시 동유럽을 뒤덮고 있다. 그러나 외교관들과 정부 지도자들은 전쟁을 막기 위해 정체 상태의 회담을 재개하기 위해 고군분투하고 있다.
백악관은 블라디미르 푸틴 러시아 대통령이 침공을 결심했는지 아직 모른다고 말했지만, 푸틴 대통령이 침공을 위해 모든 부대를 신속하게 소집했고 우크라이나 소재 미국인들에게 향후 48시간 이내에 떠나라고 했다고 말했다. 미

국 관리들은 국무부가 키이우 대사관의 철수를 발표할 것이라고 말했다. 많은 분석가는 이전에는 중국 동계올림픽이 2월 20일에 끝날 때까지는 침공이 시작되지 않으리라 믿었었다. 미국의 예리해진 수사(修辭)는 우크라이나 국경 근처에 러시아 병력이 또다시 증원됐다는 새로운 정보에 따른 것이었다. 조 바이든 미국 대통령의 국가 안보 보좌관 제이크 설리반(Jake Sullivan)은 "현재로서는 어느 날일지 정확히 말할 수 없고, 시간도 정확히 말할 수 없지만, 그것은 매우 분명히 가능성 있는 일입니다"라고 말했다.

| 어휘 |

maneuver n. 기동작전 **drill** n. 훈련 **invasion** n. 침공 **take place** 발생하다 **struggle to do** 노력하다 **jump-start** v. 재개하다, 활기를 불어넣다 **moribund** a. 죽어가는, 정체 상태의 **talk** n. 회담 **element** n. 전투기 편대, 부대, 분대 **official** n. 관리 **evacuation** n. 철수 **embassy** n. 대사관 **heightened** a. 예리해진 **intelligence** n. 정보 **border** n. 국경 **pinpoint** v. 정확히 가리키다 **national security** 국가안보 **distinct** a. 분명한 **orthodox** a. 정통의 **ominous** a. 불길한 **injunction** n. 명령; 경고 **imminent** a. 임박한 **clement** a. 관대한 **remonstrance** n. 항의, 충고, 항변 **nonchalance** n. 무관심

15 빈칸완성 ①

| 분석 |

동의어가 아닌 것을 묻는 문제이다. turn off는 '끄다'라는 의미이고 나머지는 모두 '방지하다, 저지하다, 막다'의 의미이다.

16 단락의 제목 ③

| 분석 |

두 번째 단락에서 '백악관은 푸틴이 침공을 결심했는지 아직 모른다고 말했다', '많은 분석가들이 중국 동계올림픽이 끝나기 전에는 침공하지 않을 것으로 이전에는 믿었었다(지금은 믿을 수 없다)', '현재로서는 침공 날짜와 시간을 정확히 말할 수 없다'라고 하여 임박한 침공과 관련하여 여러 가지가 아직 불확실함을 나타내고 있으므로 ③이 두 번째 단락의 제목으로 적절하다.

두 번째 단락의 제목으로 적절한 것은?
① 냉전 시대의 정통적 교훈
② 다가오는 전쟁의 불길한 명령
③ 임박한 전쟁을 둘러싼 불확실성
④ 미국 정책의 관대한 항변
⑤ 우크라이나에 대한 미국 관리들의 무관심

17~19

살바도르 달리의 작품은 매우 존경을 받고 있고, 그의 개인적인 삶은 대단히 파란만장했기 때문에, 그는 예술과 예술가를 분리하여 창작자의 불미스러운 성품에도 불구하고 창작물에 찬탄하는 것이 가능한가 불가능한가 하는 흥미로운 딜레마를 예술 애호가들에게 제시한다. 예를 들어, 1930년대부터 달리는 기이하게도 그리고 다른 모호한 이유보다 현대 예술을 반대하고 고전적이고 영웅적인 예술을 선호하는 아돌프 히틀러의 입장 때문에 파시즘에 공감하고 그 독재자를 존경하는 것이 아닌가 하는 의심을 받았다. 얼마 지나지 않아, 달리가 주도하던 초현실주의 운동은 그의 인식된 극우적 정치 성향 때문에 그를 추방했다. 그러나 추상적이고 모호한 그의 예술이 그렇듯이, 달리의 정치적 입장과 나치 독일에 대한 존경이 진심인지 아니면 기묘한 풍자적 겉치레인지를 구분하기는 어렵다. 동시대 작가 조지 오웰은 달리를 '역겨운 인간'이지만 그럼에도 불구하고 '뛰어난 재능의 예술가'라고 묘사함으로써 이 문제에 분명한 입장을 취했다.

| 어휘 |

checker v. 변화를 주다, ~을 다채롭게 하다 **separate A from B** A와 B를 분리하다 **unsavory** a. 불쾌한 **suspect** v. 의심하다 **harbor** v. (죄인 등을) 숨기다; (악의 따위를) 품다 **obscure** a. 모호한 **stand** n. 입장 **expel** v. 추방하다 **right-wing** n. 우파 **leaning** n. 경향 **as is the case with** ~와 마찬가지로 **discern** v. 분간하다 **genuine** a. 진정한 **pose** n. 겉치레 **take a stand** 입장을 취하다 **disgusting** a. 역겨운 **exceptional** a. 예외적인 **gift** n. 재능 **peccadillo** n. 결점 **twinge** n. 고통, 후회 **scruple** n. 양심의 가책 **upheaval** n. 격변 **appropriation** n. 전유 **shield** v. 보호하다

17 빈칸완성 ③

| 분석 |

"예술과 예술가를 분리하고 창작자의 불미스러운 성품에도 불구하고 창작물에 찬탄할 수 있는지"는 예술작품과 예술가에 대한 평가가 일치하지 않아 양쪽 중 어느 한 쪽을 택하기 어려운 일종의 '딜레마'라고 할 수 있다.

18 글의 주제 ④

| 분석 |

첫 번째 문장이 주제이고, 마지막 문장에서 오웰을 인용해 달리에 대한 양면가치적인 평가를 제시하고 있다. 즉, 극단적인 우익성향은 비난받을 만하지만 뛰어난 예술성은 존경받을 만하다는 것이므로 ④가 주제로 적절하다.

이 글의 주요 내용은?
① 나치 독일에서 예술 작품에 대한 달리의 의견
② 파시즘에 반대한 초현실주의자들의 입장
③ 달리에 대한 조지 오웰의 거짓 비난
④ 달리의 인식된 정치적 입장 대 그의 작품
⑤ 달리에 대한 나치 독일의 문화적 전유

19 내용파악 ②

| 분석 |

"달리의 정치적 입장과 나치 독일에 대한 존경이 진심인지 아니면 기묘한 풍자적 겉치레인지 구분하기는 어렵다"라고 했는데, 이것은 그가 그의 모호한 예술을 통해 이미 대중들에게 모호한 인상을 주었기 때문일 것이다.

이 글에 따르면, 달리의 의견을 분별하기 어려웠던 이유는?
① 달리는 정치에 대해 이야기하는 것을 꺼려했다.
② 달리의 대중적 이미지는 모호했다.
③ 달리는 자신의 작품이 스스로를 대변한다고 느꼈다.
④ 달리의 정치적 입장은 우익이었다.
⑤ 달리는 그의 추종자들의 보호를 받았다.

20~21

1585년 7월, 존 화이트(John White)는 '타이거(Tyger)'라는 이름의 배에 승선하여 수평선 너머 북미 해안을 바라보았다. 그는 전년도에도 유사한 항해에 동행했었지만, 이번에는 풍경을 자세히 관찰해야 할 추가적인 이유가 있었다. 그는 다른 탐험대원들과 함께 그들이 마주칠 식물, 동물, 풍경, 사람들에 대한 중요한 정보를 기록하라는 구체적인 명령을 받았다. 신사-초상화가이자, 수채화 화가인 화이트는 이번 항해에서 낯선 미국 지형과 낯선 사람들의 모습을 기록하는 데 도움을 줄 것으로 기대되었다.

| 어휘 |

aboard ad. 배를 타고 **edge** n. 가장자리 **horizon** n. 수평선
along with ~와 더불어 **expedition** n. 탐험; 탐험대, 원정대
document v. 기록하다 **crucial** a. 중요한 **limner** n. 초상화가
watercolor n. 수채화 **map** v. ~의 지도를 작성하다, 기록하다
terrain n. 지형 **chasten** v. 벌하다 **entail** v. 수반하다 **hamper** v. 방해하다 **trespass** v. 침입하다, 침해하다 **exotic** a. 이국적인
indigenous a. 토착의 **flora and fauna** 동식물 **aboriginal** a. 토착의

20 빈칸완성 ①

| 분석 |

people과 they might 사이에는 whom이 생략되어 있다. the plants, animals, landscapes, and people은 북미 지역에서 마주칠 동식물과 풍경과 사람들이므로 빈칸에는 encounter가 적절하다.

21 내용파악 ④

| 분석 |

"마주칠 식물, 동물, 풍경, 사람들에 대한 중요한 정보를 기록하라는 구체적인 명령을 받았다"라고 했는데, 그 기록은 항해를 하면서 겪은 바를 적는 일지일 것이므로 존 화이트가 하고 있었을 일은 ④이다.

존 화이트는 항해 중에 무엇을 하고 있었을 가능성이 가장 높은가?
① 선원들이 바다를 항해하는 방법을 연구하기
② 이국적인 식물과 꽃을 키우는 방법을 배우기
③ 밖에 나가 토착 동물을 사냥하고 포획하기
④ 자신이 발견한 동식물에 관한 일지 쓰기
⑤ 원주민 부족장들과 친교를 맺기

22~23

생전에 영국의 헨리 6세는 연이은 재앙에 비틀거렸다. 그러나 그가 죽자 그의 나라 사람들은 선정을 베풀 능력이 없음으로 인해 장미전쟁을 일으킨 그 플랜테저넷가의 왕을 종교적 숭배를 받을 만한 성자 같은 인물로 추앙했다. 어떻게 이런 일이 일어났을까?
제프리 초서의 순례자들이 캔터베리에 있는 성 토마스 베켓(St. Thomas Becket)의 성지로 갔다는 것은 누구나 알고 있다. 하지만 100년 후에는 훨씬 더 많은 순례자가 캔터베리보다 원저로 가서, 기적을 일으켰다고 구도자들에게 인정받은 헨리 6세의 사원을 찾아갔다는 사실을 아는 사람은 많지 않다.
하지만 정치적으로 헨리 6세의 통치는 순전히 재앙이었다. 헨리는 힘과 용기 등 중세 군주에게 필수적인 자질이 부족했을 뿐 아니라, 끊임없이 '지나치게 가신과 아내가 많았다'. 게다가 헨리는 프랑스와 이길 수 없는 전쟁을 물려받았고, 영국 전역의 생활수준이 급격히 떨어지는 '대공황'을 겪었다. 시간이 지나면서 이러한 모든 요인이 복합적으로 작용하여, 영국의 법질서가 무너지기 시작했다.
하지만 헨리가 죽은 지 얼마 지나지 않아 부자나 가난한 사람 모두 사람들은 죽은 왕을 성인으로 여겼고, 1473년에는 동상 앞에서 기도를 드리고 촛불을 밝히기 시작했다. 학자들은 헨리 왕이 생전에 그렇게 존경받았다는 증거가 없

었다는 사실에도 불구하고 그가 사후에 존경받은 이유를 그의 관대함과 너그러운 성격 때문이라고 추측한다. 또 그의 죽음의 방식도 하나의 이유였는데, 헨리는 자신이 저지르지 않은 범죄로 재판을 받았고, 국고를 훔친 도둑으로 낙인찍혔고, 무고한 사람으로 처형당했던 것이다.

결국, 사람들은 헨리 6세의 통치를 되돌아보며 순종과 겸손을 강조한 그의 종교관을 높이 평가했다. 그리고 시간이 지나면서 헨리 6세는 '아버지의 죄' 때문에 고통 받은 무고한 사람으로 여겨졌고, 이로 인해 대중의 상상 속에서 헨리 6세는 '저지른 죄보다 더 많은 비난을 받은' 사람이 되었다.

| 어휘 |

in life 생전에   lurch v. 비틀거리다; 휘청거리다   venerate v. 존경하다   Plantagenet n. 플랜태저넷 왕가   ignite v. 불러일으키다   pilgrim n. 순례   be on the way to ~로 가다   shrine n. 성당   credit v. ~를 …의 소유자로 생각하다   unmitigated a. 순전한   perpetually ad. 영원히   subject n. 신하   inherit v. 상속하다   preside over 관장하다   standard of living 생활수준   precipitously ad. 급격하게   break down 무너지다   prayer n. 기도   statue n. 동상   revere v. 존경하다   speculate v. 추론하다   put on trial 재판에 회부하다   commit v. 저지르다   brand v. 낙인찍다   treasury n. 국고   execute v. 처형하다   be more sinned against than sinning 저지른 죄보다 더 많은 비난을 받다   fabricate v. 제조하다   aggrieve v. 학대하다   abhor v. 혐오하다   put a stop to ~을 끝내다   revive v. 되살리다

22 동의어 ③

| 분석 |

venerate는 '존경하다'는 뜻으로 admire가 가장 가까운 의미의 동사이다.

23 내용일치 ⑤

| 분석 |

"학자들은 그가 사후에 존경받은 것이 그의 관대함과 너그러운 성격 때문이라고 추측한다"고 했으므로 ⑤가 정답이다.

위 글에 의하면, 다음 중 옳은 것은?
① 헨리 6세는 가장 악명 높은 플랜태저넷가의 왕이었다.
② 헨리 6세는 장미전쟁을 종식시키는 데 도움을 주었다.
③ 헨리 6세는 정기적으로 캔터베리를 순례했다.
④ 헨리 6세는 영국 경제를 부흥시킨 공로를 인정받았다.
⑤ 헨리 6세는 관대하고 너그러운 인물로 알려져 있었다.

24 문장배열 ⑤

| 분석 |

this나 so 같은 지시어나 예를 든 내용이 없는 가장 일반적인 내용의 문장인 ⑱가 먼저 오고, ⑱에서 언급한 기법을 사용하는 것을 doing so로 받아 그 기법에서 거두는 효과를 설명한 ⑪가 그 다음에 오고, 이에 대해 하나의 예를 든 ⑮가 그 다음에 오고, 또 하나의 예를 설명한 ⓐ가 그 다음에 오고, ⑮와 ⓐ에서 예로 든 두 소설을 stories like these로 받아 궁극적인 문학적 효과를 설명한 ⓒ로 마무리하는 것이 자연스러운 순서이다.

| 어휘 |

abstract v. 추상화하다   prevent v. 예방하다   identify v. 동일시하다   refrain from 삼가다   protagonist n. 주인공   proper a. 고유한   feature v. 주인공으로 하다   transcend v. 초월하다   specificity n. 구체성   fable n. 우화   imbue v. 주입하다   universal a. 보편적인   penal colony 형벌 식민지, 유형지

| 해석 |

⑱ 작가가 이야기를 추상화하여 특정 시대에 뿌리를 두거나 특정 시대와 동일시되지 않게 하기 위해 사용하는 한 가지 기법은 주인공에게 고유한 이름을 부여하지 않는 것이다.
⑪ 그렇게 해서 그러한 작가들은 자신의 이야기에 더 큰 보편적인 의미를 불어 넣는다.
⑮ 예를 들어, 프란츠 카프카는 단편 소설 『유형지』에서 죄수 수용소 내 인물들을 이름이 아니라 '죄수' 또는 '간수'와 같이 그들이 수행하는 역할에 따라 지칭한다.
ⓐ 마찬가지로 또 다른 소설가 그레이엄 그린은 파면된 신부의 종교적 신앙 투쟁을 다룬 소설『권력과 영광』에서 주인공을 '위스키 신부'라고만 지칭한다.
ⓒ 이런 식으로 이름 없는 인물을 주인공으로 등장시킴으로써 이와 같은 이야기들은 구체성을 뛰어넘어 우화처럼 시대를 초월할 수 있다.

25~27

1922년 12월 말, 소비에트 사회주의 공화국(소련)이 태어났다. 차르 제국을 멸망시킨 러시아 혁명이 끝난 지 5년이 조금 더 지난 후, 내전의 혼란 속에서 사회주의 미래와 민족 정체성 보호를 약속하는 다민족의 민족 국가가 세워졌다. 소련의 창시자이자 초대 지도자 블라디미르 레닌은 러시아인과 비러시아인을 '민족의 감옥'에 가두고 있었다고 차르 러시아를 비난했다. 그의 새로운 소비에트 연방은 옛 차르 영토의 착취당한 대중을 '형식은 민족주의, 내용은 사회주의'인 새로운 나라에서 통합할 것이었다. 경제 및 정치 체제는 인민을 공산주의로 이끌기 위해 사회주의 발전 노선을 따라야 했지만, 소비에트의 개별 공화국들의 문화와

전통은 계속 유지될 수 있도록 했다. 레닌이 경멸했던 러시아 쇼비니즘이 끝난 것과 마찬가지로 차르 시대의 러시아화도 끝났다.
그러나 소비에트 역사에서 흔히 그랬듯이, 이 새로운 삶의 방식의 현실은 모스크바 당 수뇌부의 약속에 부응하지 못했다. 그 결과 처음에는 러시아, 우크라이나, 벨로루시와, 아르메니아, 아제르바이잔, 조지아의 트랜스코카시아 공화국으로 구성된 연방에 수백만 명이 강제 편입된 거대한 국가가 탄생했다. 그 후 20년 동안 소련은 러시아를 둘러싸고 옛 차르 제국을 구성했던 땅에 새로운 공화국들이 추가되면서 (이미 세계 최대의 국가였던 러시아를 기반으로) 세계 최대의 국가가 되었다. 여기에는 1939년 8월에 체결된 나치-소련 조약의 일환으로 자신의 의지에 반해 편입된 발트해 연안 국가들이 포함돼 있었다. 1940년대 말까지 소련은 두 핵 강대국 중 하나였으며, 1991년 12월 미하일 고르바초프가 소련의 해체와 붕괴를 지켜볼 때까지 다른 강대국인 미국과 냉전 상태를 유지했다.

| 어휘 |

bring to an end ~을 끝내다 multi-ethnic a. 다민족의 civil war 내전 denounce v. 비난하다 exploit v. 착취하다 in pursuit of ~을 추구하여 chauvinism n. 쇼비니즘 as was so often the case 흔히 ~하듯이 live up to ~에 부응하다 initially ad. 처음에는 federation n. 연방 incorporate v. 통합하다 against one's will 의지에 반하여 pact n. 조약 cold war 냉전 oversee v. 감독하다, 지켜보다, 가만히 보다 demote v. 강등시키다 expunge v. 지우다 outmode v. 낡게 만들다 sunder v. 찢다

25 동의어 ⑤

| 분석 |

denounce는 '비난하다'는 뜻이므로, ⑤의 rebuke가 동의어로 적절하다.

26 내용일치 ③

| 분석 |

"내전의 혼란 속에서 사회주의 미래와 민족 정체성 보호를 약속하는 다민족의 민족 국가가 세워졌다"라고 했으므로 ③이 본문의 내용과 일치한다. ① 차르 제국이 무너졌다. ② 레닌은 러시아인과 비러시아인을 차르 러시아가 '민족의 감옥'에 가두고 있었다고 비난했다. ④ 자신의 의지와 반대로 소련에 강제 편입되었다. ⑤ 소련의 몰락이 아니라 차르 제국의 몰락이다.

위 글에 따르면 다음 중 옳은 것은?
① 러시아 공산주의 제국은 1922년 혁명으로 무너졌다.
② 블라디미르 레닌은 소련이 '민족들의 감옥'이 될 것이라고 경고했다.
③ 초기 소련은 소비에트 공화국이 민족 정체성을 유지할 수 있다고 약속했다.
④ 발트해 연안 국가들은 나치의 침략으로부터 보호받기 위해 소련에 가입했다.
⑤ 블라디미르 레닌은 소련의 궁극적인 몰락을 차르의 탓으로 돌렸다.

27 글의 주제 ②

| 분석 |

첫 문장에서 "사회주의 미래와 민족 정체성 보호를 약속하는 다민족의 민족 국가가 세워졌다"라고 하고, 두 번째 단락의 첫 문장은 "그러나 소비에트 역사에서 흔히 그랬듯이, 이 새로운 삶의 방식의 현실은 모스크바 당 수뇌부의 약속에 부응하지 못했다"라고 하였다. 두 문장을 잘 조합하면 ②가 글의 주제임을 알 수 있다.

다음 중 이 글을 가장 잘 요약한 것은?
① 소련은 국가 사회주의를 수용하면서 길을 잃었다.
② 소련은 위대한 이상주의로 시작했지만, 곧 그 이상주의를 저버렸다.
③ 소련은 '감옥 국가'로 생각되었고 여전히 그렇게 남아있다.
④ 소련은 발트해 연안 국가들을 통합하는 것을 꺼렸다.
⑤ 소련은 러시아 정체성을 가장 잘 표현한 국가였다.

28~30

19세기의 신사 개념은 최근 한 비평가가 지적했듯이 '빅토리아 시대 중기의 사고와 행동 방식 분석에 필수적인 연결고리'인 개념이지만, 복잡한 개념이다. 빅토리아 시대 사람들은 신사가 무엇인지, 신사의 본질적인 특징이 무엇인지, 신사가 되기까지 얼마나 시간이 걸리는지 확신하지 못했다. 그렇다면 왜 그렇게 많은 사람이 신사로 인정받기를 그토록 열망했을까?
영국 귀족은 출생에 따른 신사였지만(상당히 역설적이게도, 출생만으로는 신사가 될 수 없다는 점도 강조되었지만), 새로운 산업 및 상업 엘리트들은 귀족의 반대에도 불구하고, 부와 영향력 증가에 따른 자연스러운 결과로서 당연히 신사로 불리고자 했다. 영국 국교회 소속 성직자, 군장교, 국회의원 등 빅토리아 시대의 다른 사람들은 직업에 따라 신사로 인정받았지만, 예를 들어 엔지니어와 같이 존경받는 다른 많은 직업 구성원들은 그렇지 못했다.
신사 개념은 단순히 사회적 또는 계급적 칭호에 불과한 것은 아니었다. 신사 개념에는 도덕적 요소도 내재되어 있어서 빅토리아 시대 사람들이 정의하기란 어렵고 모호한 일

이었다. 하지만 정의하려는 수많은 시도가 있었고, 그중 상당수는 봉건 시대 과거에서 파생된 기사도적 도덕 규범이 19세기에 와서 부활한 것을 근거로 한 시도였다. 월터 스콧 경은 엄청난 영향력이 있던 자신의 웨이벌리 소설에서 이 신사 개념을 반복적으로 정의했으며, 신사 규범과 그 남용은 빅토리아 시대 소설에 반복적으로 등장한다.

결국 빅토리아 시대 사람들은 타협점을 찾았다. 19세기 후반에는 이미, ─ 이튼, 해로우, 럭비 등 ─ 엘리트 사립학교에서 주로 라틴어를 기반으로 한 전통적인 교양 교육을 받은 사람은 출신과 상관없이 신사로 인정받을 것이라는 것이 거의 보편적으로 받아들여졌다.

| 어휘 |

link n. 연결고리 anxious a. 열망하는 mercantile a. 상업의 in the face of ~에도 불구하고 designate v. 지명하다, 부르다 member of Parliament 국회의원 designation n. 지명, 임명; 호칭, 칭호 recognize v. 인정하다 by virtue of ~덕분에 eminent a. 저명한 inherent a. 내재한 ambiguous a. 모호한 innumerable a. 셀 수 없는 predicate v. (어떤 근거에) 입각시키다, 기초를 두다 chivalric a. 기사의 code n. 규범 feudal a. 봉건의 Waverley Novels 월터 스콧의 장편 연작 소설들을 칭하는 이름 abuse n. 남용 eventually ad. 결국 compromise n. 타협 recipient n. 수령자 public school (영국, 특히 잉글랜드의) 퍼블릭 스쿨[사립학교]; (미국, 오스트레일리아, 스코틀랜드 및 다른 국가들에서) 공립학교

28 내용파악 ①

| 분석 |

신사 지위를 얻을 수 있는 직업은 '영국 국교회 소속 성직자, 군 장교, 국회의원'이었다.

위 글에 의하면 다음 중 어떤 사람이 직업 때문에 신사가 될 수 있는가?
① 성직자
② 소설가
③ 유명인
④ 선원
⑤ 기사

29 내용파악 ②

| 분석 |

마지막 문단 첫 번째 문장에서 '빅토리아 시대 사람들은 타협점을 찾았다'고 했고 '엘리트 사립학교에서 전통적인 교양 교육을 받은 사람은 신사로 인정받을 것이라는 것이 거의 보편적으로 받아들여졌다'고 했는데, 거의 보편적으로 받아들여졌다는 것은 사회적 관습이 되었다는 말이다. 따라서 ②가 정답이다.

위 글에 따르면 '신사'라는 칭호에 대해 옳은 것은?
① 태어날 때만 얻을 수 있는 칭호였다.
② 타협된 사회적 관습으로 변화했다.
③ 산업가와 상인의 전유물이었다.
④ 월터 스콧에 의해 발명되었을 것이다.
⑤ 영국 교회에 의해 비난받았다.

30 내용일치 ④

| 분석 |

셋째 단락 첫 문장에서 '신사 개념은 단순히 사회적 또는 계급적 칭호에 불과한 것은 아니었다'고 한 것은 최소한 신사 칭호가 계급적 칭호임을 말하고, 첫 단락에서 '그렇다면 왜 그렇게 많은 사람이 신사로 인정받기를 그토록 열망했을까?'라고 한 것은 그 시대 사람들이 신사 칭호를 중요하게 생각하고 살아갔다는 말이므로 ④가 본문의 내용과 일치한다.

다음 중 이 글과 가장 일치하는 것은?
① 이 시대는 자유주의와 부도덕이 만연했던 시대였다.
② 영국 교회의 영향력이 감소하고 있었다.
③ 작가와 예술가들은 귀족에 비판적이었다.
④ 계급적 칭호는 빅토리아 시대 생활의 중요한 부분이었다.
⑤ 이 시대는 실제로 존재하지 않았던 과거의 향수에 젖은 시대였다.

SOGANG UNIVERSITY | 2022학년도 인문계 일반편입

TEST p. 100~113

01	②	02	④	03	②	04	②	05	①	06	④	07	①	08	②	09	③	10	③
11	④	12	②	13	②	14	③	15	①	16	①	17	①	18	②	19	④	20	③
21	②	22	①	23	②	24	②	25	③	26	②	27	②	28	③	29	①	30	④
31	②	32	②	33	②	34	①	35	④	36	③	37	④	38	②	39	③	40	①

01 시간의 전치사   ②

| 분석 |

문맥상 '1870년대에'라는 부사구가 들어가야 한다. 연도 앞에는 the가 없고 연대 앞에는 the가 있지만 두 경우 모두 전치사는 in이다. 오전 몇 시처럼 특정한 시간에는 at이고, for는 기간을 가리킬 때 사용하며, while은 접속사이다.

| 어휘 |

recall v. 회상하다

| 해석 |

『헨리 애덤스의 교육(The Education of Henry Adams)』에서 저자는 1870년대에 하버드 대학에서 가르치던 일을 회상한다.

02 수동태   ④

| 분석 |

앞에 After로 시작하는 종속절이 왔으므로 이어지는 주절에서 their trunks라는 주어 뒤에 시제를 가진 정동사가 필요하고, trunk는 자르는 행위의 주체가 아니라 객체이므로 수동태가 되어야 한다. 지금 진행되고 있는 일이 아니라 일반적 사실을 기술하므로 현재 진행형이 아니라 현재시제가 적절하다.

| 어휘 |

logger n. 벌목꾼   chop down 베어 버리다   trunk n. 줄기
log n. 통나무   haul v. 끌다   sawmill n. 제재소

| 해석 |

벌목꾼들이 나무를 베어 넘어뜨린 후, 나무줄기는 잘려서 통나무로 된 다음 제재소로 운반되어 목제품을 만들게 된다.

03 5형식 구문 & 형용사의 어순   ②

| 분석 |

consider는 3형식 동사이거나 5형식 동사인데, 이미 목적어 her가 주어져 있으므로 목적보어만 찾으면 된다. 따라서 ① 수식하는 who관계절은 목적보어가 될 수 없고, ④ she를 who로 고치면 figure를 후치 수식하여 구조적으로는 가능하지만 이보다는 관계절을 없애고 형용사 significant를 앞으로 보내어 전치 수식하게 하는 것이 더 좋다. ②와 ③은 형용사 어순의 문제인데, 명사와 의미적 관련성이 강한 형용사일수록 명사와 가까운 자리에, 즉 다른 형용사보다 뒤에 온다. literary(문학의)는 figure(인물)가 문학과 관련된 일을 한다는 기능(function)을 나타내는 형용사로 coffee table의 coffee나 fishing boat의 fishing 같은 사물의 용도(purpose)를 나타내는 형용사와 유사하여, 주관적 판단(opinion)을 나타내는 형용사 significant보다 뒤에 오게 된다. 따라서 ②가 적절한 어순으로 정답이다.

| 어휘 |

literary figure 문인

| 해석 |

엘리자베스 비숍(Elizabeth Bishop)은 살아 있는 동안 비교적 소수의 시를 발표했지만, 평론가 대부분은 그녀를 중요한 문인으로 간주했다.

04 논리완성   ②

| 분석 |

강한 바람은 텐트를 치는 것을 힘들게 할 것이므로 빈칸에는 '방해하다'는 뜻의 ②가 적절하다.

| 어휘 |

put up (텐트를) 치다   enable v. ~을 할 수 있게 하다   hamper v. 방해하다   deteriorate v. 나쁘게 하다   regale v. 잘 대접하다

| 해석 |

강한 바람이 텐트를 치려는 그 사람의 노력을 방해했다.

05 논리완성 ①

| 분석 |

'연구 결과'는 명사절의 내용을 '보여주거나', '의미하거나', '암시해야' 한다. ②는 that절을 목적어로 취할 수 없다. ③은 가설을 세우고 난 후 연구를 시작하므로 '연구 결과'라는 말과 어울리지 않는다. ④는 주어가 사람이어야 한다.

| 어휘 |

imply v. 암시하다   stimulate v. 자극하다   hypothesize v. 가설을 세우다   apprehend v. 염려하다; 체포하다; 이해하다

| 해석 |

연구 결과는 성인 학습자가 어린 학습자보다 명시적인 문법 교육에서 더 잘 배우는 경향이 있음을 암시한다.

06 논리완성 ④

| 분석 |

새로운 낱말을 만든다는 의미를 갖는 단어는 coin이다.

| 어휘 |

term n. 용어   refer to 가리키다   virtual world 가상세계   inhabit v. 거주하다   compile v. 편집하다   cater v. 음식을 제공하다

| 해석 |

닐 스티븐슨(Neal Stephenson)은 1992년 자신의 소설 『스노 크래시(Snow Crash)』에서 '메타버스'라는 용어를 처음 만들었는데, 그 소설에서 이 용어는 실제 인간들의 아바타가 거주하는 3차원 가상세계를 가리켰다.

07 논리완성 ①

| 분석 |

"인간은 이기적인 동물이다"라는 생각은 인간을 비웃는 '냉소적인' 시각이다.

| 어휘 |

selfish a. 이기적인   proclaim v. 공표하다   cynical a. 냉소적인   flagrant a. 극악무도한   flamboyant a. 화려한   sanguine a. 낙관적인

| 해석 |

수 세기 동안 서구문화에는 인간이 이기적인 동물이라는 생각이 스며들어왔다. 인간에 대한 그 냉소적인 이미지는 영화, 소설, 역사책, 과학 연구 모두에서 공표되었다.

08 not only ~ but also … ②

| 분석 |

콤마 뒤에 but also가 있으니 not only만 찾으면 된다. get in the way of나 interfere with나 cause lack of는 모두 hinder와 같거나 유사한 의미이다.

| 어휘 |

note v. 주목하다   encroachment n. 침입   alien a. 낯선   solidarity n. 유대   threaten v. 위협하다   purity n. 순수성   take away 앗아가다   get in the way 방해하다   hinder v. 방해하다   interfere v. 방해하다

| 해석 |

영어에 들어오는 외국어 단어에 대한 부정적인 태도는 다음 진술에서도 암시되고 있듯이 일찍부터 두드러졌다. "외래어의 침입은 (모국어) 화자들 사이의 이해와 유대감을 방해할 뿐 아니라, 한 언어(모국어)의 독특함을 앗아감으로써 그리고 자체의 언어 자원을 이용해 새로운 단어를 창조할 수 있는 그 언어의 능력을 제약함으로써 언어의 순수성을 위협한다."

09 논리완성 ③

| 분석 |

빈칸 앞에서 지식에 결함이 있고, 관찰도 부족하다고 했으니 우리의 이론에 대해서도 부정적인 의미의 표현이 적절하다.

| 어휘 |

enormous a. 엄청난   gap n. 틈, 격차, 결함, 빈곳   sparseness n. 부족함   planetary evolution 행성의 진화   diagnose v. 진단하다   superficiality n. 천박, 피상(皮相)

| 해석 |

그 학자는 우리 행성의 상태를 정확하게 진단할 수 있으려면 먼저 더 잘 이해해야 할 행성 진화의 여러 측면에 대해 주의를 환기하면서, 우리 지식의 엄청난 결함과 관찰의 부족, 그리고 이론의 천박함을 강조하였다.

10 논리완성 ③

| 분석 |
'다른' 냉대 받는 집단에 대한 '편견'과 비교되는 낱말이 필요하므로 부정적인 의미의 낱말이 적절하다.

| 어휘 |
readily ad. 쉽게　**disfavored** a. 냉대받는　**attachment** n. 애착　**esteem** n. 존중　**disdain** n. 경멸　**prestige** n. 특권

| 해석 |
미국과 유럽에서는 교육을 덜 받은 사람들에 대한 경멸이 다른 냉대 받는 집단들에 대한 편견보다 더 쉽게 인정을 받는다.

11~13

어떤 언어가 세계어가 되는 것은 그 언어에 내재한 구조적 특징 때문이 아니고, 그 어휘 수의 크기 때문도 아니고, 지금까지 위대한 문학의 수단이었기 때문도 아니고, 한때 위대한 문화나 종교와 연관이 있었기 때문도 아니다. 물론 이 모든 것들은 누군가로 하여금 언어를 배우도록 자극할 수 있는 요소들이지만, 그 요소들 중 어느 하나도 혹은 여럿을 결합하더라도 어떤 언어가 세계로 퍼져나가는 것을 보장해주지는 않는다. 사실, 그러한 요소들은, 오늘날 극소수의 학자와 종교인들만이 고전 언어로서 습득하고 있는 라틴어의 경우에서 분명하듯이, 살아 있는 언어로서의 생존조차 보장해줄 수 없다. 마찬가지로, (어려운 철자법과 같은) 불편한 구조적 특성도 어떤 언어가 세계적인 지위를 성취하는 데 장애가 되지 않는다.

| 어휘 |
global language 세계어　**intrinsic** a. 내재적인　**vehicle** n. 수단　**motivate** v. 자극하다　**in combination** 조합하여　**ensure** v. 보장하다　**inconvenient** a. 불편한　**awkward** a. 어색한, 어려운, 다루기 힘든　**status** n. 지위

11 빈칸완성 ④

| 분석 |
언어는 문학을 창작하고 독자들에게 전하는 '수단'이다. '~의 수단'이므로 전치사는 of여야 한다.

12 빈칸완성 ②

| 분석 |
These가 앞 문장에서 설명된 어떤 언어의 좋은 요소들을 가리키므로 그런 좋은 요소들을 가진 언어라면 배우고 싶어질 것이다. 따라서 배우도록 '동기부여(유도)할 수 있다'고 한 ②가 적절하다. ① 능력을 부여할 수 있다 ③ (상대를) 먼저 제압할 수 있다 ④ 선동할 수 있다

13 빈칸완성 ②

| 분석 |
다음에 나오는 라틴어의 예는 이제는 죽은 언어가 된 예이므로 cannot을 사용한 ②와 ④ 둘 중 하나만이 가능하다. ④ 부분부정인 '항상 보장해줄 수 있는 것은 아니다'라고 하면 보장해줄 수 있는 경우도 있으므로 부적절하고, 최소한의 요구인 '생존조차 보장해줄 수 없다'고 한 ②가 적절하다.

14 논리완성 ③

| 분석 |
세미콜론은 앞 내용을 부연 설명할 때 사용하는데, 세미콜론 다음에 화물 운송과 여행의 어려움이 언급되었으므로 이 둘을 어렵게 만드는 ③의 '열악한 기반시설(도로, 교량, 항만, 공항 등)'이 적절하다.

| 어휘 |
developing country 개발도상국　**suffer from** ~으로 고생하다　**transport** v. 수송하다　**transference** n. 이동　**delivery** n. 배달　**infrastructure** n. (도로・항만・비행장 등의) 기반시설　**mediocre** a. 보통의, 평범한; 이류의　**management system** 관리체계

| 해석 |
많은 개발도상국이 형편없는 기반시설로 인해 어려움을 겪고 있다. 한 장소에서 다른 장소로 상품을 운송하기 어렵고 전국을 돌아다니기도 어렵다.

15~16

재택근무는 COVID-19 위기로 가속화된 많은 중대한 변화 중 첫 번째 변화에 지나지 않았다. 팬데믹 동안 이동성의 제약으로 인해 기업들은 대면 상호작용을 대체할 — 가상 회의와 전자상거래부터 디지털 공급망과 디지털 판매・마케팅에 이르는 — 디지털 방식을 찾아내야 했다. 그리고 많은 기업은 이제 습득한 교훈을 하이브리드 시나리오에 적용하는 방법을 생각하고 있다. "직원들은 실제로 유연성을 좋아합니다. 재택근무를 하느냐 대면 근무를 하느냐 아니면 둘을 병행하느냐 중에서 선택하는 것은 대부분의 사람에게 매우 매력적이죠. 고용주도 인재를 확보하고 인

재 가치 제안을 개선하는 새로운 방법으로 재택근무를 기꺼이 검토하고 있습니다."라고 마드가프카(Madgavkar)는 말한다.

| 해석 |

정상 국가라고 불리는 것이 다른 곳에서는 그다지 대단한 일이 아닐 수도 있다. 그러나 나치당 통치의 과거에 시달리고 40년간 동서 분단을 겪은 독일에게는 정상이라는 것은 모든 전후 세대들이 열망해온 것이었다.

| 어휘 |

accelerate v. 가속화하다 mobility n. 이동성 constraint n. 제약 compel v. 강제하다 replace v. 대체하다 in-person a. 생생한; 직접의 virtual a. 가상의 e-commerce n. 전자상거래 flexibility n. 유동성 secure v. 확보하다 talent value proposition 인재 가치 제안

18 동의어 ②

| 어휘 |

momentous a. 중대한, 중요한(= tectonic a. 구조상의, 매우 중요한) momentary a. 일시적인 ominous a. 불길한

| 해석 |

산업혁명은 인류 역사에 중요한 변화를 기록했다.

15 빈칸완성 ①

| 분석 |

첫 문장의 '변화'가 둘째 문장에서 '지금까지의 대면 상호작용에서 이를 대체하는 디지털 방식으로의 변화'라고 설명되므로 빈칸에는 대면 상호작용(직원들이 회사에 나와 서로 얼굴을 마주하고 일하는 방식)을 대체하는 재택근무(remote work)라는 말이 되게 ① Remote가 적절하다. ② 가상의 ③ 대면의 ④ 장기적인

19 동의어 ④

| 어휘 |

institution n. 제도 ratification n. 비준 amendment n. 수정안 animus n. 원한, 증오, 적의(= harmful spirit 해치려는 마음) linger v. 머물다 framework n. (이론·계획·이야기의) 뼈대, 틀, 구성, 체제

| 해석 |

노예제도는 1865년 13차 헌법 수정안의 비준으로 미국 전역에서 폐지되었지만, 그 적의(敵意)는 미국 문화와 정치에 여전히 남아 있다.

16 빈칸완성 ①

| 분석 |

빈칸 뒤의 인용문을 보면 직원들은 '유연성'을 좋아한다고 하고, 그 유연성이란 remote working과 in-person working을 '병행하거나 둘 중 하나를 선택하는(and/or)' 것이라고 했다. 이와 가장 가까운 낱말은 '이것과 저것의 혼합'을 의미하는 hybrid이다. ② 원격[재택] 환경 ③ 원격[재택] 상황 ④ 가상 사나리오

20 논리완성 ③

| 분석 |

'자유'를 억압하는 권력은 '자기 마음대로 하는' 권력이므로 Ⓐ에는 absolute(절대적인)나 arbitrary(독단적인)가 적절하고, 어떤 철학이나 정치사상을 받아들였다는 말이므로 Ⓑ에는 embraced가 적절하다.

| 어휘 |

enlightenment n. 계몽주의 absolute a. 완전한, 절대적인 ardent a. 열렬한 envision v. 상상하다 arbitrary a. 독단적인 embrace v. 받아들이다 feudal a. 봉건의

17 논리완성 ②

| 분석 |

첫 문장에서 '대단치 않아 실망할'이라는 underwhelming이 주어지고, 역접의 But이 이어지므로, 반대 의미인 '바라다', '원하다'가 필요하다. 따라서 ②가 적절하다. ① '의도했다'라는 뜻으로 뒤에 to achieve 같은 부정사가 있어야 한다. ③ '~를 목표로 삼았다'의 뜻으로 aimed at이어야 한다. ④ '~를 희망했다'는 뜻으로 hoped for여야 한다.

| 해석 |

독단적인 권력으로부터의 자유를 요구하면서, 미국 혁명가들은 존 로크(John Locke)의 계몽주의 정치 철학을 받아들였다.

| 어휘 |

underwhelming a. 감동을 주지 않는, 실망하게 하는 haunt v. 괴롭히다, 문제를 일으키다

21 논리완성 ②

| 분석 |

Ⓐ and가 있으므로 바로 앞의 champion이라는 낱말과 잘 어울리는 revered(존중받는)나 extolled(칭찬받는)가 적절하다. Ⓑ 바로 앞에 콤마가 있으므로 앞에 있는 conquering heroism과 비슷한 의미의 virility(남성다움)가 와야 한다. Ⓒ 뒤의 savage라는 낱말과 어울리는 uncivilized(미개한)나 primitive(원시적인)가 적절하다.

| 어휘 |

autonomy n. 자율성 **translate** v. 번역하다, 해석하다 **champion** v. 지지하다 **distinctiveness** n. 특유함 **erection** n. 건립, 수립 **problematics** n. 문제 **wield** v. 휘두르다 **conceive of A as B** A를 B로 생각하다 **exhilarate** v. 활력을 주다 **affinity** n. 유사성 **revere** v. 존중하다 **virility** n. 남자다움 **hector** v. 괴롭히다 **amenity** n. 쾌적함 **extol** v. 칭찬하다 **virtuosity** n. 예술적인 기교 **petrify** v. 돌이 되다

| 해석 |

자율성은 자유이고, 많은 지지를 받으며 존중을 받는 '개인주의'로 해석된다. 새로움은 '순진함'으로 해석되고, 독특함은 다름과 그 다름을 유지하기 위한 전략 수립이 된다. 권위와 절대 권력은 낭만적인 요소가 되고 모든 것을 정복하려는 '영웅주의'와 남성다움과 타인의 삶에 절대 권력을 휘두르는 것의 문제가 된다. 이 마지막의 것, 즉 "원시적이며, 반쯤은 야만적인 세계"로 생각되는 자연적이고 정신적인 풍경을 배경으로 그 풍경 안에서 동원되고 행사되는 절대 권력에 의해 나머지 모든 것이 가능해지는 것 같을 것이다.

22 논리완성 ①

| 분석 |

Ⓐ on 다음의 '학생의 무엇'이 교정의 대상이므로 assignments(과제)가 적절하고 Ⓑ 뒤에 나오는 장황함, 모호함, 어색함, 진부함이 모두 글의 양식, 즉 문체를 나타내므로 style이 적절하며 Ⓒ 영어의 용인된 규칙에 어긋나는 것은 문법적 오류에 해당하므로 mistakes가 적절하고 Ⓓ 영어의 규칙이란 곧 표준영어의 규칙을 말하므로 standard가 적절하다.

| 어휘 |

correction n. 교정, 첨삭 **assignment** n. 과제 **category** n. 범주 **concern** v. 관련 있다 **clarity** n. 명확성, 명료성 **commit** v. 저지르다 **wordiness** n. 장황함 **vagueness** n. 모호함 **awkwardness** n. 어색함 **banality** n. 진부함 **usage** n. 용례 **standard English** 표준 영어 **speak to** 말을 걸다, 언급하다, 확증하다

| 해석 |

나는 1992년 이후로 대학 작문을 가르치고 있다. 내가 학생들의 과제에 대해 하는 교정은 두 가지 일반적인 범주로 나눌 수 있다. 첫 번째 범주는 문체의 문제, 특히 명확성과 품위에 관련된 문제이다. 학생들이 장황하거나, 모호하거나, 어색하거나, 진부하거나 하는 등의 실수를 저지르는 많은 곳에 나는 표시를 한다. 두 번째 범주는 오류이다. 다시 말해 표준 영어에서 용인되는 규칙을 따르지 않는 용례이다. 학생들의 오류 대부분은 소수의 범주, 정확히 말해, 일곱 개의 범주로 나누어진다는 것이 나에게는 처음부터 분명해 보였다. 그것들은 불행한 문화적 추세를 보여주는 공통적인 특징을 가지고 있다.

23~25

영어에 다른 유럽 언어들에서 들어온 차용어가 있는 것에 관해 질문을 받았을 때, 많은 학생들은 유럽 언어들에 공유된 유전적 뿌리와 더불어 유럽의 지리적·문화적 인접성을 감안했을 때 다른 언어에서 온 단어들이 영어 속에 잘 자리를 잡고 통합된 것은 충분히 예상할 수 있는 일이라고 지적했다. 예를 들어, 대화 중에 프랑스어에 기원을 둔 '카페'와 같은 단어를 사용하더라도 듣는 사람에게 거의 아무런 영향을 미치지 않으며, 누구도 그런 단어를 사용하는 것에 대해 깊이 생각하지 않았다. 반면에, 많은 학생들은 영어로 말하면서 동아시아 단어들을 사용하는 것을 '재미있고', '흥미롭고', '유용하고', '훌륭하다'고 간주했다. 몇몇 학생들은 동아시아 단어들에 여전히 어떤 '이질성'이 있어서 그 단어들이 영향력이 크고 흥미롭고 이국적이라고 말했지만, 가까운 장래에 동아시아 단어들도 다른 유럽 언어에서 온 단어들처럼 영어에 동화될 것이라는 것이 학생들의 일반적인 생각이었다.

| 어휘 |

loanword n. 외래어, 차용어 **given** prep. ~을 감안해 볼 때 **alongside** prep. ~와 나란히 **genetic** a. 유전적인 **integrate** v. 통합하다 **think twice** 곰곰이 생각하다 **exotic** a. 외국의, 이국적인 **condescending** a. 겸손한 척하며 깔보는 **proximity** n. 근접성 **assimilate** v. 동화시키다

23 글의 주제 ②

| 분석 |

영어 속의 외래어를 이야기하면서, 다른 유럽 언어에서 온 단어들과 동아시아 단어들의 차이를 말하고, 지금은 동아시아 단어가 재미있고 이국적으로 받아들여지고 있지만, 앞으로는 다른 유럽 언어에서 온 단어처럼 영어에 동화될 것이라고 했으므로, '영어에 늘어나고 있는 동아시아 단어들'이 글의 중심적인 주제이다.

이 글은 아마도 _____을 논의하는 글에서 가져왔을 것이다.
① 프랑스 차용어의 영어에의 도입
② 영어에 늘어나고 있는 동아시아 단어들
③ 영어가 세계어가 된 방법
④ 영어가 동아시아 언어들에 미친 영향

24 내용추론   ④

| 분석 |

동아시아 단어 이용에 대해 학생들은 긍정적인 반응을 보인다. ④ condescending은 '짐짓 겸손한 척하지만, 속으로는 깔보는'이라는 부정적인 의미를 가진 낱말이다.

이 글에서 암시되지 않은 것은 다음 중 무엇인가?
① 영어 사용자들은 '카페' 같은 단어를 무심코 사용한다.
② 영어에서 동아시아 차용어를 사용하면 이국적으로 들릴 수 있다.
③ 영어에서 유럽 언어에서 온 차용어를 사용하는 일은 상당히 흔하다.
④ 영어에서 동아시아 차용어를 사용하면 다른 사람에게 겸손한 척하는 태도일 수 있다.

25 빈칸완성   ③

| 분석 |

Ⓐ 지리적, 문화적인 면에서 볼 때 영국을 포함한 유럽은 국가(언어) 수에 비해 면적이 작으므로 국가들이 서로 가까이 있게 되고 언어의 유전적 뿌리도 같게 된다. 따라서 proximity(인접성)가 적절하다. Ⓑ 마지막에 '다른 유럽 언어에서 온 단어들처럼'이라 했고 앞에서 다른 유럽 언어에서 온 차용어가 영어 속에 잘 자리 잡고 통합되었다고 했으므로, '잘 자리 잡고 통합된' 것과 유사한 assimilated(동화된)가 적절하다.

26~28

당신은 몇 개의 언어를 말하는가? 단 하나라고? 사실 말을 할 때마다, 당신은 방언이라고 불리는 특정한 형태의 언어를 사용하고, 당신의 방언은 아마도 듣는 사람에게 맞게 바뀔 것이다. 방언은 특정한 어휘와 독특한 발음, 그리고 단어들을 조직하여 문장으로 만드는 습관적인 방식으로 구성된다.
그 어느 두 사람도 정확하게 똑같은 방식으로 말하지 않지만, 시간을 함께 보내거나 관심사를 공유하는 개인들의 집단은 모두 독특한 언어 패턴을 만들고, 그것이 결국은 방언이 된다. 예를 들어, 지리적으로 같은 지역의 사람들은 강세와 어휘를 공유할 것이다. 마찬가지로 우주비행사나 의사처럼 같은 직업을 가진 사람들도 대개 그들 나름의 전문용어를 개발한다.
방언은 우리를 특정한 집단의 구성원으로 확인시켜준다. 대부분의 사람들은 다양한 유형의 사람들에게 이해받고 수용될 수 있도록 여러 개의 다른 방언을 말할 줄 안다. 어느 날 오후에, 변호사는 법률용어로 동료와 대화를 나누다가, 친구와 전화할 때는 여유 있는 미국 남부 특유의 느린 말투로 바꾸고, 아들과 대화할 때는 속어를 쓰기도 한다. 다음번에 일단의 사람들과 함께 있을 때, 당신의 말이 어떻게 상황에 맞게 변하는지 주목해보라.

| 어휘 |

dialect n. 방언 **suit** v. 적합하게 하다 **resident** n. 주민 **occupation** n. 직업 **astronaut** n. 우주비행사 **jargon** n. 전문용어 **converse** v. 대화하다 **legalese** n. 법률용어 **switch** v. 전환하다 **drawl** n. 느린 말 **slang** n. 속어 **notice** v. 주목하다 **fit** v. 어울리다 **occasion** n. 상황

26 내용파악   ②

| 분석 |

둘째 문단에서 '개인들의 집단은 모두 독특한 언어 패턴을 만들고, 그것이 결국은 방언이 된다'고 했으므로 같은 방언을 말하는 사람들은 문장들을 같은 패턴으로 결합시킬 것이다.

같은 방언을 말하는 사람들의 공통점은?
① 그들의 목소리는 거의 똑같다.
② 그들은 문장들을 같은 패턴으로 결합시킨다.
③ 그들은 같은 의견과 믿음을 공유하고 있다.
④ 외부 사람들이 그들을 이해하기 쉽다.

27 내용추론   ②

| 분석 |

같은 지역에 살고, 같은 직업을 갖고, 같이 시간을 보내고, 같은 관심사를 가진 사람들이 같은 방언을 사용한다고 했다. ②는 같은 관심사를 갖고 같이 시간을 보내는 사람들이다.

다음 집단 중 어떤 사람들이 같은 방언을 사용할 가능성이 가장 높은가?
① 빨간 머리를 가진 사람들
② 헌팅턴 해변에서 서핑을 하는 사람들
③ 편지를 많이 쓰는 사람들
④ 같은 브랜드의 스파게티 소스를 먹는 사람들

28 내용파악   ③

|분석|

마지막 문단에서 한 방언에서 다른 방언으로 바꾸는 이유는 '다양한 유형의 사람들에게 이해받고 수용될 수 있기 위해서'라고 했다.

이 글에 따르면, 사람들이 다른 사람에게 이야기할 때 한 방언에서 다른 방언으로 전환하는 이유는 무엇인가?
① 듣는 사람들을 헷갈리게 만들어, 경계심을 풀게 하기 위해서
② 대화를 특이하고 재미있게 만들기 위해서
③ 듣는 사람이 그들을 이해하고 받아들이도록 도움을 주기 위해서
④ 그들이 많은 다양한 장소를 방문했다는 것을 보여 주기 위해서

29~31

사우스웨스트 항공에게 고객 서비스는 기업 DNA의 일부이다. 사우스웨스트는 '고객 서비스'를 위해서라면 회사규정도 적용하지 않는 것이 상례이다. 로버트 시겔(Robert Siegel)에게 일어난 일을 생각해보자. 이 은퇴한 기술자와 그의 아내 루스(Ruth)는 웨스트 팜 비치에서 필라델피아로 갈 예정이었으나, 루스가 폐암 진단을 받았다. 의사는 그녀에게 여행을 취소하라고 했다. 환불 불가능한 티켓이었지만, 시겔은 예외를 인정해 달라고 요청했다. "한 주도 안 되어, 신용카드(계좌)로 전액이 들어 왔습니다."라고 그는 말했다. 이 항공사는 티켓 변경 수수료로 고객에게 처벌(불이익)을 가하거나 (당일에 가깝게 늦게 예매할수록) 제약이 더 적은(더 비싼) 티켓에 값을 매기거나 하지 않는다. 물론 완벽하지는 않다. 사우스웨스트의 가격은 때로 경쟁사들보다 상당히 더 높을 수도 있다.
스피릿 항공은 사우스웨스트와 정반대라고 자칭하고 있다. 이 항공사는 원래 트럭 사업으로 시작했는데, 이것으로 많은 것이 설명될 수 있다. 스피릿의 고객들은 자신들이 짐짝 취급을 받는다고 흔히 불평한다. 스피릿은 사우스웨스트와 정반대인 행동을 자주 한다. 베트남 참전용사 제리 미킨스(Jerry Meekins)는 의사로부터 식도암 말기라는 진단을 받고, 플로리다에서 애틀랜틱시티로 가는 항공편을 취소하라는 권고를 받았다. 하지만 스피릿은 환불 요청을 거부했다. 재향군인회가 개입하자 마지못해 항공사는 굴복했다. 그러나 선례를 만들지 않겠다고 CEO 벤 볼단자(Ben Baldanza)는 항공사가 아니라 개인적으로 환불 비용을 내겠다고 말했다. 그리고 스피릿은 수수료를 정말 좋아한다. 티켓 수입의 1/3이 돈이 수수료에서 나온다. (더 낮은 수수료를 온라인으로 미리 내지 않았으면, 탑승할 때 가방 하나에 100달러의 수수료를 받는다.)
사우스웨스트와 스피릿은 여행 업계의 기이한 음양(양지와 음지)의 유일한 예가 아니다. 호텔에 체류하든, 차를 빌리든, 크루즈 여행을 하든, 당신은 업체들 중에서의 이와 같은 종류의 선택에 직면한 적이 있다. 사람들이 아주 싸고, 많은 조건이 붙은 가격에 계속해서 속아 넘어간다면, 승객을 짐짝처럼 취급하는 것은 무한정 계속될 것이다. 여행객들은 티켓을 발권할 때 가격 이상의 것을 고려해보아야 한다. 여행 업계의 영웅들을 당신의 일로(선택으로) 보상해주어라. 그렇지 않으면 악당들이 승리를 거둔다.

|어휘|

corporate n. 기업 **routinely** ad. 일상적으로 **waive** v. 적용하지 않다 **requirement** n. 요구사항 **in the interest of** ~을 위해서 **retire** v. 은퇴하다 **diagnose** v. 진단하다 **nonrefundable** a. 환불 불가능한 **exception** n. 예외 **credit** n. 신용, 돈 **fee** n. 수수료 **esophageal** a. 식도의 **terminal** a. 말기의 **veteran** n. 재향군인, 참전용사(=vet) **carrier** n. 항공사 **cave** v. 굴복하다 **reluctantly** ad. 마지못해, 억지로 **set a precedent** 선례를 만들다 **revenue** n. 수익 **charge** n. 요금 **yin and yang** 음양(陰陽) **fall for** 속아 넘어가다 **lots-of-strings-attached** 많은 조건이 붙은 **rate** n. 요금 **book** v. 예약하다 **villain** n. 악당 **principal** n. 원금 **take-it-or-leave-it** 협상의 여지가 없는 **incur** v. 초래하다 **taxing** a. 수고스러운

29 빈칸완성   ①

|분석|

Ⓐ 뒤에서 환불요금을 회사가 아니라 CEO 자신이 지불하겠다고 한 것은 이 사건이 회사 차원의 공적인 사건이 되어 미래에 있을 수 있는 유사한 사건의 선례가 되지 않게 하려는 것이므로 precedent(선례)가 적절하다. Ⓑ 다음의 Heroes는 사우스웨스트 같은 기업이다. 이런 기업은 칭찬하거나 보상해주어야 한다. 뒤에 '당신의 일로(선택으로)'라고 한 말은 앞에 설명된 현명한 선택을 함으로써의 뜻으로 볼 수 있다.

30 내용일치   ④

|분석|

스피릿 항공과 달리 사우스웨스트 항공은 별도의 수수료를 청구하지 않는다고 하였다.

다음 중 사실이 <u>아닌</u> 진술은?
① 사우스웨스트 항공은 상당한 친절을 보여준다.
② 스피릿 항공은 고객 서비스에서 협상의 여지가 없는 태도를 보인다.
③ 스피릿 항공의 고객들은 그들이 받는 대우에 대해 만족하지 않고 있다.
④ 사우스웨스트 항공의 고객들은 별도의 수수료를 내야 한다.

31 글의 목적 ④

| 분석 |

마지막 네 문장이 글쓴이의 의견을 잘 요약하고 있다. 고객들에게 현명한 선택을 할 것을 강조하고 있으므로 ④가 정답으로 적절하다. 사우스웨스트와 스피릿은 모두 예에 불과한 것임에 유의한다.

다음 중 필자의 의도를 가장 잘 설명한 것은?
① 다양한 항공사들이 부과하는 수수료에 고객들이 주의를 기울이도록 만들기 위해서
② 비행 경험이 힘들 수 있다는 것을 알기 위해서
③ 사우스웨스트 항공이 고객 서비스로 유명하다는 것을 알리기 위해
④ 고객들의 선택이 고객 서비스에 영향을 미친다는 것을 이해하도록 돕기 위해서

32~35

'아시아계 미국인'은 만들어진 것이었다. 아시아에 '아시아인'은 없다고 말하는 사람들이 옳다. 그러나 '오리엔트', 혹은 '동양인'도 또한 없다. 에드워드 사이드(Edward Said)가 주장했듯이 이는 모두 서구의 상상력이 낳은 환상의 산물일 따름이다. 동양이라는 이 인종차별적이고 성차별적인 허구에 맞서 우리는 아시아계 미국인이라는 반인종차별적이고 반성차별주의적인 허구를 만들었다. 우리는 우리 자신으로 존재하기를 바랐지만, 다른 모든 미국의 자아 만들어내기 행위와 마찬가지로 우리는 미국의 열망과 미국의 현실 사이의 모순이라는 특징을 갖게 되었다. 아시아계 미국인은 우리는 애국적이며 생산적인 미국인이라고 오랫동안 주장해왔다. 이러한 자기 옹호는 우리는 교육 증명서를 갖고 이민 왔고, 아이들을 열심히 공부하도록 양육하기 때문에 의학 또는 기술 분야에서 성공했다는 생각에 종종 기대고 있다. 하지만 아시아계 미국인은 또한 수백만 명을 죽이고 많은 난민을 낳은 전쟁들을 계속 상기시킨다. 그리고 아시아계 미국인은 싸고 착취 가능한 노동력에 대한 미국의 수요를 충족시키게 되었다. 우리는 인종, 성(性), 계급의 구분에 의해 그리고 모든 미국인에게 영향을 미치는 갈수록 커지는 불평등의 격차에 의해 균열이 생긴 자본주의 경제에서 경쟁자로 간주되었고, 지금도 간주되고 있다.
'아시아계 미국인'은 이제 더 새로운 허구로 바뀌었는데, 그 허구는 곧 아시아-태평양계 미국인이다. 하지만 또한, 이 정체성에도 모순이 내재되어 있다. 태평양 섬 주민들은 미국에 의해 식민지화되었고, 아직도 식민지인데, 하와이와 괌은 태평양과 아시아에 힘을 투사하는 미국 주요 군사 기지 역할을 하고 있다. '아시아-태평양계 미국인'이라는 말은 다양성과 포용을 나타내는 고상한 미사여구와 실용적인 기업 언어 중에 중요한 것이다. 하지만 그것은 또한 미국의 오랜 폭력과 정복의 역사를 그럴듯한 말로 가리는 경향이 있다.

| 어휘 |

fantastic a. 환상적인(실체가 존재하지 않는) **figment** n. 가공의 일, 허구 **figment of imagination** 상상의 산물 **fiction** n. 허구 **as with** ~와 마찬가지로 **conjure** v. 만들어 내다 **be marked by** ~라는 특징을 갖다 **contradiction** n. 모순 **aspiration** n. 열망 **patriotic** a. 애국적인 **lean on** 의지하다 **medicine** n. 의학 **immigrate** v. 이민을 오다 **credential** n. 자격증 **haunting** a. 뇌리를 떠나지 않는 **exploitable** a. 착취할 수 있는 **fracture** v. 갈라지다 **morph** v. 변화하다 **serve as** ~의 역할을 하다 **site** n. 장소 **military base** 군사기지 **A.A.P.I.** 아시아-태평양계 미국인(Asian Americans and Pacific Islanders) **staple** n. 주제, 주요소 **lofty** a. 고상한 **pragmatic** a. 실용적인 **inclusion** n. 포섭 **gloss over** 용케 숨기다, 겉을 꾸미다 **etymology** n. 어원 **shed light on** ~을 밝히다, 설명하다 **jurist** n. 배심원 **legality** n. 합법성 **seek to** ~하려 애쓰다 **woo** v. 호소하다 **resurrection** n. 부활 **credence** n. 신용 **mitigate** v. 경감시키다 **alliance** n. 연대 **oppressed** a. 억압당한 **applaud** v. 환호하다 **celebrity** n. 유명인사 **colonialism** n. 식민주의 **there is no such thing as** 세상에 ~라는 것은 없다 **racial discrimination** 인종차별, 민족차별 **disengage** v. 벗어나다 **identity politics** 정체성 정치(보편 정치와 반대되는 개념으로, 집단 정체성을 기반으로 배타적인 정치동맹을 추구하는 정치)

32 내용추론 ②

| 분석 |

'아시아계 미국인'은 '아시안, 동양'이라는 허구에 맞서 만들어졌고, 아시아계 미국인의 정체성에는 서로 모순되고 상반되는 특성들이 내재해 있다는 것이다. '아시아계 미국인', '정체성', '모순'이 글의 내용과 관련한 핵심어들이다.

필자의 발표는 _____의 발표일 가능성이 크다.
① '아시아계 미국인'의 어원에 대한 강의를 하는 언어학자
② 아시아계 미국인의 정체성의 복잡성을 설명하고 싶어 하는 저널리스트
③ 아시아인들의 미국 이주가 합법적이냐를 결정하려는 배심원
④ 아시아계 미국인의 표를 얻으려는 정치인

33 빈칸완성 ③

| 분석 |

Ⓐ 뒤에 나오는 '상상력의 산물'이 상상력이 만들어낸 것을 말하므로 '만들어낸 것'이라는 의미의 creation(창조, 창작)이 적절하다.

34 빈칸완성 ①

| 분석 |

ⓑ에는 아시아계 미국인의 장점이 들어가야 한다. 의미상 '학력 수준이 높다'라는 표현이 필요하므로 credentials(성적증명서)가 적절하다. ⓒ의 경우, '아시아계 미국인'이 기존의 허구인데 빈칸 다음에 '더 새로운 허구로'라고 했으므로, morphed(바뀌었다)가 적절하다.

35 뒷내용 추론 ④

| 분석 |

'아시아계 미국인'이라는 개념은 허구이지만 이 개념을 공유한 아시아계 미국인들은 미국 내 소수 집단으로서 반인종차별주의, 반성차별주의, 교육적 우수성과 교육열 등의 긍정적 정체성과 전쟁을 상기시키는 자들, 값싼 노동력 제공자들이라는 부정적 정체성을 아울러 갖고 미국 사회에서 타 집단들과 경쟁하면서 경제, 의학, 기술, 군사 등 여러 분야에서 미국의 국익에 기여하고 있음을 설명한 글이다. 따라서 인종차별의 존재를 부인하고 그들의 집단 정체성을 버리고 보편 정치로 나아가야 한다는 취지의 ④가 이 글 다음에 올 가능성이 가장 적다. ① 아시아–태평양계 미국인은 소수집단이므로 다른 소수집단들의 정체성을 인정하고 그들과 연대한다는 것은 바람직하다. ② 개인의 노력이 모여 집단으로서의 노력으로 발전해야 한다. ③ 아시아계 미국인은 그들의 정체성이 같은 목적을 가진 다른 많은 소수집단 사람들의 정체성 중 하나임을 인정한다.

다음 중 위 글 다음에 올 가능성이 가장 적은 것은?
① 아시아–태평양계 미국인 정체성이 이치에 닿기 위한 유일한 방법은 다른 억압받는 집단과의 연대를 통해서이다.
② 아시아계 미국인 억만장자, 정치인, 유명인사의 성공담에 환호를 보내는 것으로는 충분치 않을 것이다.
③ 아시아계 미국인은 인종차별과 식민주의에 맞서 싸우기 위해 단결해야 하는 그 많은 사람들 사이에서의 하나의 정치적 정체성이다.
④ 인종차별 같은 그런 것은 없고, 아시아계 미국인은 정체성 정치에서 벗어나야 한다.

36~38

거의 모든 종교는 내세(혹은 그것과 인지적으로 유사한 환생)의 개념을 갖고 있다. 내세/환생 이야기는 왜 전 세계에 걸쳐 발견되는가? 동일한 이유로 우리는 진실로 우리 자신의 죽음을 상상할 수 없는데, 그 이유는 곧, 예측할 수 있는 그다음 순간이 항상 있을 것이라는 잘못된 전제 위에 우리의 뇌가 만들어져 있기 때문이다. 우리는 우리 자신의 의식이 지속된다고 생각할 수밖에 없다.

모든 종교가 분명한 내세/환생 이야기를 갖고 있는 것은 아니지만(유대교가 주목할 만한 예외이다), 이슬람교, 시크교, 기독교, 도교, 힌두교, 그리고 아마도 틀림없이, 불교마저도 포함해서 세계 주요 종교 대부분은 그런 이야기를 갖고 있다. 사실, 많은 종교적 사상은 일종의 거래 형태를 취한다. 즉, 이 삶의 규칙들을 따르면, 내세에 보상을 받거나, 훌륭한 형태의 환생으로 보상받거나, 신과 하나가 됨으로써 보상받을 것이라고 한다. 우리의 뇌가 의식이 지속된다고 생각하도록 만들어져 있지 않다면 세계의 종교들은 어떠할까? 그리고 그렇다면 종교와 종교 간 갈등에 의해 강력하게 형성되어온 인간 문화는 어떻게 바뀌었을까?

| 어휘 |

afterlife n. 내세   cognitive a. 인식의   reincarnation n. 환생   faulty a. 그릇된   premise n. 전제   cannot help but ~할 수밖에 없다   endure v. 지속하다   reward v. 보상[보답]하다   explicit a. 노골적인   Sikhism n. 시크교   Daoism n. 도교   mold v. 만들다, 형성하다

36 빈칸완성 ③

| 분석 |

콜론 다음의 규칙 준수와 보상은 "~하면 …해준다"라는 일종의 '거래' 형식이다.

37 동의어 ④

| 분석 |

meld with는 '~와 섞이다, 융합하다'라는 뜻으로 blend with/ into와 같은 뜻이다.

38 내용일치 ②

| 분석 |

불교가 주요 종교에 포함된다는 사실만을 언급했을 뿐, 불교의 지위가 의심받고 있는지에 대해서는 이야기하고 있지 않다.

이 글에 따르면 다음 진술 중 옳지 않은 것은?
① 인간 문화는 종교 갈등의 영향을 크게 받아왔다.
② 세계 주요 종교로서의 불교의 지위는 의심스럽다.
③ 유대교는 분명한 내세 이야기를 갖고 있지 않다.
④ 인간의 뇌는 자신의 죽음을 생각할 수 있는 진정한 능력을 갖고 있지 않다.

39 문장배열   ③

| 분석 |
미학에서 숭고미에 관한 설명이다. 숭고한 것과 놀람이 같이 나온 ⓑ가 제일 먼저 오고, 놀람이 영혼의 특정한 상태임을 설명한 ⓓ가 그다음에 오고, ⓓ에서 언급된 영혼의 정지와 관련하여 정신의 추론이 불가능해짐을 설명한 ⓒ가 그다음에 오고, 그 결과 숭고한 것의 힘이 우리를 놀람으로 몰고 간다고 한 ⓐ로 마무리되는 것이 자연스러운 순서이다.

| 어휘 |
sublime n. 숭고, 장엄 **operate** v. 작동하다 **suspend** v. 중지하다 **entertain** v. 품다 **reason** v. 추론하다 **anticipate** v. 선취하다, 미리 막다

| 해석 |
ⓑ 자연 속의 위대하고 숭고한 것에 의해 야기되는 감정은, 그 원인들이 강력하게 작동할 때, 놀람이다.
ⓓ 놀람은 영혼의 모든 움직임이 어느 정도의 공포와 더불어 중단되는 영혼의 상태이다.
ⓒ 정신은 그 대상으로 너무나 완전히 채워져 있어서 다른 어떤 대상을 품을 수도 없고, 또한 그 결과로, 정신을 이용하는 그 대상에 대해서 추론할 수도 없다.
ⓐ 따라서 숭고한 것의 큰 힘이 발생하여 우리의 추론을 미리 막고, 저항할 수 없는 힘으로 우리를 재촉한다.

40 문장배열   ①

| 분석 |
가장 일반적인 내용의 문장인 ⓐ로 시작해서, ⓐ에서 언급된 '상호작용' 중 환경이 생명체에 미치는 영향을 언급한 ⓑ가 그다음에 오고, ⓑ의 '반대 효과'인 생명체가 환경에 미치는 영향은 미미함을 말한 ⓒ가 그다음에 오고, 미미한 가운데서도 환경에 영향을 미친 유일한 종이 인간이라고 한 ⓓ로 마무리되는 것이 자연스런 순서이다.

| 어휘 |
interaction n. 상호작용 **surroundings** n. 환경 **to a/an ~ extent** ~한 정도로 **species** n. 종(種), 종류

| 해석 |
ⓐ 지구상의 생명체의 역사는 생명체와 환경 사이의 상호작용의 역사이다.
ⓑ 상당한 정도로, 지구의 식물과 동물의 물리적인 형태와 습관은 환경에 의해 만들어져왔다.
ⓒ 지구 시간의 전체 길이를 고려해 볼 때, 생명체가 환경을 실제로 바꾸는 반대 효과는 비교적 미미했다.
ⓓ 현 세기라는 짧은 시간에 들어와서야 비로소, 인간이라는 하나의 종이 자기 세계(환경)의 성격을 바꾸는 큰 힘을 얻게 되었다.

SOGANG UNIVERSITY | 2022학년도 자연계·학사편입

TEST p. 114~126

01	③	02	②	03	④	04	②	05	①	06	②	07	④	08	②	09	①	10	④
11	②	12	①	13	①	14	①	15	①	16	②	17	①	18	②	19	④	20	④
21	②	22	④	23	①	24	④	25	①	26	③	27	②	28	③	29	④	30	③
31	④	32	①	33	②	34	①	35	①	36	①	37	②	38	①	39	①	40	①

01 to부정사 ③

| 분석 |
주어가 '~가 하는 일'의 뜻으로 The job of ~로 나왔으므로 주격보어로는 그 행위를 나타내는 명사적 용법의 'to부정사'가 적절하다.

| 어휘 |
white blood cell 백혈구   **invade** v. 침입하다

| 해석 |
백혈구 세포가 하는 일은 침입하는 유기체로부터 우리의 몸을 보호하는 것이다.

02 서수의 용법 ②

| 분석 |
first는 서수이므로 앞에 the를 사용한 ②가 적절하다. ③ the first of 다음에는 복수명사가 와야 한다.

| 어휘 |
launch v. 발사하다   **satellite** n. 위성

| 해석 |
우주여행을 한 최초의 미국 여성인 샐리 라이드(Sally Ride)는 통신 위성을 발사하는 두 번의 우주왕복선 임무에 참여했다.

03 관계대명사 ④

| 분석 |
주어는 the East Wing이고 동사는 is characterized이다. 접속사 없이 절이나 술부가 이어질 수 없으므로 ①과 ③은 제외되고, 선행사 shapes가 복수명사이므로 관계절의 동사를 are로 한 ④가 적절하다.

| 어휘 |
wing n. (건물 본관 한쪽으로 돌출되게 지은) 동(棟)[부속 건물]
geometric a. 기하학적인

| 해석 |
I. M. 페이(Pei)가 설계한 워싱턴 DC에 있는 국립미술관의 동관건물은 그의 작품을 대표하는 불규칙한 기하학적 형태라는 특징을 가지고 있다.

04 문의 구성 ②

| 분석 |
prove 다음의 that은 접속사이고 photography가 that절의 주어이므로, 빈칸에는 동사로 시작되는 술부인 ②가 적절하다.

| 어휘 |
imitate v. 모방하다   **contemporary** a. 동시대의

| 해석 |
사진이 하나의 예술 형식임을 증명하려고, 초기 사진가들은 처음에는 동시대 화가들의 그림을 모방했다.

05 문의 구성 ①

| 분석 |
powerfully 이하가 술부이고 빈칸부터 the 1850's까지가 주어이므로 빈칸에는 명사 The building과 이 명사를 뒤의 명사 railroads와 연결해 주는 전치사 of를 사용한 ①이 적절하다.

④ to부정사도 명사적 용법으로 주어를 이룰 수 있으나 대개 '가주어(it) – 진주어(to부정사)' 구문으로 쓰이고 여기서처럼 일반적 의미가 아니라 과거적 의미의 구체적인 사건을 나타내는 데는 동명사(Building)나 ① 같은 명사 표현이 적절하다.

| 해석 |
1850년대 미국에서의 철도 건설은 철강 산업에 강력한 자극을 주었다.

06 접속사 ②

| 분석 |
빈칸 앞뒤로 완전한 절이 왔으므로 빈칸에는 이 두 절을 연결하는 접속사인 ②가 적절하다. ①과 ③은 구전치사, ④는 부사이다.

| 어휘 |
geyser n. 간헐천 **emit** v. 발산하다, 내뿜다

| 해석 |
간헐천은 종종 화산에 비유되어왔는데, 둘 모두 지구 표면 아래의 뜨거운 액체를 방출하기 때문이다.

07 논리완성 ④

| 분석 |
전문가들이 걱정하고 있다고 했으므로, 부정적인 의미로 contaminant(오염물질)를 수식하기에 적절한 importunate(끈질긴)가 빈칸에 들어가야 한다. 쉽게 없어지지 않고 끈질기게 오염시킨다는 뜻이다. 실제로 중금속들도 importunate contaminant / pollutant에 속한다.

| 어휘 |
water pollution 수질 오염 **detergent** n. 세제 **contaminant** n. 오염물질 **public water supply** 공공 급수, 상수도, 수돗물 **exacting** a. 힘든, 까다로운 **auspicious** a. 길조의, 상서로운 **equitable** a. 공정한 **importunate** a. 집요한, 끈질긴

| 해석 |
수질 오염 전문가들은 세제가 수돗물의 끈질기고 사실상 보편적인 오염물질이라는 사실에 걱정하고 있다.

08 논리완성 ②

| 분석 |
so 이하가 결과를 나타내는데, 방문하는 동안 전시회에서 하루를 보낼 수 있다고 했으므로 전시회가 여행과 '동시에 일어난다, 일치한다(coincide with)'고 할 수 있다.

| 어휘 |
exhibition n. 전시회 **register** v. 등록하다 **coincide with** ~와 우연히 겹치다 **incur** v. 초래하다

| 해석 |
파리 전시회는 내가 파리를 여행하는 동안에 동시에 열린다. 그래서 나는 그 도시를 방문하는 동안 전시회에서 하루를 보낼 수 있다.

09 논리완성 ①

| 분석 |
중립적인 시각 언어가 오도하거나 잘못 해석될 수 있다는 것은 겉으로 보기에 중립적일 뿐 실제로는 그렇지 않다는 뜻이므로 ostensibly(겉으로 보기에)가 적절하다.

| 어휘 |
neutral a. 중립적인 **mislead** v. 호도[오도]하다 **misread** v. 잘못 해석하다 **consequently** ad. 결과적으로

| 해석 |
겉으로 보기에 중립적으로 보이는 인포그래픽의 시각 언어는 권위를 암시하지만, 쉽게 오도하거나 잘못 해석될 수 있을 것이다.

10 논리완성 ④

| 분석 |
둘째 문장에서 BTS는 창작 능력을 숨김없이 보여줄 수 있다고 하였으므로, 남들과는 다르게 창작 능력을 갖추고 있다고 짐작할 수 있다. 따라서 빈칸에는 '그들을 (남들과) 구별 지어 주는'이라는 의미의 ④가 적절하다.

| 어휘 |
flex v. (능력·힘을) 보여주다 **respite** n. 유예 **suspend** v. 중단하다 **reciprocate** v. 교환하다 **set apart** 구분하다

| 해석 |
BTS는 자신들의 음악에 대한 모종의 통제력을 갖고 있다는 것이 K-pop 산업에서 그들의 남다른 주요 특징이다. BTS는 다양한 방식으로 자신의 창작 능력을 숨김없이 보여줄 수 있다.

11~12

팬데믹은 미래의 세계 경제를 형성하는 데 상당한 역할을 할 수 많은 트렌드를 보여준 동시에 가속화시켰다. 세계적인 경영자들과의 대화에서 우리는 미래의 표준(뉴 노멀)을 위한 다섯 가지 우선사항을 확인할 수 있었다. 기업들은 미래를 만드는 트렌드를 헤쳐 나가는 동안 이 다섯 개의 우선사항을 북극성(지침)으로 채택하기를 바랄 것이다.

| 어휘 |

accelerate v. 가속하다 **play a role in** ~에서 역할을 하다 **substantial** a. 상당한 **executive** n. 경영자 **identify** v. 확인하다 **priority** n. 우선순위 **North Star** 북극성 **appropriate** v. 전유하다 **adapt** v. 적응하다 **augment** v. 늘리다

11 빈칸완성   ③

| 분석 |

play a role 다음에는 in이 와야 하고, create는 '없는 것을 만들어 내다'의 의미이므로 이미 존재하는 세계 경제에 부적절하고 '모양을 결정짓다, 형성하다'라는 뜻의 shape가 적절하다.

12 빈칸완성   ①

| 분석 |

이 다섯 개의 우선사항을 지침으로 '받아들인다'라는 의미로 adopt가 적절하다. appropriate는 '다른 사람의 것을 빼앗아 내 맘대로 쓰다'라는 의미이다.

13 논리완성   ①

| 분석 |

행동을 'readiness for action'이라고 했으므로, readiness와 비슷한 말인 '경향'이 어떤 일을 하려고 몸이 이미 그쪽으로 기울어져 있음을 뜻하는 것으로 적절하다.

| 어휘 |

component n. 구성요소 **refer to A as B** A를 B라고 부르다 **readiness** n. 준비, 채비 **predisposition** n. 경향 **endeavor** n. 노력, 시도 **preponderance** n. 우위 **inception** n. 처음, 시작

| 해석 |

태도의 세 번째 구성요소인 행동은 '행위를 위한 준비'라고도 불린다. 그것은 사람이 어떤 방식으로 행위하려는 경향이다.

14 단어의 적절한 표현   ①

| 분석 |

①은 "잡다하게 남아있고자 하는 기증자의 소망은 존중되었다"라는 의미로, 어색한 문장이다. 기증자의 기증이 존중받는 행동이 되기 위해서는 '익명의'라는 의미의 anonymous 정도가 적절하다.

| 어휘 |

miscellaneous a. 가지가지 잡다한 **static** a. 정적인 **acquiesce** v. 묵인하다(in) **dabble** v. 잠깐 손을 대다, 장난삼아서 하다(in)

| 해석 |

밑줄 친 단어가 가장 적절하지 <u>않은</u> 것은?
① 잡다하게(→ 익명으로) 남아있고자 하는 기증자의 소망은 존중되었다.
② 발레 전체가 너무 정적으로 보였다.
③ 새라는 그의 결정을 묵인했다.
④ 그는 젊었을 때 저술에 잠깐 손을 댔다.

15 수량명사의 용법   ①

| 분석 |

'백만 명의 사람'은 a million people이고, '수백만 명의 사람'은 s를 붙여 millions of people이다. 따라서 ①을 Millions of로 고쳐야 한다.

| 어휘 |

World's Fair 만국박람회

| 해석 |

1964년에서 1965년까지 전 세계 수백만 명의 사람들이 뉴욕 만국박람회를 방문했다.

16 재진술   ②

| 분석 |

'so ~ that 주어 cannot'은 '너무나 ~하여 …할 수 없다'라는 의미이고 'enough ~ to부정사'는 '~할 수 있을 정도로 충분히 …하다'라는 의미이므로 반대 의미가 된다. 따라서 ②의 둘째 문장을 It is too noisy for me to hear anything.으로 고쳐야 한다.

| 해석 |

같은 의미가 <u>아닌</u> 쌍을 고르시오.
① 너무 배가 고파서 무엇이든 먹을 수 있다.
　무엇이나 먹을 수 있을 정도로 충분히 배가 고프다.

② 너무나 시끄러워서 어떤 것도 들을 수 없다.
어떤 것도 들을 수 있을 정도로 충분히 시끄럽다.
③ 이 박스들은 너무나 무거워 그녀가 들 수 없다.
이 박스들은 매우 무거워서, 그녀가 들 수 없다.
④ 도둑이 너무나 빨리 달려서 나는 그를 붙잡을 수 없었다.
도둑이 매우 빨리 달렸기 때문에 나는 그를 붙잡을 수 없었다.

17 동의어 ①

| 어휘 |

intrinsic a. 본질적인(= inherent) **exquisite** a. 절묘한 **satisfy** v. 충족시키다 **curiosity** n. 호기심 **obsolete** a. 낡은

| 해석 |

과거를 연구하는 것은 우리 자신에 대한 호기심을 충족시키는 본질적인 가치를 가지고 있다.

18 동의어 ②

| 어휘 |

ramification n. 가지치기, 파생된 문제, 파급효과, 영향, 결과 (= consequence) **exposition** n. 설명 **convention** n. 관습

| 해석 |

코로나바이러스 팬데믹이 전 세계적 정치, 경제, 그리고 미중 (美中) 관계에 가져다주는 몇 가지 중요한 결과가 있다.

19 논리완성 ④

| 분석 |

Ⓐ 뒤에서 외부의 다른 물질을 통과한다고 했으므로 뱀파이어는 육체를 가지지 않아야 한다. 보기의 네 단어가 부정어이므로 Ⓐ에는 보기의 단어가 모두 들어갈 수 있다. 한편, 다른 물질을 통과하는 것은 물리 법칙을 무시하는 것이므로 Ⓑ에는 defiance가 적절하다.

| 어휘 |

incarnation n. 구현, 체현 **script** n. 대본 **stagecraft** n. 연출 **infiltrate** v. 통과하다 **alien** a. 이질적인 **stage machinery** 무대 장치 **deference** n. 존중 **deficiency** n. 결핍 **debrief** n. 보고 **defiance** n. 저항, 무시

| 해석 |

19세기에 구현되었을 때, 뱀파이어는 극장에서는 유령으로 확인할 수 있는 것이었다. 빅토리아 시대의 대본은 뱀파이어의 흥망성쇠를 강조하지만, 실제 연출은 육체가 거의 없어서 외부의 다른 물질을 통과하는 뱀파이어를 더 선호했다. 이 시대의 무대 장치는 유령이 물리 법칙을 무시하는 것을 더 좋아했다.

20 논리완성 ④

| 분석 |

'원어민 영어교사의 수요가 많았다'고 했으므로 Ⓐ에는 그들이 가진 기술의 이점을 긍정적인 의미로 수식하는 네 보기의 단어가 모두 가능하고, However로 이어지는 그다음 문장은 부정적인 의미여야 하므로 Ⓑ에는 '비판받았다'는 의미의 criticized가 적절하다.

| 어휘 |

be in demand 수요가 있다 **benefit** n. 장점 **notion** n. 개념, 생각 **target language** 목적 언어, 대상 언어 **literature** n. 문헌

| 해석 |

원어민 영어 교사들은 그들이 교실수업에 동원하는 기술들이 이롭다고 인식되었기 때문에 오랫동안 수요가 많았다. 하지만 원어민이 대상 언어의 최고의 모델을 제공하고, 따라서 그 대상 언어의 최고의 교사라는 생각은 여러 문헌에서 비판받아왔다.

21~22

여성은 지나치게 말이 많다고들 믿고 있다. 하지만 연이은 연구에 따르면, 회의에서, 남녀가 섞인 집단토론에서, 여자아이나 젊은 여성들이 남자아이나 젊은 남성 옆에 앉은 강의실에서 말이 더 많은 것은 남성이다. 예를 들어, 커뮤니케이션 학자인 바바라 이킨스(Barbara Eakins)와 진 이킨스(Gene Eakins)는 일곱 번의 대학 교수 회의를 녹음해서 연구해보았다. 이들에 따르면 단 한 번을 제외하고는 남성이 더 자주 말했고, 단 한 번의 예외도 없이 더 오래 말했다. 남성 차례에서는 말이 10.66초 내지 17.07초 지속되었고, 여성 차례에서는 말이 3초 내지 10초 지속되었다. 다시 말해서 여성이 아무리 길게 말하더라도 남성이 가장 짧게 말하는 것보다 더 짧았다.

| 어휘 |

next to ~옆에 **faculty meeting** 교수회의 **without exception** 예외 없이 **turn** n. 차례 **evoke** v. 환기하다 **make fun of** 조롱하다

21 글의 목적 ②

| 분석 |

여성이 말이 많다는 일반적인 생각과 달리 실제로 말이 더 많은 것은 남성이었다는 연구 결과를 알려주고 있는 글이다.

이 글의 목적은 무엇인가?
① 재미를 주려고
② 알려주려고
③ 가르치려고
④ 어떤 분위기를 불러일으키려고

22 글의 구성   ④

| 분석 |

저자는 바바라 이킨스와 진 이킨스의 연구를 통해 밝혀진 사실과 구체적 수치의 통계자료를 제시하여, 말이 더 많은 것은 남성이라는 주장을 펴고 있다.

저자는 자신의 주장을 펴기 위해 무엇을 하고 있는가?
① 개인적인 경험을 기술하고 있다.
② 지나치게 말이 많은 남성들에게 분노를 터뜨리고 있다.
③ 남성의 대화 스타일을 조롱하고 있다.
④ 사실과 통계자료를 제시하고 있다.

23~26

미국 초기 역사의 수백 년 동안, 해적들은 연안 해역을 항해하면서 항로에 있는 모든 것을 약탈했다. 그들은 다른 배와 해안 마을에서 물건을 훔치고, 훔치기만 하는 것에 만족하지 않고, 가지고 갈 수 없는 것은 모두 파괴했다. 몇몇 해적선은 엄청난 보물을 쌓아두었는데, 이 보물의 운명은 알려지지 않아, 오늘날 사람들은 이 보물의 행방을 궁금해 하고, 언젠가는 잃어버린 보물을 얼마간 발견하게 되기를 꿈꾸고 있다.

엄청나게 큰 보물 하나가 위다(Whidah)호라는 해적선에 실려 있었는데, 이 해적선은 1717년 강한 폭풍우 중에 케이프 코드 앞바다에서 침몰했다. 선원들 100명이 배와 함께 가라앉았고, 그 배의 동전, 금, 은, 보석과 같은 보물도 함께 가라앉았다. 그 배에 있던 보물은 오늘날 시장가치로 1억 달러 이상을 호가하는 것으로 추정되었다.

위다호의 잔해가 1984년 배리 클리포드(Barry Clifford)에 의해 발견되었는데, 그는 몇 년에 걸쳐 열심히 연구하고 쉬지 않고 탐색한 결과 마침내 해안에서 약 500 야드 떨어진 곳에서 배를 찾아냈다. 수백 년 된 배의 상당히 많은 보물이 그 배가 수장된 곳에서 회수됐지만, 그곳에는 아직도 훨씬 더 많은 보물이 있는 것이 분명하다. 해안 앞바다가 수백 년 동안 무엇을 보호해 왔는지를 상기시켜주는 듯이, 아직도 때때로 금, 은, 보석이 해변으로 밀려 올라와서, 운 좋은 해변 방문객들이 보물을 발견하곤 한다.

| 어휘 |

pirate n. 해적 **pillage** v. 약탈[강탈]하다 **plunder** v. 강탈하다 **whereabouts** n. 행방 **come across** 발견하다 **notoriously** ad. 악명높게 **crew** n. 선원 **painstaking** a. 수고를 아끼지 않는 **amass** v. 긁어모으다

23 빈칸완성   ①

| 분석 |

해적들이 약탈하고 훔친 보물을 해적선에 쌓아두었을 것이므로 ①이 적절하다. ②는 공식적으로 '몰수/압류/징발하다'는 뜻이다.

24 내용파악   ④

| 분석 |

해적은 연안 마을을 약탈했지, 해변으로 가지는 않았다. 따라서 ④가 논의되지 않은 것이다. ③ 위다호의 해적들은 배와 함께 수몰되었다.

이 글에서 논의되지 않은 것은?
① 미국 역사 초기의 해적
② 해적의 많은 보물
③ 위다호의 해적에게 실제로 어떤 일이 일어났는가
④ 해적들이 해변으로 간 이유

25 내용추론   ①

| 분석 |

배가 가라앉고 해적도 함께 가라앉았다고 했으므로 선원들은 죽었다고 볼 수 있다.

위다호의 많은 선원은 어떻게 된 것으로 짐작되는가?
① 죽었다.
② 다이빙했다.
③ 보물을 찾으러 다녔다.
④ 보물 중 일부를 갖고 달아났다.

26 내용파악   ③

| 분석 |

여전히 많은 보물이 바다에 있음이 분명하고, 이따금 해변으로 떠밀려온다고 하였다.

이 글에서 위다호의 보물이 어떠하다고 말하는가?
① 별로 가치가 없다.
② 모두 박물관에 있다.
③ 모두 발견되지는 않았다.
④ 대체로 해적들이 나누어 가졌다.

27~29

국제 감옥 연구소에 따르면 현재 미국은 세계에서 기록된 가장 많은 수의 죄수를 가지고 있다. 대략 203만 명이 투옥되어 있다. 중국이 두 번째로 죄수가 많고(151만 명), 러시아에는 86만 5천 명의 죄수가 있다. 수감률이 높은 나라들의 리스트는 벨라루스, 버뮤다, 카자흐스탄, 버진 아일랜드, 케이맨 제도, 투르크메니스탄, 벨리즈, 수리남으로 완성되는데, 이 리스트에 미국이 들어가 있는 것은 흥미롭다는 데 동의해야 할 것이다. 오랫동안 이 리스트에서 최고의 순위를 차지하던 남아프리카공화국은 아파르트헤이트의 종식 이후 15위로 떨어졌다.

이 리스트에서 두 번째 자리를 차지하고 있는 중국을 좀 더 자세히 살펴보자. 죄수 150만 명은 '공식적인' 수치에 불과하다. 중국 인권운동가 해리 우(Harry Wu)는 중국에는 일반 범죄자와 정치범을 포함해서 1천 600만에서 2천만 명 정도의 죄수가 있을 것이라고 추산하고 있다.

거의 모든 선진국들을 포함한 대부분의 나라는 수감률이 미국보다 훨씬 더 낮다. 미국의 수감자 수가 늘어나는 것을 강제 양형법이나 마약과의 전쟁 같은 것을 가리키며 설명하려고 할 수도 있지만, 그것은 "미국의 범죄가 다른 모든 곳의 범죄보다 정말로 그렇게 더 나쁜 범죄인가?"라는 질문을 회피하는 것이다.

반드시 그렇지는 않다. 영국과 비교해보는 것이 도움이 된다. 강도, 폭행, 차량 절도의 범죄율은 현재 미국보다 영국에서 더 높다. 폭력범죄 발생률은 미국이 여전히 훨씬 더 높지만, 그 격차가 좁혀졌다. 미국의 법 제도를 옹호하는 사람들은 이렇게 말할 것이다. 물론이다! 우리는 나쁜 놈들을 더 많이 교도소에 처넣는다! 시민의 자유를 옹호하는 사람들은 대단히 많은 소수집단의 사람들이 투옥되지만 그 중에는 마리화나 소지와 같은 경범죄로 투옥되는 자가 많다는 점을 지적한다. 그런데 죄수(수감자)가 많아지면 범죄가 줄어드는가?

| 어휘 |

roughly ad. 대략 **behind bars** 수감된 **round out** 완성하다 **apartheid** n. 아파르트헤이트(남아프리카공화국의 악명 높은 인종차별 정책) **official** a. 공식적인 **human rights activist** 인권운동가 **political prisoner** 정치범 **peer** n. 동료 **mandatory** a. 필수의 **mandatory sentencing law** 강제 양형법 **war on drugs** 마약과의 전쟁 **burglary** n. 강도질, 주거침입죄 **assault** n. 폭행 **minority** n. (한 사회·국가 내의) 소수집단

27 부분이해 ②

| 분석 |

'star performer'라는 말은 운동에서는 '최우수 선수', 연예계에서는 '최고의 스타'라는 말이므로, 본문에서는 아파르트헤이트가 있을 당시에 남아프리카공화국이 매우 많은 사람을 감옥에 가두었다는 뜻으로 이해할 수 있다.

남아프리카공화국을 '오랫동안 최고의 순위를 보여준 국가'라고 부른 것은 무엇을 의미하는가?
① 남아프리카공화국의 수감률이 정확했다.
② 남아프리카공화국의 수감률이 높았다.
③ 저자는 남아프리카공화국의 범죄율 통제 능력을 확신하고 있다.
④ 저자는 남아프리카공화국의 수감률을 믿지 않는다.

28 내용파악 ③

| 분석 |

저자는 150만 명을 '공식적인' 수치라고 말하고, 인권운동가의 말을 인용하며 그보다 10배는 더 많은 사람이 갇혀 있는 것으로 추산한다고 소개하고 있다. 따라서 이 수치는 '분명치 않은, 불확실한' 수치이다.

저자가 "죄수 150만 명은 '공식적인' 수치에 불과하다"라는 문장을 선택한 것은 150만이라는 숫자가 어떻다는 것을 암시하고 있는가?
① 정확하다
② 합법적이다
③ 불확실하다
④ 적당/충분하다

29 내용파악 ④

| 분석 |

미국의 수감률이 높은 이유로 여러 가지가 나와 있지만, 범죄자를 찾는 데 더 훌륭한 방법들을 동원하고 있다는 설명은 없다. 나머지는 모두 세 번째와 네 번째 문단에서 찾을 수 있다.

이 글의 저자에 따르면, 미국의 높은 수감률을 설명할 수 없는 것은?
① 강제 양형법
② 마약과의 전쟁
③ 다른 나라보다 더 높은 범죄율
④ 범죄자를 찾는 더 나은 방법들

30~31

사회적 책임을 위한 의사협회의 주장을 그대로 반영하여, 한 유명 대주교 관구는 핵전쟁에 대비하는 방법을 가르치는 연방 민방위 프로그램에 참여하기를 거부했다. 그들은

"혹시라도 핵폭발이 있으면, 특히 그 열기를 느끼면, 찾을 수 있는 가장 좋은 장소에 즉시 숨어라. 은폐물을 찾을 수 없다면, 그냥 땅에 누워 몸을 웅크려라"라고 권고하는 교사와 학생들을 위한 지침에 반대했다. 이 반대는 어떤 특정한 제안을 겨냥한 것이 아니라, 그 기저에 깔려있는 무언의 가정, 즉, 핵전쟁에서 살아남을 수 있다는 가정을 겨냥하고 있다. 위원회의 말을 빌면 "아이들에게 핵전쟁은 살아남을 수 있는 재난이라고 가르치는 것은 핵전쟁이 받아들일 수 있는 정치적·도덕적 선택이라고 가르치는 것이다"라는 것이다.

| 어휘 |

echo v. 흉내 내다, 되풀이하다, 반영하다 prominent a. 저명한 archdiocese n. 대주교의 관구 civil defense 민방위 nuclear flash 핵폭발 take cover 은폐[엄폐]하다 curl up 몸을 웅크리다 level at 겨냥하다 underlying a. 근본적인 option n. 선택 promptly ad. 빨리 break out 발발하다

30 글의 요지 ③

| 분석 |

본문 중의 대주교 관구가 민방위 프로그램을 거부하는 이유는 그 프로그램에서 핵전쟁이 살아남을 수 있는 선택이라고 가르치기 때문이다. 핵전쟁은 살아남을 수 있는 전쟁이 아니므로, 어떤 경우에도 선택하지 말아야 한다는 것이 이 글의 요지이다.

다음 중 이 글의 요지를 가장 잘 반영하고 있는 것은?
① 학교는 핵전쟁에서의 행동 요령을 가르쳐야 한다.
② 그 대주교 관구는 사회적 책임을 위한 의사협회의 주장에 반대했다.
③ 어떤 경우에도 핵전쟁은 피해야 한다.
④ 일단 핵전쟁이 일어나면 신속하게 반응하는 것이 중요하다.

31 빈칸완성 ④

| 분석 |

마지막 인용문은 is 앞뒤로 that절의 주어까지가 같으므로 술부도 같아야 한다. 핵전쟁에서 살아남을 수 있다면 핵전쟁의 희생보다 더 큰 이익을 위해서는 핵전쟁을 선택할 수도 있다는 말이므로 '받아들일 수 있는'이라는 ④가 적절하다.

빈칸에 들어가기에 가장 적절한 단어를 고르시오.
① 근면한
② 공격하는
③ 시대에 뒤진
④ 받아들일 수 있는

32~33

폴 디랙(Paul Dirac)은 20세기 가장 위대한 물리학자 중 하나였다. 우리가 사는 현대 세계의 모습을 결정지은 양자 이론의 선구자인 그는 분석적인 사고의 천재였다. 그러나 그의 동료들이 조언을 요청했을 때, 그가 말한 성공 비결은 전통적인 과학적 방법과는 아무런 관련이 없었다. 그는 그들에게 "너의 감정에 따르라"고 말했던 것이다.

지난 10년 사이에 과학자들은 정확히 어떻게 감정과 이성이 함께 작용하는지를 이해하기 시작했다. 핵심적인 통찰은 정신이 어떠한 정보를 처리하기 전에 그 정보가 먼저 선택되고 평가되어야 한다는 것이다. 바로 그 부분(정보의 선택과 평가)에서 감정은 지배적인 역할을 한다. 두려움, 혐오, 분노와 같은 각각의 감정은 어떤 특정한 감각 자료, 기억, 지식, 믿음이 사고 과정에서 강조되고 다른 것들은 경시되도록 만든다.

| 어휘 |

physicist n. 물리학자 when it comes to ~에 관해서 have nothing to do with ~와 아무 관련이 없다 evaluate v. 평가하다 dominant a. 지배적인 disgust n. 혐오 downplay v. 경시하다, 무시하다 beneficial a. 유익한 discredit v. 의심하다 governor n. 주지사 rationality n. 이성, 합리성 pedant n. 아는 척하는 사람, 현학자(衒學者) founder n. 설립자

32 내용추론 ①

| 분석 |

폴 디랙은 "감정에 따르라"라며 감정의 중요성을 강조한 물리학자였다. 따라서 ①을 추론할 수 없다. ④ 전통적인 과학적 방법은 감정을 따르지 않는다고 했다.

다음 중 이 글에서 가장 추론하기 힘든 것은?
① 감정적이라는 것은 물리학자에게는 이상적인 특징이 아니다.
② 감정은 과학적 추구에 도움이 될 수 있다.
③ 훌륭한 물리학자는 감정이 결정을 이끌도록 마음 편히 내버려 둔다.
④ 전통적인 과학적 방법은 감정을 믿지 않는 경향이 있다.

33 빈칸완성 ②

| 분석 |

위대한 물리학자라고 했으므로 Ⓐ에는 양자 이론의 '선구자' 정도가 잘 어울린다. pedant는 '잘난 척하는 사람'이라는 부정적인 뉘앙스의 낱말이므로 쓸 수 없고, founder는 '~을 세운 사람'이라는 의미이므로 뒤에는 전치사 in이 아니라 of가 와야 한

다. ⓑ는 뒤에 mind가 나오므로 mind가 담당하는 작용인 '이성'이 들어가면, '이성과 감정'이 잘 어울린다. rationality는 reason과 같은 말이다.

> 34~36

동물을 좋아하는 사람들은 현재 미국 문화에서 흔히 비정상적인 사람으로 여겨진다. 동물운동가들은 지나치게 열정적인 사람으로, 인간을 혐오하는 사람으로, 심지어는 테러리스트로 간주되며, 반면에 채식주의자와 비건은 음식에 묘한 태도를 보이고, 히스테리를 부리고, 감상적이거나, 신경과민인 사람들로 종종 여겨진다. 심지어 비건 푸드는 '괴상한' 음식이 되고, 고기에 대한 대체음식은 종종 실험실 혹은 과학 실험물로 묘사된다. 많은 동물성 단백질 대체음식이 전통적으로 미국적인 것이 아니기 때문에 이러한 음식을 괴상하다거나 부자연스러운 것으로 주변화하는 것은 미국의 정체성을 강화하고('진짜' 미국인은 진짜 고기를 먹는다), 타자(他者)를 추방하는 쪽으로 작용한다. 하지만, 동물을 먹지 않는 사람들의 비정상성을 가장 잘 보여주는 것은 아마도 인기 있는 비건 팟캐스트(인터넷방송)와 책의 이름인 『비건 괴물』일 것이다. 이 제목은 많은 비건이 자신들이 주류 문화에서 어떻게 인식되고 있다고 느끼는지를 잘 나타내는 것이다.

| 어휘 |

overly ad. 지나치게 **zealous** a. 열심인 **vegetarian** n. 채식주의자 **vegan** n. 철저한 채식주의자 **spacey** a. 기묘한 **hysterical** a. 히스테리를 부리는 **neurotic** a. 신경과민의 **freaked** a. 괴상한 **protein** n. 단백질 **alternative** n. 대안, 선택 가능한 것 **marginalization** n. 주변화, 무시 **weird** a. 이상한 **solidify** v. 강화하다 **mainstream culture** 주류 문화 **component** n. 요소 **ornament** n. 장식 **ostracize** v. 추방하다, 따돌리다 **ossify** v. 경화시키다

34 빈칸완성 ①

| 분석 |

비건은 고기를 먹지 않으므로, '고기에 대한 대체물'이란 의미를 만드는 ①이 정답으로 적절하다.

35 빈칸완성 ①

| 분석 |

고기 대체음식을 주변화(marginalization)하는 것은 고기를 먹는 대다수 미국인들의 '고기를 먹는다'는 정체성을 강화시키고 고기를 먹지 않는 타자를 배척하는 것이므로 빈칸에는 '추방하다'는 뜻의 ostracize가 적절하다.

36 내용추론 ④

| 분석 |

마지막 두 문장에서 비건들은 주류 문화에 의해 자신들이 '괴물' 취급을 당하고 있다고 느끼고 있다고 하였다. 이를 가장 잘 나타낸 것이 ④이다.

이 글에서 추론할 수 있는 것은?
① 비건은 동물운동가와 같다.
② 비건은 채식주의자보다 더 많이 비판받는다.
③ 고기를 먹는 것이 더 흔하다.
④ 비건은 사회에서 차별받는다고 느끼고 있다.

37 논리완성 ①

| 분석 |

Ⓐ에는 앞의 poverty와 비슷한 의미의 privation(궁핍)이 적절하고, Ⓑ의 목적어가 관계절의 선행사인 '바로 그 상태(질병을 옮기는 곤충이 많은 상태)'를 가리키므로 Ⓑ에는 curb(억제하다)가 적절하다. 따라서 정답은 ①이다.

| 어휘 |

sanitation n. 위생 **natural disaster** 자연재해 **sobering** a. 진지한, 심각한 **curb** v. 억제하다 **privation** n. 궁핍, 고난 **culpability** n. 유죄 **suppress** v. 억압하다 **frugality** n. 검약 **fumble** v. 더듬어 찾다 **reparation** n. 보상, 배상 **hamper** v. 방해하다

| 해석 |

특히 자연재해나 전쟁이 있을 때 극도로 가난하고 궁핍한 상황에서처럼 열악한 위생 상태 하에서 인간들이 함께 북적거리는 곳에서는 질병을 옮기는 곤충이 중요해진다. 그때는 모종의 억제가 필요해진다. 하지만 대규모의 화학적인 억제 방법은 제한적인 성공만을 거두어왔고 그 방법이 억제하려 했던 바로 그 상태를 악화시킬 위험도 있다는 것은 심각한 사실이다.

38 논리완성 ②

| 분석 |

exploit라는 낱말이 핵심이다. '업적, 공훈'이라는 이 낱말은 '당연히 칭찬받아야 할 행동'이라는 의미를 내포하고 있으므로 Ⓐ에는 celebrated(찬양했다)가 적절하다. Ⓑ의 경우 such exploits가 앞 절의 permanent flight인데 but으로 연결되므로 뒷 절은 앞 절과 반대로 부정적인 의미여야 한다. 그런데 rarely라는 부정의 부사가 있으므로 feasible(실행 가능한)이나 possible(가능한)이 적절하다.

| 어휘 |

overt a. 공공연한 **runaway** n. 도망자 **flight** n. 도주 **exploit** n. 업적 **contemptible** a. 경멸할 만한 **feasible** a. 실행 가능한 **redoubtable** a. 무시무시한 **incite** v. 자극하다

| 해석 |

도망은 노예들이 행하는 가장 흔한 형태의 공공연한 저항이었다. 도망자들의 자서전은 캐나다나 미 북부로의 영구적인 도주를 찬양했지만, 그러한 업적은 좀처럼 실행 가능하지 않았다.

39 논리완성 ①

| 분석 |

that 관계절이 긍정적인 내용이므로 protests를 목적어로 취하는 동사도 긍정적인 의미여야 하는데, '(시위를) 행하다'는 동사로 Ⓐ에는 staged가 적절하다. wage는 주로 '전쟁'을 목적어로 취한다. Ⓑ에는 여러 단체의 '연합'이나 '제휴'라는 의미로 coalition이 적절하다.

| 어휘 |

alliance n. 동맹 **Chicano** n. 멕시코계 미국인 **stage** v. 시위하다, 파업하다 **coalition** n. 연립, 제휴 **wage** v. 전쟁을 일으키다, 평화를 유지하다 **procession** n. 행렬 **supplant** v. 대신하다

| 해석 |

흑인 학생 연합은 정기적으로 시위를 벌였으며, 이런 시위가 아시아 동맹과 혁명 연구단과 멕시코계 학생 연합을 포함한 폭넓은 제휴를 결성했다.

40 내용일치 ①

| 분석 |

이민자들이 구세계를 버리고 신세계로 올 수밖에 없었던 이유를 말하고 있다. 방종에서 벗어나기 위해 탈주하는 때도 있었지만 종교적이 아닌 (정치적인) 이유에서는 억압과 제한을 벗어나기 위해서 신세계를 택했다고 했다. 특히 마지막 문장에서 이들은 구세계에서 가난하고, 감옥에 갇히고, 추방되고, 죽음의 위협을 받았던 사람들이라고 했다. underprivileged(불우한, 소외계층의)는 '가난한'의 완곡한 표현이다. ③ 방종에서 제한으로의 탈주도 있었다. ④ 이민자들이 죽임을 당하는 경우는 드물지 않았다고 했지, 반드시 처형되었다는 말은 아니다.

| 어휘 |

flight n. 도주, 탈주, 탈출 **oppression** n. 억압 **limitation** n. 규제 **license** n. 방종 **permissive** a. 관대한 **ungodly** a. 신앙심이 없는 **undisciplined** a. 규율이 없는 **constraint** n. 구속 **impel** v. 강제하다 **devout** a. 독실한 **take place** 일어나다 **execute** v. 처형하다

| 해석 |

구세계에서 신세계로의 탈주는 일반적으로 억압과 제한으로부터 자유와 가능성으로의 탈주인 것으로 간주된다. 사실 이 탈주가 때로는 방종으로부터의 — 받아들일 수 없을 정도로 관대하고, 신앙심 없고, 규율도 없어 보이는 사회로부터의 — 탈주이기도 했지만, 종교적인 이유가 아닌 다른 이유로 탈주하는 사람들에게는, 구속과 제한이 탈주를 강제하였다. (신세계로) 이주해 들어온 이 사람들에게 구세계가 제공했던 것은 가난, 투옥, 사회적 추방, 그리고 드물지 않게 죽음이 전부였다.

이 글의 내용과 가장 일치하는 진술을 고르시오.
① 이민자들은 구세계에서 소외계층 사람들이었다.
② 가장 큰 이민자 집단은 독실한 신앙인들로 구성되었다.
③ 이민은 한 방향으로만 이루어졌다.
④ 이민자들이 탈주하지 않았더라면 구세계에서 처형되었을 것이다.

SOGANG UNIVERSITY | 2021학년도 일반 · 학사편입 1차

TEST p. 130~144

01	①	02	④	03	④	04	②	05	④	06	②	07	④	08	①	09	①	10	③
11	③	12	②	13	④	14	①	15	①	16	④	17	②	18	③	19	④	20	③
21	①	22	④	23	②	24	②	25	②	26	④	27	④	28	③	29	③	30	②
31	④	32	③	33	④	34	①	35	④	36	③	37	①	38	③	39	①	40	②

01 동의어   ①

| 분석 |

umbrage에 '분노'라는 의미가 있지만, 명사이다. 명사에 –ed를 붙여 형용사를 만들 수는 있지만, ~ing를 붙여 형용사를 만들지는 않는다.

| 어휘 |

coup n. 쿠데타   **outgoing** a. (책임 있는 자리를) 떠나는[물러나는]; 사교적인 **apoplectic** a. (화가 나서) 흥분한(= livid 격노한, 납빛의)   **deadlocked** a. 막다른 상황에 부닥친   **umbrage** n. 불쾌함, 분노   **agoraphobic** a. 광장공포증의

| 해석 |

실패로 끝난 그 쿠데타는 퇴임하는 대통령을 몹시 화나게 했다.

02 동의어   ④

| 어휘 |

stilted a. 뽐내는, 과장된(= pompous)   **outdated** a. 낡은, 구식의, 시대에 뒤진   **austere** a. 엄격한, 금욕적인   **eponymous** a. (작품 속 인물이) 작품명과 동일한 이름의

| 해석 |

지금은 많은 사람들이 러스킨(Ruskin)의 몇몇 시구(詩句)를 과장된 것으로 여길 것이다.

03 동의어   ④

| 어휘 |

polemical a. 논쟁적인(= disputatious)   **unctuous** a. 매끄러운; 상냥한   **plenipotentiary** a. 전권을 부여받은, 절대적인   **metonymic** a. 환유적(換喩的)인

| 해석 |

그는 말했다. "저는 논쟁적인 글은 싫어합니다."

04 동의어   ②

| 어휘 |

meticulously ad. 꼼꼼하게   **chronicle** v. 기록에 남기다, 열거하다(= recount)   **fall** n. 멸망   **ephemeralize** v. 단축하다   **diarize** v. 일기에 쓰다   **ingerminate** v. 싹트게 하다

| 해석 |

그 그림들은 로마제국의 멸망에 대해 꼼꼼히 열거하고 있다.

05 논리완성   ④

| 분석 |

물건이 잘 팔리기 위해서는 판매대상에게 선전하고 권하는 일이 선행되어야 할 것이다. 따라서 ④가 빈칸에 적절하다.

| 어휘 |

naïve a. 잘 속는, 순진한   **tap** v. 가볍게 두드리다   **tilt** v. 기울이다, 공격하다   **toss** v. 가볍게 던져 올리다   **tout** v. 끈덕지게 권하다, 극구 칭찬[선전]하다

| 해석 |

이것은 순진한 사람들에게 끈덕지게 권해져서 매우 잘 팔리고 있는 수백 개의 그런 장치들 가운데 하나일 뿐이다.

06 논리완성 ②

| 분석 |
사람들이 boom(호황)과 bust(불황)가 교차하는 격동의 시기를 살아가면 때로는 엄청난 열정이 솟아나기도 하고 때로는 엄청난 좌절에 빠지기도 할 것이다. 이에 따라 과도한 에너지가 생성되고 소멸될 것이므로, 사람들의 과도한 에너지가 그 시기의 특징이 될 것이다. 따라서 빈칸에는 ②가 적절하다.

| 어휘 |
overwrought a. 과도한, 잔뜩 긴장한   boom n. 호황   bust n. 불황   synthesize v. 종합하다   characterize v. ~의 특색을 이루다, 특징 지우다; ~의 성격을 나타내다   essentialize v. ~의 본질을 나타내다; ~의 요점을 말하다   protagonize v. 주인공으로 만들다

| 해석 |
이 소설들에는 역사상 경기가 급변하는 격동의 시기의 특징이라 할 수 있는 종류의 과도한 에너지가 두드러졌다.

07 적절한 품사 ④

| 분석 |
core는 형용사이고, 그다음에 전치사 of가 제시돼 있으므로 ④는 명사 purpose여야 한다.

| 어휘 |
surveillance n. 감시   commodification n. 상품화, 상업화

| 해석 |
감시 자본주의는 이윤 창출이라는 핵심적인 목적을 가지고 개인 정보를 상품화하는 것을 중심으로 한 경제 체제이다.

08 접속사 구문 / 분사구문 ①

| 분석 |
접속사 while이 있는 분사구문에서는 while driving to work(차를 몰고 출근을 하다가)처럼 의미상의 주어가 주절의 주어와 일치해서 없는 것이 원칙이다. 주절의 주어와 다른 의미상의 주어가 있다면 차라리 be동사를 사용하여 절로 표현해야 한다. 즉 ①이 while the statue was still standing으로 되어야 한다. 분사구문으로 쓰려면 ①을 전치사 with를 사용하여 with the statue still standing으로 고쳐야 한다.

| 어휘 |
statue n. 동상, 조각상   entanglement n. (pl.) 〈군사〉 철조망; 장애물   barbed wire 가시철사   take heart 힘내다

| 해석 |
그러나 동상이 아직도 서있는 가운데, 가시철조망에 둘러싸인 가운데서 병사들은 힘을 내었고, 희망을 완전히 버리기를 거부했다.

09 적절한 동사 ①

| 분석 |
'어려운 문제를 제기하다'는 pose a dilemma이다. ①의 posted를 posed로 바꾼다.

| 어휘 |
refugee n. 난민   foster v. 조장하다   ethics n. 윤리학; 윤리, 도덕   steer v. 방향을 조정하다   quota n. 할당, 할당량, 할당액

| 해석 |
난민들은 유럽연합 회원국 사이에 많은 갈등을 낳았기 때문에 비극적인 난제였다. 해결해야 할 과제는 (각국의 난민 수용) 할당량을 조정하기 위해 '책임의 윤리'를 세우는 것이었다.

10 비교급 병치 ③

| 분석 |
placing 다음은 '목적어+on 명사'가 병치된 구조이다. 앞에서 more stress로 비교급을 썼으므로, 뒷 부분도 동일한 형태가 되도록 ③의 little을 비교급인 less로 고쳐야 한다.

| 어휘 |
sanguine a. 낙관적인   place stress on ~을 강조하다   potential n. 잠재력   sinister a. 불길한, 사악한   lurk v. 잠복하다   recess of the mind 마음속 깊은 곳

| 해석 |
에이브러햄 매슬로우(Abraham Maslow)의 심리학은 많은 인본주의 심리학파들 중 하나이다. 인본주의 심리학파들은 인간이 처한 상황을 낙관적으로 보며, 인간의 성취 잠재력은 더 많이 강조하고, 마음속 깊은 곳에 숨어 있는 사악한 힘은 덜 강조한다.

11 논리완성 ③

| 분석 |
'~와 같은'이라는 의미의 such as는 예를 드는 것이므로, 앞에 있는 mechanism의 동의어가 Ⓐ에 적절하다. 농공업 독점기업의 출현을 막기 위해서는 농업용 살충제에 대한 통제가 필요할 것이므로, Ⓑ에는 '규제'가 적절하다.

| 어휘 |

legal a. 법률의; 합법의 **regulatory** a. 규제하는, 조절하는, 단속하는 **agro-industrial** a. 농공용의; 농업 관련 산업의 **pesticide** n. 농약 **monopoly** n. 독점 **reformation** n. 개혁, 개정 **retardation** n. 지연, 방해 **profligacy** n. 방탕 **fiscalism** n. 재정주의, 재정중심 경제정책 **red-flagging** n. 경고신호 **framework** n. 구조, 체제, 틀 **schematic** n. 개략도

| 해석 |

농공업 독점기업의 출현을 예방하는 법률적, 규제적 틀과 같은 많은 제도적 장치들이 있다. 여기에는 농업용 살충제 규제도 포함된다.

12 논리완성 ②

| 분석 |

대기는 우주에서 오는 천체의 빛을 약화시키는데, 이때 약화시킨다는 것은 빛 입자들의 농도를 묽게 하여 약하게 한다는 것이므로 Ⓐ에는 attenuate가 적절하다. 마지막 부분에서 '이제까지 개발된 최고의 장비'라 했으므로 Ⓑ에는 긍정적인 의미의 boon이 적절하다.

| 어휘 |

observation n. 관찰, 관측 **orbit** n. 궤도 **celestial** a. 하늘의 **gaze** n. 응시, 주시 **mitigate** v. (고통을) 완화시키다 **canard** n. 뜬소문 **attenuate** v. 약하게 만들다 **boon** n. 혜택 **debilitate** v. (사람을) 쇠약하게 하다 **sinecure** n. 한직(閑職) **obliterate** v. 지우다, 없애다 **tenet** n. 주의, 교리

| 해석 |

지구 궤도를 돌고 있어서 지구의 대기가 우주에서 오는 빛을 약화시키지 않는 관찰을 제공하는 허블 우주 망원경은 천문학자들에게 축복이었다. 그것은 이제까지 개발된 최고의 천문학 장비 가운데 하나로, 우주를 볼 수 있는 인류의 능력을 10배나 향상시켜 주었다.

13 논리완성 ④

| 분석 |

첫 문장에서 어려운 시절이 시작되었다고 했으니, 다음 문장은 강한 문화가 약해진 것이어야 하므로 Ⓐ에는 '강함'을 나타내는 vibrant가 적절하고, Ⓑ에는 '약해짐'을 의미하는 diminished가 적절하다. 그리고 이런 국력 약화는 이탈리아의 강한 경제가 다른 나라 사람들에 의해 대체되는 것이므로 Ⓒ에는 supplanted가 적절하다.

| 어휘 |

set in 시작하다 **burgher** n. 공민, 시민 **underestimate** v. 과소평가하다 **polarize** v. 양극화되다, 양극화를 초래하다 **asymmetrical** a. 불균형의; 비대칭의 **dysfunctional** a. 기능장애의 **festoon** v. 꽃줄로 잇다, 꽃줄로 꾸미다 **overdetermined** a. 신념이 너무나 굳은 **valorize** v. 가격을 정하다, 물가를 안정시키다 **vibrant** a. 활력이 넘치는 **diminish** v. 줄이다, 감소시키다 **supplant** v. 밀어내다

| 해석 |

그러다가, 어려운 시절이 시작되었다. 바로크 시대의 이탈리아, 전간기(1차 세계대전과 2차 세계대전 사이)의 유럽과 같이 활력이 넘치던 문화가 어떻게 그렇듯 급격하게 쇠퇴할 수 있었을까? 이탈리아의 경제적 지배력은 처음에는 네덜란드 출신의 자본가 시민들에 의해, 그다음에는 영국의 기업가들에 의해 대체되었다.

14 논리완성 ①

| 분석 |

Ⓐ에는 'as opposed to'가 앞에 있으므로 free와 반대되는 '기계적인'이라는 의미의 rote나 mechanical이 적절하고, Ⓑ에는 뒤의 give rise to a certain taste(어떤 취향을 발생시킨다)가 밖으로 드러난 결과에 해당하고 이 결과의 원인된 것은 내면의 기저에 깔려 있는 것을 말하므로 underlies가 적절하고, 감수성은 취향의 논리라고 했는데 논리라면 체계와 증거가 있어 말로 나타낼 수 있어야 하지만, 취향의 경우는 체계와 증거가 없다고 했으니 말로 나타낼 수 없을 것이므로 Ⓒ에는 ineffable이 적절하다.

| 어휘 |

consistent a. 일관성 있는 **sensibility** n. 감각, 감수성 **give rise to** ~을 낳다 **rote** a. 기계적인 **underlie** v. 근거가 되다 **ineffable** a. 말로 나타낼 수 없는 **mechanical** a. 기계적인 **vitiate** v. 손상시키다 **insouciant** a. 무관심한 **interpose** v. 삽입하다 **intrinsic** a. 고유한, 본질적인 **impromptu** a. 즉석의 **incandescent** a. 백열의

| 해석 |

취향은 모든, 기계적인 것에 반대되는, 자유로운 인간 반응을 지배한다. 취향은 체계도 없고, 증거도 없다. 하지만 취향의 논리 같은 것이 있다. 그것은 인간 내면의 기저에 깔려있어서 어떤 취향을 발생시키는 일관성 있는 감수성이다. 감수성은 완전히는 아니지만 거의 말로 나타낼 수 없다.

15 논리완성 ③

| 분석 |

cloying이나 clueless 때문에 Ⓐ에는 부정적인 의미의 단어가

필요한데, 그것이 미국 대중음악을 가리키는 것이므로 cumbersome(귀찮은)은 어울리지 않고 hidebound(편협한)가 적절하다. ⓑ에는 hidebound (편협한)와 반대되는 '새로움, 독창성'이라는 취지의 단어가 필요하므로 orthodox를 제외하고는 모두가 적절하다. 그리고 다음에 유행할 이런 '새로운 음악'에 대한 의견이 갑자기 일시적으로 일치되면, 그런 음악이 나올 수 있는 이제껏 무시해온 변두리 지역이 갑자기 인기를 끌게 되고 사람들이 취재를 하거나, 음반 사업을 추진하려고 몰려들게 된다는 내용이므로 ⓒ에는 consensus about이 적절하다.

| 어휘 |

cloy v. 물리다, 질리다 **clueless** a. 멍청한 **momentary** a. 순간의, 일시적인 **big thing** 유행 **come out of nowhere** 갑자기 등장하다 **in the know** 잘 알고 있는 **crawl** v. 기어 다니다 **obscure** a. 모호한; 세상에 알려지지 않은 **locale** n. 장소 **obligate** v. 의무를 지우다 **orthodox** n. 정통파의 사람 **guarantee** n. 보증 **liberate** v. 해방시키다 **creativity** n. 창조성 **indifference** n. 무관심 **hidebound** a. 편협한 **originality** n. 독창성 **consensus** n. 합의 **cumbersome** a. 귀찮은 **novelty** n. 새로움 **contention** n. 논쟁

| 해석 |

지겨운 상업 라디오와 멍청한 레코드 회사 중역들에 의해 편협한 상태를 벗어나지 못하고 있는 미국 대중음악계는 문화 지도의 변두리에 있는 도시들에 자주 의지하여 그토록 바라마지 않는 독창성을 제공해왔다. 다음에 크게 유행할 음악이 무엇일까에 관한 일시적인 합의는, 마치 알고 있는 사람이나 들을 수 있게 누군가가 호각을 부는 것처럼, 갑자기 이루어지는 것 같고, 그러면, 갑자기 레코드 회사의 중역과 저널리스트들이 이전에는 보잘것없다고 무시했던 곳을 여기저기 뒤지고 다니게 된다.

16 논리완성   ②

| 분석 |

현직 대통령이 전임 대통령으로부터 물려받아 보존하고, 개선하고 싶어 하는 것이므로 ⓐ에는 legacy(유산)가 적절하고, 전임자와 후임자가 서로 비교되는 것은 사람을 죽이는 것(killing more people)이므로 ⓑ에는 '획책하다'라는 뜻의 orchestrated가 적절하고, 많은 사람을 죽인 결과는 악몽처럼 끔찍할 것이므로 ⓒ에는 nightmarish가 적절하다.

| 어휘 |

predecessor n. 전임자 **fester** v. 곪다 **preserve** v. 보전하다, 유지하다 **enhance** v. 향상시키다, 높이다 **methodology** n. 방법론 **optimize** v. 최적화하다 **mendacious** a. 거짓말하는 **legacy** n. 유산 **orchestrate** v. 획책하다 **nightmarish** a. 악몽 같은 **filibustery** a. 의사방해의 **exalt** v. 칭찬하다 **sublime** a. 장엄한; 숭고한 **diatribe** n. 통렬한 비난 **behoove** v. 당연하다

| 해석 |

이것은 현직 대통령이 기꺼이 보존하고 개선하고 싶어 하는 전임 대통령의 유산의 한 요소이다. 현 대통령은 임기 첫해에만 드론 공격으로 전임 대통령이 임기 8년 동안 획책한 것보다 더 많은 사람을 살해했다. 결과는 끔찍하며, 자명하다.

17 문장배열   ②

| 분석 |

전형적인 원인-결과 논리 구조이다. 어떠한 사건 또는 현상이 제시되고, 거기에 대한 사람들의 반응이 뒤따르고 있다. ⓒ 영국이 1차 세계대전에서 싸우고 있다. ⓓ 많은 사람이 죽거나 다쳤는데, 상황은 나아지지 않고 있었다. ⓐ 영국 전역에서, 몇몇 사람들 사이에서 비관적인 견해가 등장했다. ⓑ 결국 일반적인 사람들도 비관적인 견해를 갖게 되었다.

| 어휘 |

funerary a. 장례식의 **casualty** n. (pl.) 사상자 **stalemate** n. 막다른 교착상태

| 해석 |

ⓒ 1914년 12월 중순에 영국 지상군은 이미 5개월 넘게 대륙에서 싸우고 있었다.
ⓓ 사상자는 엄청났고, 전선도 자멸적인 교착상태에 이르고 있었다.
ⓐ 영국에서는 선출직 관리들의 공적인 말이 점점 어두워졌고, 어조는 장례식장 같았다.
ⓑ 점점 더 크게 놀라면서, 사람들은 이 전쟁이 끝도 없이 이어질 것임을 이해하기 시작했다.

18 문장배열   ③

| 분석 |

ⓓ에서 미국인들이 '인종'을 자연계의 의심할 수 없는 특징, 즉 당연한 것으로 믿는다고 한 다음, ⓒ에서 이런 생각을 확장해서 '인종차별주의'까지도 당연지사로 여긴다고 한 다음, ⓑ에서 인종이 인종차별주의를 낳는 것이라면 인종이 당연한 것이니 인종차별주의도 당연한 것이라고 주장할 수 있겠지만 사실은 반대라고 한 다음, ⓐ에서 미국 사람들이 인종차별주의의 시각을 갖고 있다 보니 인종적 요소(피부색과 모발)를 굉장한 것으로 잘못 인식하고 이런 인종적 요소에 기초해 사회를 조직하는 것을 정당한 것으로 보며 이런 잘못된 생각을 갖고 자라서 백인우월주의 믿음을 갖게 된다고 설명하는 것이 자연스러운 순서이다.

| 어휘 |

preeminence n. 탁월, 걸출 **hue** n. 색 **signify** v. 의미하다, 뜻하다 **attribute** n. 속성, 자질 **deceitfully** ad. 기만적으로

Mother Nature 대자연   **indubitable** a. 의심할 수 없는   **feature** n. 특징

| 해석 |
Ⓓ 미국인들은 '인종'의 실체를 자연 세계의 이미 규정되어 있는 명백한 특징으로 믿고 있다.
Ⓒ 이런 식으로 해서, 인종차별주의는 대자연의 아무 잘못 없는 딸로 간주된다.
Ⓑ 그러나 인종은 인종차별주의의 아버지가 아니라, 자식이다.
Ⓐ 피부색과 모발을 굉장한 것으로 보는 믿음, 이러한 요소들을 통해 사회를 올바르게 조직할 수 있고, 이러한 요소들이 더 깊은 속성을 의미한다는 생각, 이것이야말로 절망적으로, 비극적으로, 기만적으로 자라서 자신들은 백인이라고('다 같은 인간이라고'가 아니라) 믿게 된 새로운 사람들의 마음속에 자리 잡은 새로운 생각이다.

19 문장배열   ④

| 분석 |
우리 문명은 성공을 경험했다고 한 가장 일반적인 문장 Ⓒ가 먼저 오고, 성공적일수록 취약해진다고 문제점을 제기하는 Ⓑ가 이어진다. 취약해지는 이유가 성공한 우리가 성공조건을 저해하기 때문이라고 설명하는 Ⓐ가 뒤를 따르고, 그 결과로 현재의 불안정한 상황을 Ⓓ에서 제시하는 것이 자연스러운 순서이다.

| 어휘 |
undermine v. 잠식하다   **stability** n. 안정, 안정성   **vulnerable** a. 약점이 있는, 약한   **prosperity** n. 번영, 번창   **unprecedented** a. 유례없는

| 해석 |
Ⓒ 광범위한 번영이라는 측면에서 보자면, 우리 문명은 유례없는 성공을 경험했다.
Ⓑ 우리 문명이 강력하면 강력해질수록, 그것은 더더욱 취약해진다.
Ⓐ 너무나 성공하다 보니 우리에게 성공할 수 있게 만들어 주었던 조건들을 우리 스스로 저해하고 있기 때문이다.
Ⓓ 안정성은 물론, 심지어 전 지구적 규모의 지속적 생존마저도 이제는 더 이상 확실하지 않다.

20 문장배열   ③

| 분석 |
가장 일반적인 내용의 Ⓑ에서 시작해서, Ⓑ의 진술의 근거를 이야기한 Ⓐ, 그리고는 Ⓐ의 진술을 더 구체적으로 이야기하는 Ⓓ, 마지막으로 나폴레옹 전쟁을 세계 전쟁으로 만든 세계로 향한 나폴레옹의 야망을 언급한 Ⓒ로 이어지는 것이 자연스러운 순서이다.

| 어휘 |
ramification n. 파급효과, 영향   **in no sense** 어떤 의미에서도 아니다   **campaign** n. 전쟁

| 해석 |
Ⓑ 나폴레옹 전쟁은 절대로 유럽만의 사건은 아니었다.
Ⓐ 전 세계 사람이 관여했고, 전 세계적인 파급효과를 낳았다.
Ⓓ 나폴레옹 전쟁은 아프리카인들을 카리브해, 프랑스, 이탈리아, 러시아로 이주시켰다.
Ⓒ 그의 야망은 유럽 너머에 있었다. 그는 "나는 세상을 지배하고 싶다"라고 말했다고 기록되어 있다.

21 내용일치   ①

| 분석 |
아프리카는 보통 그려지는 것보다 (실제로는) 훨씬 더 길다고 했으므로, ①이 글의 내용과 일치하는 진술이다.

| 어휘 |
geography n. 지리, 지리학   **flawed** a. 결함[결점, 흠]이 있는   **sphere** n. 구체(球體), 구(球)   **distort** v. 왜곡시키다   **reminder** n. 생각나게 하는 것   **cape** n. 곶   **momentous** a. 중요한   **peruse** v. 숙독하다

| 해석 |
아프리카의 지리에 대한 세상 사람들의 생각에는 결함이 있다. 아프리카가 얼마나 큰지 알고 있는 사람이 거의 없다. 이것은 우리들 대부분이 표준 메르카토르 도법으로 만든 세계 지도를 이용하고 있기 때문이다. 다른 지도도 그렇지만, 이 지도 역시 구형을 평면에 그리다 보니 형태를 왜곡할 수밖에 없다. 아프리카는 보통 그려지는 것보다 (실제로는) 훨씬 더 길다. 이것은 희망봉을 도는 일이 얼마나 대단한 업적이었는지를 설명해주고, 세계 무역에 수에즈 운하의 중요성을 상기시켜 준다. 희망봉을 도는 일은 대단한 업적이었지만, 일단 그럴 필요가 없게 되자, 서유럽에서 인도까지의 바다 여행은 6천 마일이 단축되었다.

글의 내용과 일치하는 것은?
① 흔히 사용되는 지도를 들여다보는 사람들은 아마도 아프리카의 크기에 대해 왜곡된 생각을 하게 될 것이다.
② 아프리카의 크기는 심지어 21세기에도 아프리카가 여전히 경제적, 정치적으로 성장하고 있는 이유를 설명해 준다.
③ 아프리카를 돌아서 항해하는 일은 힘들었다. 아프리카는 평탄한 대륙이기 때문에 육로로 여행하는 편이 더 쉽다.
④ 선단을 항해하여 희망봉을 돌 수 있었던 초기 항해자들은 사실, 초기 자본주의의 영웅이었다.

22 내용일치   ③

| 분석 |

저자는 전자책이나 인터넷 등으로 글을 읽으면서 어른들은 주의력이 떨어지고, 아이들에게는 유추와 추론 도출 능력이 계발되지 않고 있다고 걱정하고 있다. 따라서 ③이 글의 내용과 일치한다. ① 독서를 포기하고 있는 것은 아니다.

| 어휘 |

pang n. 고민, 고통 **subtle** a. 미묘한 **immerse oneself in** ~에 몰두하다 **phantom limb** 환각지(幻覺肢): 절단된 팔·다리가 아직 그 자리에 있는 것처럼 느끼는 증상) **summon** v. 소환하다, 호출하다 **consolidate** v. 합치다, 강화하다 **reservoir** n. 저수지 **analogy** n. 유추 **inference** n. 추리, 추론

| 해석 |

화면과 디지털 기기를 통해 글을 읽을수록 주의의 질(質)이 어떻게 변했는지를 당신은 이미 알아차렸을 것이다. 한때 좋아했던 책을 집중하며 읽으려 할 때, 미묘한 무언가가 사라졌다는 고통을 느꼈을 수도 있다. 마치 환각지(幻覺肢)처럼 당신은 과거의 독자였던 당신을 기억하지만, 자신에게서 벗어나 그 작품 내부 공간으로 들어가며 느꼈던 기쁨으로 그 '주의력 깊었던 유령'(과거의 독자로서의 당신)을 다시는 소환할 수 없다. 어린이들의 경우는 더욱 어렵다. 아이들의 주의력이란 결코 지식의 저수지에서 견고해지지 않을 자극에 끊임없이 산만해지고 범람하기 때문이다. 이것은 책을 읽으면서 유추와 추론을 도출할 수 있는 아이들의 능력이 점점 계발되지 않는다는 의미이다.

글의 내용과 가장 일치하는 것은?
① 다른 종류의 자극을 더 좋아하는 젊은이들이 독서를 포기하고 있다는 것을 저자는 이해하고 있다.
② 저자는 독서에 대한 향수를 느끼고 있지만, 이제는 화면으로 책을 읽는 것이 모두에게 불가피하다는 사실을 이해하고 있다.
③ 저자는 머리를 사용하는 우리의 능력이 디지털 장비의 부정적인 영향을 받고 있다고 걱정하고 있다.
④ 저자는 아이들이 (디지털) 기술에 노출되는 것을 어른들이 더 적극적으로 규제해야 한다고 충고하고 있다.

23 내용추론   ②

| 분석 |

②를 제외한 모든 보기는 "모든 물건은 문화적으로 규정된다"는 글의 주제와 일치한다. ②는 탐욕의 재생산이라는 자본주의의 속성을 이야기하고 있다. 결혼반지, 책, 고층건물은 모두 물질적인 물건(객체, 대상)이지만 자본주의는 관념적 실체이므로 이 글의 내용 범위를 벗어난다.

| 어휘 |

embody v. 구현하다, 구체화하다 **in turn** 이번에는; 차례차례, 결국 **mediate** v. 매개하다 **immanent** a. 내재된

| 해석 |

물질적인 물건들은 그 물건들을 지닌 (실세계에) 구체적으로 존재하는 인간 주체와의 관련 속에서 힘과 의미를 획득하며, 인간 주체는 또한 물건들로 하여금 문화적(그리고/혹은 역사적)으로 규정된 사회적 가치를 지니는 일에 참여하게 만든다. 이런 의미에서, 물건은 사회적 형식이고, 사람들 사이에서 의미를 지닌다고 주장할 수 있다. 때때로 물건은 사회적 유대를 매개하는 수단이며, 물건들의 의미는 관계를 통해 생겨나고 물건들의 가치나 의미는 절대적이지도 않고 내재적이지도 않다. 물건을 지닌 인간 주체가 그렇듯이, 모든 물건은 역사적 특수성을 갖고 있다.

이 글을 읽고 가장 추론할 수 없는 진술은?
① 결혼반지는 물건이 의미를 전달하는 방식을 보여 주는 예이다.
② 자본주의는 우리를 길들여서 집에 물건을 가득 채울 수 있게 한다.
③ 책은 의미를 전달하는 물건이고, 독서는 사회적 형식이다.
④ 서울의 고층 건물들은 역사적으로 구체적인 의미를 가지는 물건들이다.

24~26

21세기 초 『가디언』지는 아프가니스탄과 같이 전쟁에 시달리는 나라에서는 사람들이 살기 위해 풀이라도 먹을 수밖에 없는 처지로 전락했다고 보도했다. 역사적으로 같은 시기에 영국과 유럽연합 일부에서는 소들에게 고기 기반 사료를 먹이고 있었다. 초선진국 세계의 농업 바이오테크 분야는 동물의 부산물로 만든 사료를 먹여 (소, 양, 돼지, 닭과 같은) 가축을 살찌움으로써 예기치 않게 동물끼리의 살육으로 나아갔다. 이러한 행동이 보다 더 일반적으로는 '광우병'이라고 알려진 우뇌해면증이라는 치명적인 질병의 원천인 것으로 나중에 진단되었는데, 이 병은 감염된 동물의 뇌 구조를 부식시켜 펄프로 만들어 버린다. 『가디언』지는 여기서 미친 것은 분명히 인간과 인간의 바이오테크 산업이라고 주장했다.

| 어휘 |

fodder n. 사료 **cannibalistic** a. 동족끼리 잡아먹는 **feed** n. 사료 **diagnose** v. 원인을 규명하다 **lethal** a. 치명적인 **bovine** a. 소의 **spongiform** a. 해면 모양의 **encephalopathy** n. 〈정신의학〉 뇌질환[장애] **corrode** v. 부식하다

24 내용파악 ②

| 분석 |

자본주의의 과도한 발전으로 인해 예기치 못했던 부작용이 발생하고 있다고 비판하는 글이다. '광우병'이 새로운 질병으로 그 부작용 중 하나이다.

21세기가 시작된 이후로 우리는 많은 새로운 바이러스와 질병의 등장을 목격하였다. 따라서, _____.
① 모든 패러다임이 변화할 때와 마찬가지로, '4차 산업혁명'의 시대에도, 초기 문제가 있기 마련이다
② 세계화된 환경의 많은 체계처럼, 극도의 효율성 추구로 인해 문제가 많은 부작용이 발생하고 있다
③ 농공업 분야에서 약품에 많은 투자를 하고 있으므로 우리로서는 걱정할 게 없다
④ 낡아빠진 지정학 체계를 무너뜨림으로써, 비슷한 그런 바이러스들이 쉽게 옮겨 다니지 못할 것이다

25 내용파악 ②

| 분석 |

'인간들이 생태계를 상품 생산에 적합한 전 지구적인 장치로 변형시켰다'라는 저자의 주장에서 '인간들'은 실제로는 효율적인 상품 생산을 위해 생태계의 질서를 파괴하는 초선진국들을 의미하며, 이로 인해 '광우병'이 발생한 것은 초선진국들이 미친 (비이성적인) 상태로 전락한 위기 상황을 의미하므로 결국 ②가 저자의 주장이라 할 수 있다.

저자는 더 나아가 인간들이 '생태계를 상품 생산에 적합한 전 지구적인 장치'로 변형시켰다고 주장한다. '광우병'이라는 맥락에서 볼 때, 저자의 주장은 다음 중 어느 것인가?
① 이러한 종류의 질병은 자본주의 역사의 당연한 한 부분이다.
② 소위 '초선진국 세계'는 위기에 처해 있을 수 있다.
③ 천연자원 도구화는 더 문명화된 사회를 가능하게 한다.
④ 우리는 소고기와 유제품의 생산율을 줄여야 한다.

26 빈칸완성 ④

| 분석 |

인간도 제대로 먹지 못하고 있는 상태에서, 동물에게 동물을 사료로 먹여서 결국 '미친 소 질병(광우병)'을 초래한 인간이 미친 것이라는 뜻으로 말한 것이므로 빈칸에는 ④가 적절하다. ① 열정 ② 다툼 ③ 소외

27~29

평상시에 멸종은 대단히 드물게 일어난다. 심지어 종 형성보다 더 드물고, 자연 멸종률이라 알려진 비율(속도)로 일어난다. 이 멸종률은 생물 집단에 따라 다르며, 흔히 100만 종년 당 멸종 수로 나타내진다. 가장 잘 연구된 집단인 포유류의 경우, 대략 100만 종년 당 0.25라고 추산된다. 이것은, 오늘날 세상에 5,500종의 포유류가 돌아다니고 있기 때문에, 자연 멸종률로는, 다시 한 번 개략적으로 말해, 7백 년에 한 종이 사라질 것으로 예상된다는 의미이다. 대량 멸종은 이와 다르다. 멀리서 조용히 사라지는 대신 와르르 엄청난 소리를 내며 멸종률이 치솟는다. 이를 주제로 하여 광범위하게 저술해온 영국 고생물학자 앤소니 핼럼(Anthony Hallam)과 폴 위그놀(Paul Wignall)은 대량 멸종을 '지질학적으로 미미한 시간 내에 세계 생물상(相)의 상당한 부분'을 사라지게 만드는 사건이라고 정의한다. 또 다른 전문가 데이비드 자브론스키(David Jablonski)는 대량 멸종을 급속히 일어나고 '전 세계적인 정도'로 일어나는 '엄청난 생물다양성 손실'이라고 특징짓는다. 고생물학자인 데이비드 라우프(David Raup)는 희생자의 관점으로 이 문제를 보려 했다. "종들은 대개의 경우 낮은 멸종 위기에 있다." 그러나 이 '비교적 안전한 상태 사이사이에 아주 더 위험한 상태가 드물게 끼어들게 된다.' 따라서 생명체의 역사는 '오랜 지루함이 아주 이따금씩 패닉으로 중단'되는 역사이다. 패닉이 일어나면, 한때 지배종이었던 집단 전체가 거의 마치 지구가 배역 교체를 한 것처럼 사라지거나 이차적 역할로 밀려날 수 있다. 이러한 대규모 멸종은 고생물학자들로 하여금 대량 멸종 — 소위 다섯 번의 대멸종 이외에 소규모 멸종도 많았다 — 이 일어나는 동안에는 일반적인 생존 법칙이 중단된다고 추측하게 했다.

| 어휘 |

extinction n. 멸종　**background extinction rate** 자연 멸종률　**speciation** n. 종 형성　**per million species-years** 100만 종년 당　**mammal** n. 포유류　**roughly** ad. 대충　**hum** n. 멀리서의 잡음　**spike** v. 급등하다　**paleontologist** n. 고생물학자　**biota** n. 생물상(相)　**punctuate** v. 중단시키다　**surmise** v. 추론[추측]하다　**Big Five** 다섯 번의 대멸종　**suspend** v. 중지하다, 중단하다　**inexorable** a. 냉혹한, 용서[가차]없는　**erratically** ad. 괴상하게, 변덕스럽게　**accidentally** ad. 우연히　**intractable** a. 고집 센, 아주 다루기 힘든　**consign** v. 놓다, 처하게 만들다　**relegate** v. 지위를 떨어뜨리다　**repose** v. 쉬다　**insubstantial** a. 중요하지 않은　**sporadically** ad. 간헐적으로

27 내용추론 ④

| 분석 |

다윈의 생존경쟁의 원리는 마지막에 언급된 '일반적인 생존법칙'과 관련된 것인데, 대량 멸종이 일어나는 동안에는 일반적인

생존법칙이 중단되는 것으로 고생물학자들은 추측했다고 했으므로, 다윈의 생존경쟁 원리는 멸종의 역사를 설명해줄 수 없다고 해야 할 것이다. 따라서 ④가 추론할 수 없는 것이다.

이글에서 가장 추론하기 힘든 내용은?
① 다섯 번의 대멸종은 생물의 다양성에 급격한 감소를 낳았다.
② 대량 멸종은 전 세계적으로 멸종이 일어나기 때문에 재난이다.
③ 개인이 포유류 한 종이 멸종하는 것을 목격할 가능성은 사실상 없다.
④ 다윈의 생존경쟁 원리는 멸종 과학의 역사를 설명해 준다.

28 빈칸완성 ③

| 분석 |

Ⓐ 대량 멸종은 짧은 시간 동안에 많은 종이 사라지는 것이니, '짧다'는 의미가 필요하다. 앞의 significant라는 낱말과 대구를 이루는 insignificant가 적절하다. Ⓑ 'long periods'가 되려면 중간에 끼어드는 패닉의 빈도가 드물어야 할 것이므로 occasionally가 적절하다. Ⓒ '지배적'이었다가 '이차적 역할'이 되는 것을 표현하는 단어로 relegated가 적절하다.

29 글의 저자 추론 ④

| 분석 |

고생물학을 소재로 한 글이지만 전문적인 글이 아니라 일반인들도 알아볼 수 있는 글이므로 ④가 적절하다.

이 글의 저자는 아마도 _____.
① 동료 심사를 받는 학술지에 글을 쓰고 있는 지질학과 교수이다
② 멸종의 역사에 대한 대학원 세미나를 위해 연구 논문을 요약하고 있는 대학원생이다
③ 전문 고생물 학술지에 기고하는 고생물학자이다
④ 과학에 관심을 가진 보통 사람들을 대상으로 한 잡지에 기고하는 전문적인 과학 저술가이다

30~32

복종은 사회생활의 구조에서 근본적인 요소이다. 어떤 권위적인 체계는 모든 공동체 생활에서 필수적이다. 오직 혼자 살아가는 사람만이 다른 사람들의 명령에 저항 혹은 복종 같은 반응을 하지 않아도 된다. 많은 사람에게 복종은 깊이 뿌리박힌 행동 성향으로, 윤리, 공감, 도덕적 행위를 훈련하는 것보다 우선하는 강력한 충동이다. 권위에 복종하는 것과 관련된 딜레마는 워낙 오래된 것인데, 그것은 양심에 어긋나는 명령에도 복종해야 하는가 하는 문제이고, 이 문제는 거의 모든 역사적 시기에서 철학적 분석의 대상이 되어왔다. 보수적인 철학자들은 불복종 때문에 사회 조직 자체가 위협을 받는다고 주장하고 있고, 인문학자들은 개인 양심의 우선성을 강조하고 있다.

| 어휘 |

obedience n. 복종; 순종 **fundamental** a. 근본적인, 중요한 **dwell** v. 거주하다 **defiance** n. 저항, 무시 **ingrained** a. 뿌리 깊은 **potent** a. 강력한, 유력한 **impulse** n. 자극; 충동 **override** v. 무효로 하다; ~에 우선하다 **inherent** a. 고유의, 타고난 **conscience** n. 양심 **conservative** a. 보수적인 **fabric** n. 조직 **oppression** n. 억압, 압제 **identity** n. 정체성 **morality** n. 도덕, 도덕성 **totalitarianism** n. 전체주의 **hegemony** n. 패권 **commonsense** n. 상식

30 글의 종류 ②

| 분석 |

첫 번째 문장에서부터 글쓴이가 사회이론가라고 짐작할 수 있다. 복종이라는 개념을 이해하기 위해 사회생활에서의 복종의 비중, 복종할 필요가 없는 사람은 누구일까, 복종 성향의 선천성, 복종과 양심의 문제 등을 생각해본 글이므로, ② 사회이론가의 사고 실험의 글이라 할 수 있다.

저자의 이 글은 _____.
① 위기 상황에서의 정치적인 연설이다
② 사회이론가의 사고 실험(개념을 이해하기 위해 머릿속으로 상상해보는 실험)이다
③ 심리학자가 새로운 고객에게 하는 선전의 말이다
④ 컴퓨터 프로그래머의 선언문이다

31 빈칸완성 ④

| 분석 |

and 이하에서 복종할 필요가 없는 사람을 설명하면서 '다른 사람들의 명령에'라고 했는데, 사회생활에서 정당한 명령은 권위에서 나오므로 Ⓐ에는 authority가 적절하고, Ⓑ에는 앞에서 impulse라고 했는데 충동은 선천적이기 때문에 반대로 후천적인 '교육, 훈련'이라는 의미의 training이 적절하다. Ⓒ에는 이어서 복종과 양심의 충돌을 다루므로 conscience가 적절하다.

32 내용추론 ③

| 분석 |

사회적인 규칙을 지키지 못한다고 해서 범죄행위가 되는 것이 아니라 사회적 규칙 중에 법(law)을 지키지 않아야 범죄행위가 되는 것이며 또 범죄성의 문제는 이 글의 내용 범위에서 벗어나므로 ③은 추론할 수 없다. ① 혼자 사는 사람이 아니면 권위에 반응을 보일 수밖에 없다고 하였다. ② 불복종하면 사회조직 자체가 위협받는다고 보수주의자들이 주장한 것은 사회조직의 변화나 개혁에 반대하는 반동적인 성격의 주장이며, 사람들에게는 기존의 체제가 붕괴나 변화에 대한 두려움이 있는데 보수주의 주장(논평)은 이를 이용하는 면이 있다. ④ 복종은 윤리, 공감, 도덕적 행위와 관련한 뿌리 깊은 성향이며 역사적, 정치적, 이념적 속속(보수냐 진보냐)에 따라 복종에 대한 태도나 견해가 달라지는 것이다.

이 글에서 가장 추론하기 힘든 것은?
① 우리가 묵종하든 나쁘게 행동(불복종)하든 간에, 우리는 모두 어느 정도는 사회적으로 프로그램화되어 있다.
② 보수주의의 논평은 반동적이며 사람들의 두려움을 이용하고 있다.
③ 범죄성은 단지 어떤 사람이 사회적으로 주어진 규칙을 준수하지 못하는 것이다.
④ 복종은 도덕적·윤리적인 문제일 뿐 아니라, 역사적·정치적·이데올로기적 문제이기도 하다.

33~35

한 나라의 문학의 내용은 그 문학이 그리고 있는 사회의 나이를 말해준다. 대충 추측해서 말해보자면, 젊은 사회에서는 활기 넘치고 소박한 문학이 생산되는데, 이것은 의식주와 같이 간단한 삶의 문제로 가득한 문학이다. 늙은 사회에서는 좀 더 복잡한 문학이 만들어진다. 이 문학 작품들은 과거의 소박한 삶에 대한 향수를 표현하기도 하고, 삶과 죽음과 같은 문제에 대한 깊은 고민을 담고 있기도 하고, 다른 나라 문학을 즐기는 사람들의 타락에 대해 즐겁게 혹은 역겹게 묘사하고 있기도 하다. 이러한 패턴은 유럽, 영국, 그리고 식민지화된 곳(미국, 캐나다, 오스트레일리아 등)인 소위 '신세계'의 표준적인 문학 작품들로 잘 보여줄 수 있다.

| 어휘 |
vigorous a. 활발한   **unsophisticated** a. 소박한   **saturated with** ~으로 가득 찬   **gusto** n. 즐김; 기쁨   **disgust** n. 혐오   **decadence** n. 타락   **revel** v. 마음껏 즐기다, 흥청대다   **canonical** a. 정전(正典)의, 표준적인   **dimension** n. 치수; 차원; 규모   **textuality** n. 축어적임   **plebiscite** n. 국민투표   **coordinate** n. 동등한 것   **mis-en-scene** n. 미장센(연극과 영화 등에서 연출가가 무대 위의 모든 시각적 요소들을 배열하는 작업)   **conservatism** n. 보수주의   **spatiality** n. 공간성   **aesthetics** n. 미학

33 글의 종류 ②

| 분석 |

한 나라의 문학의 내용과 그 사회의 연령을 연관시키고 있다. 그리고 표준적인 문학 작품들을 통해 그 패턴을 증명해 보이려 한다. 따라서 문학을 전공으로 한 학생의 학술적인 글로 보인다.

저자의 이 글은 _____.
① 보수적인 신문의 사설이다
② 대학원생의 학기말 논문이다
③ 아방가르드 예술가의 진술이다
④ 민족학자의 문화이론이다

34 내용추론 ①

| 분석 |

이 글이 디지털 시대의 독서 무용론이나 폐기론을 다룬 글이 아니므로 ①은 추론할 수 없다. ② 구 사회든 신 사회든, 문학의 내용은 다르지만, 문학표준(표준적인 문학작품)이 구성되는 방식은 그 사회의 문화와 무관하게 그 사회의 모습을 그려 보이는 방식인 점에서 유사하다. ③ 한국 사회는 늙은 사회이므로 간단한 옷이 아니라 복잡한 패션에 대해 쓴 작품이 가능할 것이다. ④ 사회에는 국가사회뿐 아니라 계층 사회도 있으므로 어떤 독자는 국가사회의 구분은 무시하여 자기나라 문학작품에 무관심할 수도 있다.

이 글에서 가장 추론하기 힘든 것은?
① 디지털 시대에서 독서는 '시대에 뒤진' 것이며, 우리는 이미 '탈독서' 시대에 접어들었다.
② '늙은' 나라든 '젊은' 나라든, (문학작품의) 표준은 문화와 관계없이 비슷하게 구성된다.
③ 한국 문학 작가는 옷을 소재로 한 글은 쓰지 않을 수도 있지만, 패션에 대해서는 쓸 수 있다.
④ 독서는 계층에 기초한 것일 수도 있어서, 일부 독자들은 자기나라의 기초(뿌리)가 되는 문학에 무관심하다.

35 빈칸완성 ①

| 분석 |

문학이 그려 보이는 사회의 모습이 문학의 내용이므로 Ⓐ에는 content가 적절하고 Ⓑ에는 다음의 콤마가 동격을 표현하고 있으므로, 뒤의 literature와 같은 literature가 적절하다. Ⓒ에는 동사 illustrate가 '예를 들어 설명하다'는 의미이고, 앞 문장에서 설명된 패턴은 실제 문학작품을 통해서 알 수 있는데, 문학 작품이 곧 예가 되는 것이므로 examples가 적절하다.

36~37

예일대학교의 경제학자 파브리지오 질리보티(Fabrizio Zilibotti)를 공저자로 한 새로운 연구에 따르면, 팬데믹(전 세계적 역병)과 관련한 학교 폐쇄는 저소득 지역 학생들의 학업 발전을 심각하게 손상시키는 반면에, 가장 부유한 지역의 학생들에게는 그다지 큰 해로운 영향을 미치지 않는다는 점에서 미국의 교육 불평등을 심화시키고 있다. 장기적인 학교 폐쇄가 고등학생들에게 어떤 영향을 미치는지를 양적인 모델을 사용하여 연구한 결과, 연구자들은 미국의 가장 가난한 20% 지역에 사는 아이들이 COVID-19 학교 폐쇄의 가장 부정적이며 가장 지속적인 효과를 경험한다는 사실을 발견했다. 예를 들어, 이 모델이 예측하는 바에 따르면, 비록 3년간의 정상적인 학교 교육이 뒤따른다고 하더라도 가장 가난한 지역의 학교가 1년 문을 닫게 되면, 9학년생의 졸업 후 수익 잠재력은 25% 감소한다. 이와는 반대로, 이 모델에 따르면, 가장 부유한 20% 지역에 사는 학생들에게는 눈에 띄는 감소가 없다. COVID-19 팬데믹 기간의 장기적인 학교 폐쇄는 교육의 평등화 효과를 아이들이 누리지 못하게 한다. 이 분석은 팬데믹이 교육 불평등을 심화시키고 있으며, 위기로 인한 학습 격차는 학생이 고등학교를 다니는 내내 지속되어, 그들의 미래 전망을 위태롭게 할 것이라는 것을 보여준다.

| 어휘 |

closure n. 폐쇄 impair v. 손상하다 detrimental a. 해로운, 불리한 quantitative a. 양에 의한, 양적인 consequence n. 결과; 중요성 extended a. (기간을) 연장한, 장기적인 substantial a. 상당한, 많은 pandemic n. 세계적인 전염병 deprive v. ~에게서 빼앗다

36 내용추론   ③

| 분석 |

③은 이 글의 주제를 담고 있어서 추론할 수 있는 진술이다. 나머지는 모두 반대로 진술해야 한다.

이 글에서 가장 추론할 수 있는 진술을 고르시오.
① COVID-19는 하나의 단일한 학습 환경을 제공함으로써 교육을 평등화시키고 있다.
② 부유한 지역의 학생들 역시 학교 폐쇄로 인한 부정적인 영향을 받고 있다.
③ COVID-19 학교 폐쇄는 가난한 지역의 학생들에게 가장 커다란 해를 끼치고 있다.
④ 결국, 서로 다른 사회·경제적 배경을 가진 아이들의 수익 잠재력은 COVID-19로 영향 받지 않는다.

37 빈칸완성   ①

| 분석 |

마지막 문장이므로, "학교 폐쇄는 가난한 지역의 아이들에게 부정적인 영향을 미치고 있고, 그들의 미래에도 마찬가지로 부정적인 영향을 미치고 있다"는 내용이 결론으로 필요하다. 따라서 부정적인 미래를 다루고 있는 내용인 ①이 빈칸에 적절하다.

빈칸 Ⓐ에 들어갈 가장 적절한 표현을 고르시오.
① 그들의 미래 전망을 위태롭게 하다
② 위기 동안 축적된 교육 격차가 완화되다
③ 원격 학습의 결과를 극복하다
④ 동료와 친구들과의 상호 작용을 회복하다

38~40

우리는 부끄러움을 역사상 어디에서 찾아야 하나(부끄러움의 기원은 어디에 있나)? 아리스토파네스(Aristophanes)에 따르면 인간은 한때 전체적으로 둥근 모습이었다. 둥근 형태는 우리의 완전함과 힘을 밖으로 나타내는 이미지였다. 그 결과 인간은 신들을 공격했다. 우주 전체를 지배하기 위해서였다. 제우스(Zeus)는 우리를 완전히 멸절시키는 대신에, 인간을 더 '약하게' 만들었다. 우리에게 부족, 불안정, 불완전이라는 조건을 만듦으로써 우리와 신들 사이에 메울 수 없는 간극을 만들었다. 제우스는 둥근 구형의 존재를 둘로 자름으로써 그 변화를 완성했다. 그 결과 우리는 두 다리로 걸어 다니게 되었다. 그리고는 얼굴을 돌려놓아 항상 자신의 잘린 부분을 볼 수밖에 없도록 했다. <배꼽은 신들이 잘라낸 것을 함께 꿰매어 놓은 것을 나타내며, 따라서 '우리의 이전 고통을 기념하는 곳'이다.> 신화 속의 인간들은 지금의 존재 방식에 대해 부끄러움을 느낀다. 실제로 생식기를 의미하는 그리스어 'aidoia'는 '부끄러움(aidôs)'에 대한 암시를 포함하고 있다. 아리스토파네스의 배꼽에 관한 세부묘사는 이 신화의 목적이 사람이 세상에 태어나는 출생이 트라우마의 성격을 지닌다는 점을 시사하기 위해서라는 것을 보여 주고 있다.

아리스토파네스가 옳은 것 같다. 인간이어서 완전하지 않다는 사실에 대한 일종의 원시적인 부끄러움이 우리가 나중에 장애나 불충분함에서 느끼게 되는 보다 더 구체적인 부끄러움의 저변에 깔려 있다는 것이다. 아리스토파네스는 부끄러움을 어떤 이상적인 상태에 도달하지 못했다는 의식에 반응하는 고통스러운 감정으로 묘사한다. 인간은 많은 다양한 유형의 이상적인 속성들에 가치를 두고 열망하므로, 인간의 삶에는 많은 유형의 부끄러움이 있다. 하지만 전형적인 아기의 일차적인 나르시시즘(자기애)이 그 아기가 나르시시즘적인 패배를 불가피하게 경험하게 됨에 따라 특별히 원시적이고 광범위한 부끄러움을 발생시킨다는 데에는 거의 모든 사람이 동의하고 있다. 지금부터 나는 이 부끄러움을 '원시적 부끄러움'이라고 부르겠다.

| 어휘 |

spherical a. 둥근 **totality** n. 총체성, 완전함 **assail** v. 공격하다 **wipe out** 쓸어버리다 **genitalia** n. 생식기 **allusion** n. 암시 **navel** n. 배꼽 **traumatic** a. 정신적 쇼크의, 잊지 못할 **plausible** a. 설득력 있는 **underlie** v. ~의 근저에 있다 **inadequacy** n. 불완전, 불충분 **in consequence** 그 결과 **inadvertently** ad. 부주의하게, 무심코 **by way of** ~을 경유해서, ~라는 방법을 통해 **recklessly** ad. 무모하게

38 내용추론 ③

| 분석 |

아리스토파네스는 인간은 완전하지 못하다는 깨달음에서 부끄러움을 갖는다는 명제를 도출했다. 그리고 사람들은 다양한 이상을 가지고 있다는 말이 이어지고 있으므로, 어린 시절에만 한정 지어 부끄러움을 설명하고 있다는 ③에는 저자가 동의하지 않을 것이다. ① 두 번째 문단의 첫 문장 끝 부분에서 '우리가 나중에 장애나 불충분함에서 느끼게 되는 보다 더 구체적인 부끄러움'이라고 했는데 '우리'는 인간 전체를 말하므로 '다른 사람들'도 '우리'에 들어간다. ② 결국 내가 완전한가에 대한 물음, 다시 말해 자기평가가 부끄러움으로 이어질 수 있다고 했으니 사실이다. ④ 나르시시즘적인 패배로 인해 발생하는 원시적이고 광범위한 부끄러움을 원시적 부끄러움이라 했는데, 아기는 자기애를 가지고 자기를 지키기 위해 외부와 싸우게 되고 불가피하게 패배하고는 광범위한 부끄러움을 느끼게 되므로, 아기의 성장과정에서 느끼는 모든 부끄러움의 저변에는 자기애와 공격이 깔려있는 것이다.

다음 중 저자가 가장 동의하지 않을 것 같은 내용은?
① 부끄러움은 완전하고, 완전히 지배하려는 원시적인 욕망에 기반을 두고 있으므로, 다른 사람들, 특히 장애인들의 모욕과 관계가 있을 수 있다.
② 부끄러움은 이상 혹은 열망과 관련이 있으므로, 자기평가와 같은 감정일 수 있다.
③ 아리스토파네스는 원시적 부끄러움의 개념을 비유적으로 설명하지만, 현대사회에서 어린아이에서 성인까지 개인이 성장하며 갖게 되는 다른 유형의 부끄러움과는 아무런 관계가 없다.
④ 나르시시즘과 그것과 연관된 공격은 올바른 동기를 지닌 부끄러움에도 언제나 몰래 잠재되어있는 위험이다.

39 빈칸완성 ①

| 분석 |

총체성과 힘을 밖으로 나타낸다는 것은 공격성을 의미하는데, 이것이 원인이 되어 신을 공격하는 결과로 이어졌으므로 ⒶⓇ에는 in consequence(그 결과)가 적절하고, 제우스에게는 인간을 멸절시키는 선택권도 있었으나, 그러지 않고, 인간을 약화하기로 한 것이니, ⒷⓇ에는 Instead of(~하는 대신에)가 적절하다.

40 문장삽입 ②

| 분석 |

Ⓑ 앞에서 사람을 둘로 자른 결과, 두 다리로 걷고, 얼굴은 잘린 부분을 향해 있다고 했는데, 제시된 문장에서 배꼽이 잘린 부분을 꿰매놓은 곳이라고 했으므로, 제시된 문장은 Ⓑ에 들어가는 것이 적절하다. 그리고 제시된 문장에서 언급된 '배꼽이 우리의 이전 고통을 기념하는 곳'이라는 것은 '배꼽이 출생의 트라우마적 성격을 잘 보여주는 것'이라는 뜻으로 문단의 마지막에서 다시 언급되고 있다.

MEMO